マインドフルネスそして
セルフ・コンパッションへ

苦しい思考や感情から自由になる

著

クリストファー・K・ガーマー

シャロン・サルツバーグによる巻頭言

訳

伊藤絵美

星和書店

The Mindful Path
to Self-Compassion

Freeing Yourself
from Destructive Thoughts
and Emotions

by

Christopher K. Germer, PhD

Foreword by Sharon Salzberg

Translated from English
by
Emi Ito, PhD

日本語版に寄せて

　私 は 2009 年 に 本書 *The Mindful Path to Self-Compassion* を Guilford Press 社 から出版しました。それから 15 年たった今、日本語による翻訳書が世に送り出されました。この出版が可能になったのは、ひとえに丁寧に日本語に翻訳してくださった伊藤絵美博士のご尽力によるものと心から感謝しています。2009 年当時、心理学の学術文献を探してみても、セルフ・コンパッションに関する優れた研究論文は数十本しかありませんでした。今ではその論文数は 5000 以上に及び、毎日 3 ～ 4 本の新しい論文が発表されています。この 15 年の間に私たちはセルフ・コンパッションについて多くのことを学んできました。私の知る限り、その多くの知見は、本書に書かれていることと少しも矛盾していませんでした。

　幸いなことに、これらの研究によって、実践する意欲をなくすようなセルフ・コンパッションに関するさまざまな神話が払拭されました。たとえば、「セルフ・コンパッションは利己主義を助長する」「セルフ・コンパッションは私たちを弱くする」という 2 つの俗説があります。　しかしこれらの研究から、セルフ・コンパッションのスキルを身につけると、他者への思いやりが増すということが分かってきました。またセルフ・コンパッションは、重い病気や戦争での負傷、離婚などのストレスやトラウマに対処するための強力な内的資源でもあります。もうひとつの俗説は、セルフ・コンパッションは成功へのモチベーションを減退させるというものです。実際には、セルフ・コンパッションができる人は、たとえ困難な道のりであっても、目標を達成しようとするモチベーションが高まります。なぜなら、厳しい自己批判ではなく、優しさと励ましで自分自身を動機づけるからです。総合的に見ると、セルフ・コンパッションは幸福感やウェルビーイング、不安や抑うつやストレスの軽減、健康的な食習慣や運動習慣、より良い身体的健康、より満足のいく人間関係、などと強く関連していることが研究で示されています。

　この本を執筆していた頃、私はクリスティン・ネフに出会いました。彼女の作ったセルフ・コンパッション・スケールは、ほとんどの研究で使われて

います。私たちは、「Mindful Self-Compassion（MSC）」と呼ばれる8週間のトレーニングプログラムを一緒に作ることにしました。これは、有名なジョン・カバットジンのマインドフルネス・トレーニング「Mindfulness Based Stress Reduction」をモデルにしたものです。 最初にこのトレーニングに興味を持ってくれたのは、マインドフルネスの教師たちでした。彼らの助言を得て、私たちはトレーニングを改善し、教師養成プログラムを開発しました。それ以来、日本を含め世界中で4000人以上の教師がMSCを教えるためのトレーニングを受け、25万人以上がMSCプログラムを受講してくれました。また、ティーンエイジャー、医療従事者、がん患者、親子といった人々のために、特別なMSCコースも開発・研究されてきました。同時期に、私たちの仲間たちによって、セルフ・コンパッションを含め、コンパッションのスキルを教えるためのプログラムも数多く作られました。MSCは、セルフ・コンパッションを育むために特別にデザインされた唯一のトレーニング・プログラムです。本書を読んだ後、セルフ・コンパッションの実践のための個人的なガイダンスやサポートが必要な方は、ぜひMSCコースの受講をご検討ください。

　過去15年間にセルフ・コンパッションが飛躍的に発展したにもかかわらず、本書はこのテーマへの入門書として人気を保ち続けています。本書には、臨床心理士として、またマインドフルネス瞑想者として、私自身がセルフ・コンパッションに出会ったときのことが書かれています。それ以来、私のセルフ・コンパッションの実践は深化し続けています。本書の最後に、セルフ・コンパッションは目的地ではなく旅路であり、決して「到着」することはない、と書かれています。生きている限り、私たちは間違いを犯し、混乱し、苦しみ続けるでしょう。人間ですから。しかし私たちが苦境に立たされたときにはコンパッションをもって自分自身を包み込むことができます。コンパッションは錬金術のようなもので、苦しみを有用なものに変化させます。セルフ・コンパッションは、失敗から学ばない、成長しないという意味ではありません。その反対に、苦しみに対してまず初めにセルフ・アクセプタンス（自己受容）とセルフ・コンパッションをもって反応すると、ポジティブな変化がほとんどひとりでに起こるように思えます。これは私の個人

的な経験でもあります。

　私は世界を巡ってセルフ・コンパッションを教える機会に恵まれました。私の印象では、受講された日本人の参加者はセルフ・コンパッションに自然と親近感を抱いているようでした。それはおそらく、セルフ・コンパッションがＵターンであり、他人に与えるのと同じ優しさと理解を自分にも与えるものだからでしょう。それはまた、謙虚な取り組みでもあります。私たちは単に、自分自身をコンパッションの輪の中に入れているだけなのです。

　最後に、読者の皆さん、「もし苦悩があるならば、それはセルフ・コンパッションではない」ということを思い出してください。セルフ・コンパッションの瞬間はいつもほっとするものです。もしそれが仕事のように感じられるなら、もっと楽しい方法で練習できないか試してみましょう。そうすれば、セルフ・コンパッションは生涯の友となるでしょう。あなたが実り多き、充実した旅をされることを祈っています。

　　2023年11月13日

　　　　　　　　　　　　　　　クリストファー・Ｋ・ガーマー

巻頭言

　他の人には喜んで優しくできるのに、同じように自分に優しくすることは、なぜこれほどまでに難しくなってしまうのでしょうか？　もしかすると、西洋ではコンパッションを「贈り物」と考える伝統があり、それを自分自身に与えるのは利己的で不適切だと感じてしまうのかもしれません。しかし東洋の古くからの知恵は、人は誰でも慈悲（loving-kindness）を必要とし、慈悲を与えられて然るべきだと伝えています。ここでいう慈悲には、自らに贈るコンパッションも含まれます。もし慈悲がなければ、私たちは何か問題が起きたときに自分を責めるようになります。問題を全て解決できない自分も責めるようになります。つらい出来事が起きたときにそれを「つらい」と感じることすら責めるようになります。そのように自分を責めた結果、私たちはますますつらくなってしまいます。

　西洋的な考え方に慣れている私たちにとって、セルフ・コンパッションはまるで未知の世界です。よさそうだから身につけたいと思っても、どこから手を付けたらよいのかもよくわかりません。とはいえ、現代の神経科学と心理学が今まさに探り始めたこのようなテーマは、伝統的な瞑想の分野では長年にわたって受け入れられてきたものです。そこでは「コンパッションと慈悲は**スキル**である」と考えられています。つまり、コンパッションと慈悲は、生まれながらにして授かったとか授からなかったとかいう「贈り物」ではありません。スキルですから、私たちの誰もが育んだり強めたりすることができ、日々の生活に取り入れることができるものなのです。

　そこで本書『マインドフルネスそしてセルフ・コンパッションへ』の出番になります。本書ではクリストファー・ガーマー博士が、このスキルを習得するために基礎となることについて紹介しています。それは、コンパッションから生み出される自由のビジョン、セルフ・コンパッションの本質的な役割、その役割について考えるだけでなく深く認識するための道筋、変容のために必要なマインドフルネスなどの実践的なツール、といったことです。

　仏教心理学における分析では、慈悲のような特性は、恐怖に対する直接的

vi

な解毒剤であるとみなします。「今の自分ではダメだ」「今のままの自分でよいと思える日は決して来ない」と感じているときの、気持ちを萎えさせるような恐怖。選択肢が何ひとつないときの、駆け抜けるような怒りを伴う恐怖。次のステップを踏まなければならないのに、どこに向かってどのように踏めばよいのかわからない状況で感じる類の、漠然とした全般的な恐怖。そうした恐怖のなかで、私たちは苦しみます。一方、慈悲とコンパッションは、恐怖とは対照的に、つながりによる癒やしの力、可能性を見出したときの広がり感、新たな学びを媒介する優しさの効果といったものをあらためて強めてくれます。慈悲とコンパッションが合わさった力は、それが自分自身に向けられるか他者に向けられるかにかかわらず、その力が基礎になって、賢さ、力強さ、時に穏やかだけれども時に猛烈にもなる行動が生み出され、自分自身の人生および他者の人生において、大きな変化をもたらします。本物のセルフ・コンパッションを身につけると、それは恐れない姿勢、寛大さ、寛容性の基礎となり、他者に対する持続的な慈悲とコンパッションの土台となります。

　読者のなかには、苦痛から解放されるために、マインドフルネスのような伝統的な瞑想にすでに着手している人がいるかもしれません。あるいは、慢性的な心の痛みや反すうから自由になりたくて、何でもよいからそのための手段を探している人もいることでしょう。いずれにせよ本書は皆さんを啓発する案内図として役立ってくれることと思います。本書には、科学的な説明と教育的なマニュアルが含まれます。それと同時に本書は、日々の生活のなかで慈悲とセルフ・コンパッションを大きく育んでいくための方法を一歩ずつ導いてくれる、実践的なガイドでもあります。

シャロン・サルツバーグ

内的瞑想ソサエティ、バリー、マサチューセッツ

謝　辞

　本の執筆は孤独な作業になりがちですが、本書にかぎっては、多くの方々が登場し多くのことを語ってくれたため、そのような孤独は全くありませんでした。私は執筆者として、優しさとインスピレーションに満ちた多くの声を聴かせていただく恩恵を受けました。それらの声は、私の心の中で今もなお共鳴し続けています。先生、家族、友人、患者さんといった方々からのそうした声を、朝から晩まで味わい続けて、かれこれもう2年になります。ここでこのプロジェクトがようやく完成を迎えるにあたって、いくつかのお名前をここに挙げさせていただきましょう。

　はじめに、Guilford Press 社の素晴らしい編集チームのメンバーである、キティ・ムーア、リンダ・カーボン、クリス・ベントンにお礼を申し上げます。このプロジェクトの意義を信じてくれたキティの編集力と実践的な知恵のおかげで、萌芽のようなアイデアが現実の書物へと成長しました。リンダの優雅とも言える編集のおかげで、ここまで読みやすいレベルの原稿へと仕上がりました。クリスが概念を明確に整理してくれたおかげで、本書が全体として一貫した流れのあるものになりました。これらの献身を思うと、この3名は編集者どころか、共同執筆者のようなものです。

　「瞑想と心理療法のためのインスティテュート（The Institute for Meditation and Psychotherapy）」の友人と同僚たちは、本書の制作に対するサポートだけでなく、私に対する心理的サポートを惜しみなく与えてくれました。それは計り知れないほどの支えであり、私にとって皆は家族のようなものです。そうした兄弟姉妹たちとは、ポール・フルトン、トゥルディ・グッドマン、サラ・レザー、ビル・モーガン＆スーザン・モーガン、ステファニー・モーガン、アンドリュー・オレンズキ、トム・ペドゥラ、スーザン・ポラック、ロン・シーゲル、チャールズ・スタイロン、ジャン・サリーのことです。サラからは特に、科学に関するあらゆる助言をもらいました。アンドリューのおかげで、2500年の伝統がある仏教心理学における私自身の位置づけを定めることができました。ロンは私を、現実を見失わないよう導い

てくれました。ジャンはいつも変わらない心の通じ合いを感じさせてくれました。トゥルディは、やわらかくも大胆な味わいを本書のテーマに添えてくれました。

　私自身のセルフ・コンパッションの実践は、何人もの特別な先生方の存在や文献によって深く影響を受け、支えられてきました。ダライ・ラマ、シャロン・サルツバーグ、ジョン・カバットジン、タラ・ブレイク、ペマ・ショルドン、ジョセフ・ゴールドスタイン、ジャック・コーンフィールド、ティク・ナット・ハンです。また、友人かつ同僚であるクリィスティン・ネフと研究者であるポール・ギルバートの画期的な取り組みと、マーク・エプスタイン、スティーブン・ヘイズ、マーシャ・リネハン、ジンデル・シーガルとその共同研究者たちによる、治療の変化に対する勇気ある新たな理解とがなければ、私はセルフ・コンパッションを理解することはできなかったでしょう。さらに、リチャード・デヴィッドソン、ダニエル・ゴールドマン、ダニエル・シーゲルは、世界中の無数の読者とその一人である私に対して、利己心を排した科学的な視点から人間の感情と対人関係を眺めることを教えてくれました。

　その他の友人や同僚たちでは、ジェイ・エフランは、大学院生だった私に、全ての心理学的理論は暫定的であることを教えてくれました。レス・ヘヴンズは、心理療法を行う際に人間的であることの大切さを示してくれました。リッチ・サイモンは、私を励まし、執筆の仕方を優しく教えてくれました。執筆を最も強く後押ししてくれたのは、ロバートとバリーでした。私の実践が滞らないようにしてくれたキャロル・ホスマー、マインドフルネスとセルフ・コンパッションに期待を寄せてくれたチップ・ハートランフト、友人として必要なときに支えてくれたギブ・ヘンダーソンとフェイエ・ヘンダーソン、クローディア・レーデルソン、マーク・ソレンセンにも感謝申し上げます。

　友人たちから与えられたのが「翼」だとしたら、家族からは深く根差した「根っこ」を授かりました。2006年に他界した父は、共に出かけたインドへの2回の旅も含めて、私のスピリチュアルな旅の紆余曲折の多くに、体力が許さなくなるまで伴走し続けてくれました。母は、セルフ・コンパッション

に関心を持った私を、当初から力強く理解してくれました。母自身の生活のなかにセルフ・コンパッションを寛大に取り入れて試しては、体験を語ってくれました。そうした対話は息子である私の心に深く響いています。議論好きな3人の兄弟は、自分たちはこのような本が出版されるべきだととうの昔から知っていた、といつも言ってくれます。最後に、父の素晴らしい第二の家族のマリア、アニル、カマラにもありがとうと言いたいです。

　私が担当したクライアントの方々には、ここでお名前を出すことはしませんが、感謝してもしきれないぐらい深く感謝しています。皆さんの言葉が本書の紙面に溢れていて、それが本書に意味深さと生き生きとした感じを与え、このプロジェクトが日々の生活の現実から離れてしまわないようにしてくれています。

　私は誰よりも妻のクレアに感謝しています。本を書くにあたって、その配偶者がどれほど多くの犠牲を払うのか、痛いほど認識しています。執筆に夢中になるパートナーに放置された気持ちになるでしょうし、そればかりか、感情は揺れ動き、書籍にまつわるさまざまな予期せぬ課題が次々と発生し、経済的な損失も免れません。そのような状況において、妻は私との関わりのなかで、信頼を示してくれました。妻は、私が本書を通じて何度も伝えようと試みている「絶妙なバランスを取る手段」を体現していました。彼女がどうしてそれを習得したのかは不明ですが、私にいつ優しくキスをすればよいか、そして一方で、私の背中をいつ押せばよいか、ということを知っていたのです。彼女はそのうえ、編集者に提出する前の原稿に、一行残らず目を通してくれました。結婚して数十年たった今でも、自分で自分を愛するよりも、もっとずっと妻に愛されていることを直感的に感じる瞬間があります。クレアには、どんなに感謝しても感謝しきれません。

　そしてあらかじめ、読者の皆さんにも感謝申し上げます。これから皆さんはセルフ・コンパッションが伝えるメッセージを受け止め、ご自身の人生のなかでそれに息を吹き込むための努力をなさることでしょう。それは心が平和になる道筋です。その道のりを、皆さんとご一緒できることを嬉しく思います。

はじめに

　人生は大変です。どれほど努力しても、物事がうまくいかないことがあります。ときには、**はなはだしくうまくいかない**こともあります。90%の人が、希望と楽観に満ちて結婚をします。しかしながら、そのうちの40%は離婚に至ります。私たちは、生活に必要なことをしているだけなのに、ストレスに関連した問題（例：高血圧、不安、抑うつ、アルコールの問題、免疫力の低下）が起きて、何かしらのケアを必要とします。

　物事がうまくいかないとき、私たちはどのように反応するでしょうか？たいていは、恥ずかしさを感じ、自己批判的になります。「いったい私はどうしちゃったんだろう？」「なぜ上手に対処できないんだろう？」「なぜこの私が？」。自分でなんとかしようとして、かえって傷口に塩を塗り込むかのようなことになる場合があるかもしれません。他人を糾弾するときもあるかもしれません。いずれにせよ、一息ついて自分をねぎらうのではなく、最大限の抵抗をするような道筋を探してしまうようです。

　にもかかわらず、どれほど避けようとしても、感情の痛みはいつでもどこでも私たちを襲ってきます。恥、怒り、孤独、恐怖、失望、混乱といったつらい感情は、まるで時計仕掛けであるかのように、私たちのところに定期的にやって来ます。それらは、物事が期待通りにならなかったときに来ます。愛する人と離れ離れになったときに来ます。誰しもに訪れる病、老齢、死の一部としてもやって来ます。つまり生きている限り、つらい感情を避けることはできないのです。

　でも、私たちは、今までとは違う新しいやり方で、そうしたものに対処**できる**ようになります。つらい感情に対して強硬姿勢で迎撃しようとするのではなく、**自分の内なる痛みを見つめる証人となり、優しさと理解とで対応**できるようになります。心から愛する人にしてあげるのと同じように、自分自身をケアする……それがセルフ・コンパッションです。あなたはこれまで、悲しいときや寂しいときに、そのように感じる自分を責めてきたのでしょうか？　間違いをしてしまったときに、世界から身を隠そうとしてきたでしょ

うか？　どうしたら間違いをせずに済んだだろうかと、強迫的に何度も考え続けてきたでしょうか？　セルフ・コンパッションは、そういった人にとって革新的な考えに聞こえるかもしれません。でも、考えてみましょう。他の人が苦しんでいるときに差し伸べる優しさと温かさを、どうして自分自身に差し伸べてはならないのでしょうか？

　感情的な苦痛と闘おうとすると、私たちはかえって身動きが取れなくなってしまいます。つらい感情は**破壊的**になって、心と身体と魂を壊してしまいます。感情は時間のなかで凍りつき、私たちは固まってしまいます。人間関係において切望していた幸せが、するりとどこかに失せてしまいます。仕事の充実感も、手が届きそうで、届きません。身体的なうずきや痛みと、まるで一日中喧嘩をしながら、なんとかその日を乗り切っているだけのようです。こうした試練は、私たちが人生で避けようのない苦しみにどのように**関わっているか**、ということに根差しています。しかしそのこと自体に、普段私たちは気がついていません。

　感情的な苦痛に対して、これ以上ありえないぐらいの優しさで心を開くと、自然に変化が起きます。物事がうまくいかずに嫌な気持ちになったときには、自分（または他者、あるいは世界全体）を責めたり、批判したり、修正しようとしたりするのではなく、自らに対してアクセプタンスの姿勢で向き合い始めることができます。まずはコンパッションです！　このちょっとした姿勢の変化で、あなたの人生は大きく変わるかもしれません。

　次のような状況を想像してみましょう。たった今、あなたが娘に向かって怒鳴ったことについて、パートナーに批判されました。あなたの気持ちはそれに傷ついて、そこから言い合いになりました。もしかしたら、あなたは、誤解されたと感じたかもしれません。または見下された、愛されていないと感じたかもしれません。あるいは、そもそも自分は愛されない人間なのだと感じたのかもしれません。気持ちを伝える際にあなたが使った言葉がまずかったことも考えられますが、むしろ、パートナーがあまりに怒っているか防衛的になっているかで、あなたの話をちゃんと聞けなかった可能性が高いかもしれません。さて、また別の想像をしてみましょう。あなたはパートナーに言い返す**前に**、深呼吸をして、自分自身に次のように語りかけたとし

ます。「何よりも、私は良い親でいたい。子どもに向かって怒鳴るなんて、私だってとてもつらいんだ。娘のことは世界一愛している。それでも時々爆発してしまう。結局は、私も一人の人間にすぎないということだろう。自分の過ちを許せるようになりますように。一緒に平和に暮らしていく方法を見つけられますように」。この2つの想像の違いがわかりますか？　このようなセルフ・コンパッションの瞬間があるだけで、あなたの一日は全く違ったものになるかもしれません。こうした瞬間が連なって糸のように伸びていけば、あなたの人生それ自体に変化が起きるかもしれません。セルフ・コンパッションを通じて、破壊的な思考や感情の罠につかまらずに済むようになれば、自尊心が内側から高まってくるでしょう。うつや不安は軽くなり、ダイエットさえやりやすくなるかもしれません。

　しかもメリットは個人の範囲にとどまりません。セルフ・コンパッションは、他者へのコンパッションの土台でもあります。ダライ・ラマは次のように語っています。「（コンパッションは）それを向ける対象が苦しみから逃れられますように、と願っている状態です。……まずは自分自身から始めます。次に、それを発展させて、願いの対象に他者を包み込んでいきます」。理にかなっているではありませんか。自分の内面に生じた失望、恐怖、失敗、恥などの気持ちに耐えられなければ、同じ気持ちに苦しんでいる他者に共感できるはずがありません。自分の内的な葛藤に完全に巻き込まれたままでは、他者に対して少しでも関心を向けることはできないでしょう。自分自身の問題に対処する機能が回復して初めて、私たちは他者に対して優しさを向けられるようになります。そのことが人間関係の改善を助け、人生に対する全体的な満足感や満たされた感じが高められるのです。

　この世界において、セルフ・コンパッションほど自然なものはありません。ちょっと考えてみましょう。私たちは、指を切ってしまったら、傷口をきれいにして絆創膏を貼りたい、そうして傷口が癒えるのを促したい、と感じることでしょう。それが本来のセルフ・コンパッションです。にもかかわらず、**感情面の幸せ**が対象になると、セルフ・コンパッションはいったいどこに行ってしまうのでしょうか？　牙をむいた虎に対しては有効なサバイバルスキルが、生活の感情的側面においては機能しないようです。私たちは、

不快な感情に対し、それがあたかも外側にいる敵であるかのように、本能的に闘いを挑みます。しかし、内面でそうした感情と闘おうとすると、事態は悪くなるばかりです。不安に抵抗すると本格的なパニックになります。悲しみを抑え込もうとすると、慢性のうつになるかもしれません。眠ろうとしてもがくと、一晩中目覚めているようになります。

　痛みに巻き込まれると、私たちは**自分自身**と戦争をしているような状態になります。私たちは、身体に対する危険の場合は、闘争か、逃走か、あるいは凍りつき（その場で固まって動かなくなる）で反応して、自分の身を守ろうとします。一方、感情面において困難に遭遇すると、それらはありがたくない三位一体の反応（自己批判、自己孤立、自己没入）となってしまいます。回復のためには、私たちは自分自身との付き合い方を変える必要があります。心理学者のクリスティン・ネフは、その新たな付き合い方を、自分への優しさ、自分以外の人間存在とつながり合っている感じ、バランスの取れた気づき、と説明しています。それがセルフ・コンパッションです。

　本書を読んでもらえれば、セルフ・コンパッションをいちばん必要としているとき（恥ずかしさで消えてしまいたいと感じるとき、怒りや恐怖で歯を食いしばっているとき、あまりに弱っていて家族の集まりにはどうしても出たくないと感じるときなど）に、それをどのように生活の感情的な側面に取り入れるか、ということがご理解いただけることでしょう。セルフ・コンパッションは、「苦しみから解放されて幸せになりたい」という私たちの生来の願いに息を吹き込むことによって、必要としている慈しみを自分自身に贈ります。

　感情的な苦痛を悪化させずにそれに対処するのは、仏教心理学の本質です。本書で紹介する考え方は、そうした伝統のなかでも、特に現代科学によって妥当性が認められた概念や実践によるものです。本書では、長期にわたって熟成したワインが新しいボトルに詰め替えられるように、古の洞察が現代の心理学用語に置き換えられています。本書の内容を効果的に実践するために、何かを信じている必要はありません。キリスト教徒でも、ユダヤ教徒でも、イスラム教徒でも、科学者でも、懐疑論者でも構いません。心を開き、実験するような感じで、そして柔軟であることが一番です。

臨床科学者たちは、1970年代に瞑想を発見しました。今では、瞑想はあらゆる心理療法の手法のなかでもいちばん詳細に研究されるまでになっています。この15年ほど、瞑想に関する研究が主に焦点を当ててきたのは、**マインドフルネス**、あるいは「今、この瞬間の体験への気づきにアクセプタンスが伴うもの」というテーマです。マインドフルネスは、心理療法が奏功する際にも、全般的に感情が癒やされる際にも、その根底にある要因であると考えられています。セラピーが首尾よく進むにつれて、患者さん（クライアントさん）には、セラピールームにおいてどのような体験（恐怖、怒り、悲しみ、喜び、安堵、退屈、慈しみ）が生じても、それをアクセプトする（受け入れる）構えが育まれます。そして同時に、そのような思いやりのある構えが、日常生活のなかでも起きるようになります。マインドフルネスの嬉しい特典は、それが瞑想の形で家の中でも実践できるようになることです。

　マインドフルネスでは、通常、感覚や思考や感情といったその人の**体験**に注目します。では、たとえば、恥や自己疑念といった感情があまりにも強くなり、**体験する人**がそれに圧倒されてしまっているような状況では、どうしたらよいでしょうか？　そうした状況が起きると、私たちは良くない**気持ちになる**だけではありません。**自分の存在そのものが良くない**、と感じるようになります。あまりにも動揺して、何かに注意を向けることさえ難しくなります。あるいは別の状況で、たとえば夜中にベッドのなかで目が冴えてしまい、何度も寝返りを打って、瞑想も役に立たず、次のセラピーまでにはまだ一週間もある、という場合はどうしたらよいでしょうか？　これらの状況でなによりも必要なのは、思いやりの心を持つ友人です。そんな友人は今ここにいない？　だとしても、私たちは自分自身に対して優しさを向けることができます。それがセルフ・コンパッションです。

　私は2つの方向からセルフ・コンパッションと出会いました。一つは専門家として、もう一つは個人的な経緯からです。仕事では、心理療法を30年にわたって実践し、健康だけれど心配症な人から、不安やうつに苦しむ人、トラウマを抱える人まで、多くの人々に接してきました。また、公立病院では、慢性または末期の病に苦しむ患者さんたちとも取り組みました。そうしたなかで、コンパッションの持つ力を目撃してきました。コンパッションを

通じて、まるでつぼみが開花するように心が開き、隠れていた悲しみが現れて、癒やされていくのです。ところがそうした患者さんのなかには、せっかくセラピーを受けても、セッションが終わると虚無のなかに陥り、セラピストの声が遠くに追いやられてしまう、と訴える人たちがいました。私は考えました。「これらの患者さんがセッションとセッションの**間に**できることで、傷つきや孤独を少しでも軽くできる方法が、何かないだろうか?」。そして時々自問しました。「セラピーセッションでの体験が、もっと速く吸収される方法はないだろうか? その体験を**どこにでも持ち運べる**ようになる方法が、何かないだろうか?」。どうやら、セルフ・コンパッションを取り入れると、多くの人がそうできるようになるようです。

個人的な話をします。私の母は敬虔なキリスト教徒です。私の父はドイツ人だったため、第二次世界大戦のほとんどの期間、イギリス軍によって抑留され、若い成人時代の9年間をインドで過ごしました。その地で父が出会った登山家のハインリッヒ・ハレルは、後に捕虜収容所を脱出し、ヒマラヤの山々を越えてチベットへ行き、ダライ・ラマ14世の英語教師となりました。母がインドの不思議な物語を読み聞かせてくれるのを聞いて育った私にとって、大学を卒業してから自分でインドへ旅に出ることはごく自然に思えました。1976年から1977年にかけて、私はインドを縦横無尽に旅し、聖人、知識人、シャーマンと呼ばれる人々を訪問し、スリランカの洞窟で仏教徒の瞑想を学びました。こうして、生涯続くことになる瞑想への関心と、10回を超えるインドへの回帰の旅が始まりました。

私は現在、シャロン・サルツバーグ、ジョセフ・ゴールドシュタイン、ジャック・コーンフィールドによって設立されたアメリカ各地のセンターで実践されている洞察瞑想の伝統に沿った瞑想を実践しています。本書は全体的に、それらの教えに含まれる豊かで微妙な意味合いの多くを取り入れています。もし教えから逸脱しているような部分があれば、それは完全に著者である私の責任です。本書にはまた、「瞑想と心理療法のためのインスティテュート（The Institute for Meditation and Psychotherapy）」の同僚たちと毎月のように四半世紀にわたって重ねてきた対話から影響を受けた部分と、仏教におけるマインドフルネスとコンパッションの実践を現代医療に取

り込んだジョン・カバットジンから影響を受けた部分とが多く含まれています。患者さんたちも、私にとっては先生です。彼／彼女たちは、人生の物語を快く提供してくれて、本書で扱う概念や実践を説得力のあるものにしてくれました。患者さんたちの名前や詳細はプライバシー保護のため変更してあり、複数の事例を統合したものを示していますが、そうした患者さんたちのおかげで文面が生き生きしたものになっています。

　本書は三部から成りますが、どの章も互いに関連し合っています。第Ⅰ部「セルフ・コンパッション事始め」では、どのようにしてマインドフルネスを育んでいくかを示すとともに、セルフ・コンパッションが何を意味し、何を意味しないかを明確に解説します。第Ⅱ部「慈悲を実践する」では、セルフ・コンパッション実践の一つである「慈悲の瞑想」に特に注目し、その教示を詳しく紹介します。教示に従ってしっかりと取り組むことで、コンパッションに満ちた生き方の土台ができることでしょう。第Ⅲ部「セルフ・コンパッションをカスタマイズする」では、実践をあなた個人のパーソナリティと状況に合わせて調整するコツを提供します。そして実践から最大のメリットを引き出す方法も示します。最後に、より本格的に実践したい読者のために、その他のセルフ・コンパッションのエクササイズと、参考図書などのリソースを巻末の付録に含めました。

　本書で紹介する取り組みはさほど多くありません。大変な部分は実はとっくに終わっています。そう、苦痛な感情と闘ったり抵抗したりして、そういう感情を抱いていることやその原因について自分を責めていたのは、もう過去の話です。実際には**少ない取り組み**でやっていけます。つまり本書は「セルフヘルプ本」ではなく、「セルフヘルプが要らなくなる本」なのです。本書は、あなたのどこかに問題があるので修理しなければならない、という考え方から始めることはしません。そうではなく、どうすればもっとコンパッションと慈しみに満ちた新たな方法で感情的な苦痛に対応できるか、ということをお伝えしましょう。本書で紹介するエクササイズを30日間試してみましょう。その結果、気持ちが軽くなり、より幸せを感じている自分に気がつくかもしれません。しかしそれは副産物にすぎません。より本質的には、あなたは自分自身をありのままにアクセプトできるようになるでしょう。

目 次

第 I 部
セルフ・コンパッション事始め

第 II 部
慈悲を実践する

装幀　永江小百合

第 I 部

セルフ・コンパッション事始め

第 *1* 章

自分に優しくなる

苦悩そのものは、それほどでもない。
本当につらいのは、苦悩に対する恨みの方だ。

——アレン・ギンスバーグ（詩人）

　「あなたの話を聞くのが怖いです。だってどうせそれはうまくいかないでしょうから！」。ミシェルが思わず口にしました。セラピストである私が何を言ってもがっかりするだけだと思っていたからです。ミシェルは、何年も自分の内気さに悩んできたことを私に話し終えたばかりで、今度は自分が話す番だと、私が大きく息を吸い込んだところでした。

　ミシェルが極めて聡明で、着実に物事に取り組む人であることが、私にもよく伝わってきました。彼女は、内気さを克服するためにたくさん本を読み、セラピーも4度試しており、これ以上がっかりしたくなかったのです。最近彼女は名の通った大学から経営学修士（MBA）の学位を授与されて、地域の大手企業を顧客とするコンサルタントの仕事に就いたばかりでした。そんなミシェルが抱える主な問題は、赤面してしまうことでした。ミシェルは、自分の赤面が、「能力がない」「発言が信頼できない」といったメッセージを周囲に発しているものと信じていました。そして、赤面することについて心配すればするほど、実際に人前で赤面する頻度が増えてしまいました。新たな仕事は、ミシェルにとってキャリアを形成するうえで大切な機会で、それをふいにしたくはありませんでした。

　私は、「どうせうまくいかない」というミシェルの予想が当たっていると

請け合いました。確かに私が何を提案しても、それはうまく**いかない**でしょう。ただし、それはミシェルがダメな人だからではありません。そういうことではありません。むしろ、良かれと思って使う戦略は、どれもうまくいかないものだからです。とはいえ、うまくいかないのは技法のせいでも、気分を良くしたいという人の願いのせいでもありません。そうではなくて、問題は私たちの動機づけのなかと、心の機能に対する私たちの誤解のなかにあります。

長年苦闘してきたミシェルには痛いほどわかっているでしょうが、苦痛な感情が**出てこない**ようにあれこれ試してみることが、たいていはもっとひどい感情を生み出します。それは、「ピンク色の象を想像してはいけません。**とても大きく、とてもピンクな象について、考えないようにしてください**」という、あの思考実験に似ています。心にある考えがひとたび埋め込まれると、それについて考えないようにするたびに、その考えはますます強くなります。ジグムント・フロイトはこの問題を要約し、無意識においては「何事も否定できない」と述べています。同様に、苦痛を追い払うことを目的として、リラクセーション技法を使っても、思考を止めようとしても、ポジティブなアファメーション（肯定化）を使っても、結局はがっかりする結果になります。そして気分を良くするために、別の選択肢を探すことしかできなくなってしまいます。

こうしたことについて話し合っているうちに、ミシェルがさめざめと泣きだしてしまいました。彼女が**さらに**落ち込んでしまったからなのか、それとも何らかの意味で自身の体験における真実が説明されたからなのか、私にはよくわかりませんでした。ミシェルは、祈ることさえ答えにならない、と言いました。私たちは2種類の「祈り」について話し合いました。一つは、悪い事柄を神様に追い払ってもらうための祈り、もう一つは「手放して、神に委ねる」といった、譲り渡すような祈りです。ミシェルは、自分の問題を神に譲り渡すといったことはこれまで考えたことがなかった、と言いました。それは彼女のやり方ではありませんでした。

私たちはあれこれ話し合ううちに、どうしたら不安と赤面を実際に減らせそうか、ということに思い当たりました。それは、深呼吸することでも、自

分をつねることでも、冷たい水を飲むことでも、動じないふりをすることでもありません。ミシェルは努力をやめる人ではなかったため、全く別な何かを見つける必要がありました。ミシェルが認識したのは、不安は**アクセプトすればするほど和らぎ、アクセプトしなければしないほど強くなる**、ということです。ここにきてミシェルはようやく、不安そのものをアクセプトし、自分が単に不安を感じやすい人なのだという事実をアクセプトして生きていけばよい、と考えることの意味が理解できるようになりました。となると、私たちのセラピーの効果をみるには、ミシェルがどれほど頻繁に赤面するかではなく、赤面すること自体をミシェルがどれほどアクセプトできているかの点で測るのが適切だということになります。これは、ミシェルにとっては革新的とも言える新しい考え方でした。ミシェルは、いくらか当惑しているような、でも同時にとても喜んでいる様子で、初回のセッションを後にしました。

　翌週、ミシェルから届いたメールには、「うまくいきました」という嬉しそうな文面がありました。彼女の新たな実践についてまだ聞かされていなかったため、私はミシェルが何を言っているのか、よくわかりませんでした。後になってわかったことは、ミシェルは自分が不安を感じているのに気づくたびに、「ただ怖いだけ。ただ不安なだけ」と自分に語りかけるようになったということでした。そのようにして不安や恐怖にラベルを付けると、顔が赤面している感覚に心が囚われなくなり、たとえばランチルームで同僚たちと短いおしゃべりをしているときも、大変な状態にならずに済むようになりました。彼女は自分を、「弱くて、過敏で、ばかげた人が、自分でも何を言っているのかわからなくなる」と捉えるよりも、「怖がっている人がランチを食べようとしている」と捉えることで、気持ちがホッとしました。ミシェルがこれほど短い期間に、「アクセプタンス」の概念に基づく有用な技法を考案できたことに、私は感嘆しました。

　ところが、次に会ったとき、ミシェルは再び落胆していました。ランチルームに突入することが、またもや赤面との闘いに戻ってしまったというのです。「不安を感じていると人に思われたくない」という元々の願望が、再度頭をもたげてきました。一度はうまく「機能」し始めたアクセプタンスで

したが、そのアクセプタンスを育むための新たなコミットメントを彼女は手放してしまったのです。ミシェルは、自分の問題を迂回する道筋を見つけたのだと誤って信じてしまいました。

　残念ながら、私たちは自分自身を騙すことができません。ミシェルの中に、「私は不安を減らす**ために**アクセプタンスを実践している」と言っている部分がありました。でも、それはアクセプタンスではありません。現代心理学における**アクセプタンス**とは、内面に生じたことは、それが何であれ、ありのまま受け止めるということです。好ましい感情もあれば、苦痛な感情もあるでしょう。好ましい感情には続いてほしいけれども、苦痛な感情は止まってほしいと願うのは自然なことです。でもそれを目指すとうまくいかなくなります。問題に対する答えはただ一つで、その問題が何であれ、それを完全に丸ごと**自分のものとして抱きしめる**のです。ミシェルはその部分を飛ばしたいと思ってしまいました。

　ゆっくりと、２年の月日をかけて、この物語はハッピーエンドを迎えます。ミシェルは自らの繊細な神経系に合った生き方を見つけました。赤面は、そう**しない**ようにすると、決まって再発しました。一方、赤面したらしたで自然な経過に任せる心の準備ができていると、ほとんど赤面しませんでした。赤面と上手に折り合えるようになると、今度は同じ原理を、一日を通じてどうしても現れるさまざまなストレス症状（例：胸に感じる緊張、頭痛、心臓のドキドキ）にも適用できることに気がつきました。ミシェルは、以前よりもずっと楽に生きられるようになりました。

　本書では、**感情的な痛みに向き合う**ことによって得られる利点を紹介します。とはいえ、それは簡単なことではありません。少しでもものを考える人であれば、「なんでわざわざ**そんなこと**をしたいと思うんだ？」と言うかもしれません。それでもなお、それがベストな方法であることを、本章で一緒に見ていきましょう。次章以降では、不可能にも思えるこの課題を達成するための方法を紹介します。はじめに、自分を悩ませることに対してマインドフルな気づきを向けられるようになります。そうすることで、どのようにして**自分自身**に対して優しくなれるか、特につらい感情が生じたときにどのように自分に優しくできるか、ということがわかってくるはずです。マインド

フルネスとセルフ・コンパッションの組み合わせが、人生における最もつらい時期を変容させてくれるでしょう。

痛みと向き合う

　生まれた瞬間から、私たちは幸せを求めて旅をします。人生の最初の日々は、母乳だけですっかり満ち足りるかもしれません。でも、年齢を重ねるにつれて、私たちの欲求や願望はどんどん大きくなっていきます。大人になるまでにはほとんどの人が、家族に恵まれ、良い仕事に就き、この上なく健康で、お金がたくさんあって、周りから愛され称賛されなければ幸せではない、と感じるようになります。

　しかしながら、たとえ最高の状況であっても、痛みは突然やってきます。億万長者のハワード・ヒューズでさえ、死の瞬間には絶望と孤独を感じていました。それに、状況は否応なしに変化していきます。幸せだった結婚生活が破綻するかもしれませんし、子どもに発達面での障害が見つかるかもしれません。突然の洪水に見舞われて何もかも失う可能性だってあります。生涯において降りかかってくる苦悩の量は一人ひとりで異なりますし、その**種類**もまちまちです。それでも、苦悩が全くない人は一人もいません。誰にでもある痛みと苦悩は、私たちを人間としてひとまとまりにしてくれる共通の糸だとも言えるでしょう。

　痛みがあると、物事の今の有り様と、「こうあってほしい」と願う状態との間に葛藤が生まれ、人生を**不満足**に感じてしまうようになります。人生が今とは違っていてほしいと願えば願うほど、ますます気持ちがひどくなります。たとえば、交通事故に遭って、一生車椅子で生活することになってしまった人がいるとしましょう。一般的にその場合、最初の一年がいちばん苦しいものです。願っていた人生と違ってしまったからです。しかしながら、次第に状況に適応するなかで、葛藤が減少し、事故の前と同レベルの幸せを感じられるようになります。私たちが感じる幸せは、「どうあってほしいか」と「実際にどうであるか」との違いの大きさから測ることができます。

　ほとんどの人が、幸せは自分の**外側の状況**次第だと信じています。そのため、私たちは喜びを手に入れて苦痛を避けるために、いつまでもあくせくして、まるでトレッドミルの上で人生を過ごすようになってしまっています。喜びを体験すると、もっと**手に入れよう**とします。苦痛を体験すると、それを**避けよう**とします。こうした反応はどちらも本能的ではありますが、これらは幸福（ウェルビーイング）感情を得るためには得策ではありません。喜びを求めることの問題は、それが必ずどこかで終わって、がっかりしてしまう点です。愛はいずれ冷め、お腹はいっぱいになり、友人は家に帰っていきます。他方で、苦痛を避けることの問題は、それがそもそも避けようと思って避けられるものではなく、多くの場合、避けようと努力すればするほどかえって苦痛がひどくなるという点です。たとえば、ストレスを減らすために食べた結果、肥満になるかもしれません。低い自尊心を克服しようと働きすぎ、過労死してしまうかもしれません。

ヘドニック・トレッドミル

　フィリップ・ブリックマンとドナルド・キャンベルは1972年に次のように言いました。「私たちは、あと少しで手が届くはずの幸せ（もっと良い人間関係、もっと働きやすい仕事、もっと良い車など）を求めて、喜びを追求するトレッドミルの上を無益に走り続けているのではないだろうか」。困ったことに、私たちの神経系は、馴染んだものにあっという間に適応します。素敵な新車を手に入れたとして、次に家を改築することについて考え始めるまで、どれほどの期間、新車を堪能するでしょうか？　諸研究によれば、宝くじに当選した人のほとんどが、当選しなかった人と比べて、より幸せになったとは全く言えないのだそうです。また、下半身が麻痺してしまった人の感じる満足は、歩ける人とさほど変わらない程度になることも示されています。良くも悪くも、私たちは人生の吉事と凶事のいずれにも適応するのです。だからこそ私たちはトレッドミルの上を、次の幸せを求めて走り続けるのでしょう。この

全般的な適応理論は、何十年と実証されてきましたが、改訂された部分もあります。それについては第5章でお示ししましょう。

　とはいえ、ヘドニック・トレッドミルの上を長く走り続けることは、疲労困憊（ひろうこんぱい）や病気を引き起こしかねません。ロバート・サポルスキーは *Why Zebras Don't Get Ulcers*（邦訳：『なぜシマウマは胃潰瘍にならないか』, シュプリンガー・フェアラーク, 東京, 1998）という、ストレスの原因と結果について楽しくかつ情報満載な本を書きました。この本には、動物が物理的な危機への反応に完璧に適応している様子が紹介されています。腹部を引き裂こうとするライオンから逃げるシマウマを想像してみましょう。危険が去ると、シマウマは、何事もなかったかのように平穏に草を食（は）みに戻ります。一方、人間だったらどうするでしょう？　私たちは、次の曲がり角の先に危険が潜んでいるのではないかと予測します。サポルスキーはこう問いかけます。「いったい何頭のカバが、自分が生きている間に社会保険制度が持ちこたえるだろうか、初めてのデートで何を話したらよいだろうか、と心配するだろうか？」。私たち人間の身体は、物理的脅威だけでなく、心理的脅威に対しても同じように反応します。そして危険の持続を心理的に感じると、全体的なストレスレベルが上がり、心臓疾患、免疫の機能不全、うつ病、大腸炎、慢性疼痛、記憶障害、性的な問題など、さまざまな症状や病気につながります。

　心理的なストレスが病気や症状へとつながる正確なメカニズムは明確になっていませんが、初期段階の研究からは、テロメア（染色体の先についている DNA とタンパク質の複合体）との関連性が示唆されています。テロメアの DNA が失われると、細胞が老化します。つまり分裂が止まります。生活のなかで感じるストレスが免疫系のテロメアを短くすることが示されています。そうすると、免疫細胞が減り、病気や症状へとつながり、寿命が短くなるかもしれません。

　喜びを求め苦痛を回避するという本能に、完全にコントロールされてしま

う場合もあります。スチュアートという男性を知っています。彼は若い頃、アルコールを飲むことで大きな喜びを得ていました。彼は14歳のときにお酒を飲み始め、20歳の頃にはビールを毎晩1ケース（24缶）飲んでいました。ある晩、酔っぱらっているときに、パニック発作を起こしました。それがあまりにも恐ろしかったので、それ以降二度とアルコールを飲まなくなりました。あれほどの喜びの元だったビールが、パニック発作と関連づけられたために、一晩で恐ろしいものに変わってしまったのです。それ以来スチュアートはパニック発作の引き金となりうるところへはどこへも出かけなくなり、そうした引き金になりそうな行動も一切取らなくなりました。以前には楽しんでいた行動（例：トラックで街をドライブする、野球の試合を観戦する）もしなくなりました。スチュアートの人生は、はじめはアルコールの喜びに支配され、次にパニック発作への恐怖に支配されました。彼はまるで、心のそうした短期的な状態（喜びまたは苦痛）に人質に取られているようでした。

　しかし、新たなアプローチを取り入れることで、苦痛と喜びに対する**関わり方**を変えることができます。痛みがあるときには、一歩下がって穏やかでいようとすることができます。喜びが来たときには、それが自然に去っていくのをそのままにすることができます。それが「平静」というものです。私たちは、喜びだけでなく苦痛さえも、その2つの間にあるさまざまな微妙な状態も含めて、それをそのまま**抱きしめられる**ようになります。そして、人生のどの瞬間にも、自分らしく生きられるようになります。それが「真の喜び」というものです。苦痛と共にいられるようになることは、個人として幸せになるために本質的に必要です。矛盾するように思えるかもしれませんが、幸せになるためには、**不幸せを抱きしめる**必要があるのです。

結婚生活の惨めさを抱きしめる

　ワシントン大学の心理学者ジョン・ゴットマンとその同僚らは、14年間にわたって650組のカップルを追跡調査し、結婚生活がうまくいく

ための条件を探りました。ゴットマンは、離婚することになるカップルを、91%の確率で予測できると言います。そうしたカップルには、批判する、防衛的になる、侮辱する、拒絶する、という姿勢がみられました。まるで「ヨハネの黙示録」に登場する「四騎士」のようです。また、夫婦間の論争の69%が、それが特に互いのパーソナリティや価値観に関わっている場合、決して解消されないこともゴットマンは観察しています。こういったパーソナルな問題の相違は、カップルのなかで解消されることはないので、結婚生活がうまくいっているカップルは、その相違をなんとかしてアクセプトできるようになっているのでしょう。幸せなカップルは、「心が通じ合っており、お互いの好きなことや嫌いなこと、パーソナリティの癖、願い、夢をよく知っています」。

　心理学者のアンドリュー・クリスチェンセンとニール・ジャコブソンは、アクセプタンスに基づく「統合的カップルセラピー」を開発しました。これは行動療法を活用し、変えることが**できる**問題に対処し、できない問題は「アクセプト」するアプローチです。アクセプタンスは、問題を抱きしめることが互いに親しみを感じることにつながること、そしてパートナーを変えなくてはならないという必要性を手放すことを意味します。週に1回、6カ月にわたって、アクセプタンスに基づくこのようなセラピーを行った場合と、従来のセラピーを行った場合とを、参加者を無作為に割り付けて比較した研究では、前者のセラピーでは、治療の前に慢性的な苦痛を感じていたカップルの3分の2で、治療後2年が経過しても関係が大幅に改善されたままでした。

抵抗すると続いてしまう

　苦痛に対する私たちの本能的な反応を上手に捉えた簡単な公式があります。

$$苦痛 \times 抵抗 = 苦悩$$

「苦痛（pain）」は、私たちの人生に入り込んでくる避けられない体験で、事故、病、愛する人の死などが含まれます。「抵抗（resistance）」は、苦痛を寄せつけないようにするためのあらゆる努力を指し、身体的な緊張や苦痛を追い払うことについての反すう、といったことが含まれます。「苦悩（suffering）」とは、苦痛に抵抗した結果として生じるものです。苦悩は、身体的そして感情的な緊張であり、私たちが「苦痛」の上に何層にも**加えて**しまったものでもあります。

この公式によれば、苦痛との付き合い方次第で、苦悩の生じ方が変わってくるということになります。苦痛への抵抗を減らしてゼロへと近づけていくと、苦悩もゼロに近づいていきます。抵抗がゼロであれば、苦痛にゼロを掛けるので、結果もゼロです。なかなか信じがたいことですか？　人生に苦痛は付きものですが、必ずしもそれにじっくりと取り組む必要はありません。どこに行こうとも、苦痛を携えていく必要はないのです。

たとえば、株式市場が暴落する前に株を手放しておくべきだったということを、何時間も考え続けるというのは「苦悩」です。また、近々開催される大切なイベントの前に病気になってしまうかもしれないと心配するというのも「苦悩」です。問題を予測して防止するために、ある程度の内省は必要かもしれませんが、多くの場合私たちは、過去を後悔したり未来を心配したりするなかで、身動きが取れなくなってしまいます。

苦痛は避けることのできないものですが、苦悩については、私たちが選択することができます。一見、感情的な苦痛が強いほど、それについて強迫的に考えたり、自分を責めたり、自分に欠陥があるように感じたりすることによって、苦悩も増えるような気がします。しかし、朗報があります！　私たちが苦痛だと思っていることのほとんどは苦悩（苦痛な体験と闘った結果）にほかなりません。そして苦悩には**対応する**ことができるのです。以下では、よくみられる4つの問題（腰痛、不眠、人前で話すことへの不安、人間関係の対立）を取り上げて、「アクセプタンス」と「手放すこと」を通じてそれらにどのように対応できるか、考えることを始めましょう。

心配することのメリット

　どうして私たちは、心配するのをやめられないような気がするので
しょうか？　ペンシルバニア州立大学のトム・ボルコベックは、人前で
話すことを恐ろしいと感じている学生45人に、恐ろしい場面を10回イ
メージしてもらいました。「大勢の聴衆に向かって、大切なスピーチを
しようとしている状況を想像してください。……その場に立ちながら、
心臓がドキドキしてきます……」。そのイメージ課題を行う前に、ボル
コベックは学生を3つのグループに分け、それぞれリラックスするよう
なこと、中立のこと、心配になるようなことを考えてもらいました。次
に、恐ろしい場面を想像している間に、学生の心拍数を測定しました。
意外なことに、事前に心配なことを考えるように指示された学生のグ
ループでは、そうでない学生のグループと比べて、**心拍数の上昇が認め
られません**でした。このことは、あらかじめ心配することが、恐怖によ
る身体的な興奮を実際に止められることを意味しています。だからこそ
私たちは無意識のうちに心配するのかもしれません。とはいえ、事前に
心配した参加者は、心拍数は上がらなかったにもかかわらず、怖い状況
をイメージしているときに、**より強く恐ろしい気持ちを感じていたので
す**。

⁂ 慢性の腰痛

　慢性の腰痛は人を消耗させます。残念なことに、慢性の腰痛は米国ではよ
くみられる病気で、少なくとも500万人が常時腰痛に苦しんでおり、60〜
70%のアメリカ人が人生のどこかで腰痛に苦しみます。ところが驚くべき
ことに、慢性の腰痛を**訴えない**人の3分の2で、痛みを体験する人と同様の
構造的な腰の問題がみられます。慢性的な痛みに苦しんでいる人たちの心身
には、いったいどのようなことが起きているのでしょうか？　答えは「抵
抗」です。ミラのケースを見てみましょう。

　49歳のミラはヨガが大好きで、仕事でも順調にキャリアを積んでいました。彼女は腰痛に悩むような人には見えませんが、何事にも並外れた熱意で取り組むという特徴がありました。強度の高いヨガのレッスンに参加していたとき、前屈をしていたミラは、腰にズキズキする痛みを感じました。そして、ピリピリする痛みが坐骨神経からふくらはぎまで走るのを感じました。直立するか、水平に寝るかする以外のほとんどの姿勢で、腰に痛みを感じます。MRI（磁気共鳴画像診断法）を受けた結果、「椎間板ヘルニア」と診断されました。脊椎の骨の間から椎間板が押し出されて神経に当たる、つらい状態です。

　ヨガをやめたミラは、理学療法士から、背中を真っ直ぐにしたままで痛みを感じずに物を持ち上げる方法を教わりました。でも時間がたつうちに、腰はますます痛くなってきました。ミラはエネルギッシュに運動できないことについて、不幸であると深く感じるようになりました。運動は彼女にとって、仕事のストレスを発散する主な方法だったからです。ミラは、登山もサイクリングもヨガもできなくなってしまった人生をイメージしました。そして、そもそも椎間板を痛めるようなことをしてしまった自分を責めました。心配や自己批判、動かずにいることによって身体が硬くなること、そしてさらなる腰痛の悪化があいまって、とうとうミラは手術を受けることを決意しました。

　ミラは手術を受ける前に、いろいろと調べてみました。すると、椎間板ヘルニアの腰の手術の長期的な成功率は、手術をしないときの結果と変わらないことがわかりました。また、ロナルド・シーゲルの著書 Back Sense を読みました。本には、椎間板ヘルニアを患う人のほとんどにとって、最も価値のある治療法は、痛みに対する心配を減らし、できるだけ早い時期に普通の活動を再開することだ、と書いてありました。つまり、動かさないことによる退化を防ぐためにも、普段と同じようなやり方でさまざまな物を持ち上げるようにする方がよいということになります。ミラは、慢性腰痛のほとんどが、構造的な異常によるものではなく、持続的な筋緊張によって引き起こされることを知りました。そして筋緊張は、筋肉が使われない場合と、心配する場合の両方において高まります。さらに、心配すると痛みのシグナルが増

幅し、体験される痛みの度合いがますます強くなります。

　こうしたメッセージをミラは真剣に受け止めました。痛む筋肉をマッサージで治療し、毎晩電気マットを使うようにし、ほどほどの強度の運動も始めました。痛みが引いていくにつれて、ミラの心配も和らぎました。2週間もしないうちに、腰の痛みは半分になりました。

　慢性の腰痛に苦しむ人のほとんどが、ミラのケースは幸運で例外的だと言うかもしれません。でも実際は、ミラのケースの方が標準的です。不思議なことに、慢性腰痛を持つ人の割合は、腰を痛める類の仕事が**多そうな**発展途上国の方が、先進工業国より低いのです。腰の問題のきっかけになるのは、怪我によるものが多いのですが、ミラの腰痛を**維持**していたのは怪我ではありません。痛みに抵抗したこと、とりわけ活動的なライフスタイルを続けられないことを恐れたことが、かえってミラを健康上の危機に深く引きずり込みました。身体的な苦痛をアクセプトし、それと**向き合って一緒**に取り組むことで、ミラは普通の生活を取り戻すことができました。

仕事に満足していないと腰痛になる

　腰痛は、いわゆる「職業病」のなかでも最も頻度が高く、コストがかかるものの一つです。この障害を予測するのは、どうやら身体的な問題よりも心理社会的な問題であるようです。レベッカ・ウィリアムズと同僚らによる研究では、18歳から52歳までの男性82人で、腰痛が6週間から10週間続いている人を調査しました。ウィリアムズらは、仕事の満足度が痛み、心理的苦痛、障害を予測できるかどうかを検討しました。6カ月後をみると、仕事に**満足している**人において、腰痛による痛みと障害がより少なく、心理的苦痛も少ない傾向がみられました。社会的立場や職種は、この研究の結果に影響を与えていませんでした。この研究によってわかったことは、働いている人が仕事に満足していると、腰痛があっても仕事を続けられる見込みが高そうだ、ということです。そういう人は、普段と変わらない行動を続けるからです。

☼ 不眠

　人生で不眠に苦しんだことが一度もないという人はほとんどいないでしょう。どの年度で調べても、米国の成人の半分が、不眠があると報告しています。その物理的な原因としては、隣でパートナーがいびきをかく、寝る前にカフェインを摂る、昼寝を頻繁にしすぎる、運動不足、風邪薬のような薬を飲む、睡眠時に無呼吸になるなど、さまざまです。どのような原因にしても、眠ろうとして一生懸命になればなるほど、ますます眠れなくなるということに気づいている人は多いはずです。なぜそうなるのでしょうか？

　皆さんにも次のようなご経験があるかと思います。明朝に重要な面会や会合が控えているのに、深夜になっても目が覚めたまま、ただ横になっています。それは就職のための面接だったかもしれませんし、仕事でプレゼンテーションをする予定だったかもしれません。横になって眠れないまま、時計の長針が一周するたびに、あなたの心はより注意散漫でどんよりした感じになりながらも、考えるのを止めることができませんでした。時間が過ぎれば過ぎるほど、自分自身に対する苛立ちが募り、最後は「普通に眠ることが全くできなくなってしまった」と結論づけたかもしれません。時計を見るたびに、胸やみぞおちの辺りに、アドレナリンが嫌な感じで噴出するのがわかるようでした。

　どうしてこんなことになったかというと、眠ろうとして闘ったため、神経系が「闘争か逃走か」のモードに入ってしまったためです。これは一種の悪循環です。眠ろうとすればするほど、身体は覚醒状態へと突入するのです。そこで闘うことを放棄して、悪循環を断ち切る必要があります。そのために試みることができる一般的な方法がいくつかあります。

1. これまでに睡眠不足でも大丈夫だったことを思い出す。実際、ほとんどの人は睡眠不足でもなんとかなっています。それを思えば、切羽詰まった感じがいくらか和らぐことでしょう。
2. 眠っているかどうかにかかわらず、ベッドに静かに横たわっているだけで貴重な休息の形になっていることに注意を向ける。

3. 本当に睡眠が必要になったら身体が要求するのだから、今はそうではないのだ、ということを思い出す。

4. 30分は完全に起きて過ごす。30分あれば、心が休みに入って眠り始めるかもしれません。

5. まだ目が覚めていると気づくたびに、眠れない状態をアクセプトするのだという思いを強くするために、「構わない！」ときっぱりと自分に言う。

6. 呼吸を数える。

　しかしながら、不眠に悩む人は、「これらの仕掛けはたいていうまくいかない」と言うかもしれません。どうしてでしょうか？　それは、心は騙せないからです。あなたがこれらの仕掛けをするのは眠るためであることを、心は知っています。たとえば、「呼吸を数える」のと、「**眠るために呼吸を数える**」のとでは、大きく違います。眠ることが目標になっていると、まだ自分が目覚めていると気づいたときに、心のどこかでそのような自分に対してどうしても穏やかではいられなくなります。1時間が経過するたびに、ますます混乱したり絶望したりします。この問題を解決するためには、眠れないこととの**関係性**を変える必要があります。眠っていない状態を、ひとたび本当に心から**アクセプト**できるようになると、そこでやっと身体が休まるようになります。

✧ 人前で話すことへの恐怖

　コメディアンのジェリー・サインフェルドは、こう言いました。「ほとんどの研究によると、人々が最も恐れるのは人前で話すことなんですってね。で、2番目に恐れるのが、死ぬことなんですって！　そうなんですかねえ？だって本当にそうなら、普通の人はお葬式に行くと、弔辞を述べるよりも棺桶の中にいる方がいいと思うってことになるじゃないですか」

　人前で話すことへの恐怖は実に一般的です。少なくとも3割の人が、聴衆を前に話をするときの自分の不安は「極度に大きい」と感じています。また

10人に1人は、そうした不安が仕事上での大きな妨げになっています。かくいう私も、人前で話すことへの不安に苦しんできています。私の場合、次のような感じです。

　大切なスピーチをする予定があると、そのことを考えるたびに、腹部が緊張するのを感じます。アドレナリンが増え始め、筋肉が少し収縮します。自分でも予想できるこの不快な感じは、新たなトピックについて話そうとしているけれども、何を話すかがまだ用意できていない段階で、特に生じます。スピーチの途中で咳ばらいばかりする自分の姿をイメージします。言葉に詰まる自分も想像します。冗談を言ったつもりが誰も笑ってくれず、聴衆が私の代わりにつらくなってしまう状況もイメージされます。もしかしたら、聴衆の中から誰かが、私を助けるつもりで、「息をして！」と叫ぶかもしれません（しかもこのシナリオは、実際に私に起きました）。

　人前で話すことへの私の恐怖の背後には、「好かれたい」という願望があります。知的で魅力的に見られたい、聴衆を退屈させたくない、という願いです。私のなかには、「全ての聴衆に認められれば、私の心は完全に満たされるだろう」という誤った考えがあるようです。しかしながら、私には公衆の面前でスピーチをするもう一つの理由があります。それは他の人たちにとって価値がある何かを伝えることです。私は人前で話すことへの不安を乗り越えるための戦略として、自分が伝えたいメッセージそれ自体に注意を向け直すことにしました。たとえば、脳科学が主題のスピーチをするとします。その場合、スピーチが終わるまで、脳科学におけるいくつかの有用なポイントが確実に伝わるようにコミットします。その際「私」に注意を向けないことが、スピーチの助けになるようです。

　ただし残念ながら、この技法は、聴衆の前で「自分が神経質になっているように見られたくない」との願いを私が根底に抱いている限り、部分的な解決策でしかありません。瞑想の師であるジョセフ・ゴールドスタインは、「人生は、氷山のような動機の先端で起きている」と言います。このスピーチをしながら、私は一体何を達成しようとしているのでしょうか？　私の動機は「神経質に見られないようにすること」なのでしょうか？　もしそうであるのなら、私の頭の中に小さな監視者がいて、「神経質になっている？

……**今まさに神経質になっている？**」と私に尋ねていることになります。そのくどくど責めるような問いが、まさしく私が抑え込もうとしている不安を引き起こします。そしてひとたび不安になると、今度は不安になることに対して不安を感じるようになります。

　人前で話すことへの不安に対して持続する解決策はただ一つ、ただもう不安になってしまうことです。私たちは、不安から自分を守ろうとするのをやめなければなりません。震えながらスピーチすることを厭わなくなるのです。そのようにすると、私の不安はそれほど長く続かなくなります。スピーチがまだずっと先でも、それに対する不安を厭わなくなると、ネガティブなフィードバックのループが止まります。

抑えろ！

　若かった頃のドストエフスキーは、兄弟の一人に対して、「シロクマについて考え**ないで**いられるものならやってみろ！」と挑発し、相手を混乱させたといわれています。1987 年に、ダニエル・ウェグナーと同僚らが、それと同じ思考抑制課題を学生たちにしてもらいました。まず最初の５分間、頭に浮かぶことを全て話しながら、シロクマのことについては考えないようにして、とはいえもし考えてしまったら毎回ベルを鳴らして知らせてもらいました。その後、次の５分間では、今度は**意図的に**シロクマのことについて考えながら、同様の課題に取り組んでもらいました（比較のために設けた別グループの人たちには、まるまる 10 分間、シロクマについて考えるよう求めました）。前半の５分にシロクマについて考えないように求められたグループの人は、その最初の５分にシロクマについての思考を抑制することができなかっただけでなく、後半の５分では、抑制されなかった比較のためのグループと比べて、シロクマについて**より多く**考えたことがわかりました。この古典的研究からわかるのは、思考を抑制しようとすると、「考えないように」と指示されたまさにそのことに対して思考が集中してしまうということです。

臨床の研究者たちは、同様のプロセスが、心的外傷後ストレス障害、うつ病、強迫症などの心理学的障害の背景にもあるのではないかと考えています。押しやったはずの思考が戻ってきて付きまとうのです。

　別の研究では、**感情の抑制**を試みました。フロリダ州立大学の研究者が学生たちに対して、殺戮の映像を見ている間は恐怖を感じないように、そしてジェイ・レノのコメディの映像を見ている間は笑わないように求めました。次に、書いてあるものを指でトラッキングする難しい課題を依頼しました。映像への感情反応をコントロールしようとすると学生たちの血糖値が下がりました。血糖値がより低い学生は、トラッキング課題をより早くあきらめました。同じ参加者に糖分を含んだドリンクを提供して血糖値を元に戻すと、トラッキング課題により長く取り組めるようになりました。感情を抑制すると意志の力も抑制されるようですが、血糖値の低下もその要因かもしれません。

　これら2つの研究から、チョコレートクッキーを食べないでいようとすることが、なぜあれほどまでに困難で、成功することがないのかがわかるようです。

◌ 人間関係の対立

　人間関係は、潮が満ち引きするのと同様に、つながりが強くなったり弱くなったりするのに伴い、良い時期もあれば悪い時期もあります。私たちは、人とつながり合っている感じ（理解される感じ、聞いてもらっている感じ、共鳴している感じ、意気投合している感じ）を欲しており、それが得られそうにないと感じると痛みを覚えます。どのカップルにも、つらい時期というのがあり、時にはそれが長期に及ぶこともあるでしょう。

　スザンヌとマイケルは「冷たい地獄」のような関係を生きていました。その地獄とは、互いに恨みを抱きながら相手を疑っており、コミュニケーションをするときにも、冷淡で、注意深く、計算ずくの調子で話すような状態です。夫婦によっては、離婚の一歩手前の、このような凍りついた状態のま

ま、何年も経過する場合もあります。

　2週間に1度のセラピーを5カ月間続けて成果が得られなかったところで、スザンヌは、離婚手続きを始める時期だと判断しました。スザンヌは、マイケルが決して変わることはないだろうと確信していました。彼は週に65時間以上働くことを変えないだろうし、自分自身のケアをすることもしないでしょう（マイケルは適正体重よりも20kg以上オーバーし、タバコを吸っていました）。スザンヌにとって輪をかけて苦痛だったのは、マイケルが結婚生活を楽しもうとする努力を全くしていなかったという現実です。二人は一緒に外出することがほとんどなく、この2年半の間、休暇に出かけたこともありません。スザンヌは孤独で、拒絶されたように感じていました。一方マイケルの方は、家族のためにこれほど懸命に働いているのに、それを認めてもらえないという気持ちでした。

　離婚に向けてスザンヌが動き出したことが転機となりました。「絶望によるギフト」とでも言えるでしょうか。ここに来てマイケルは初めて、自らの人生がいかにつらいものだったかということを探索し始めたようでした。あるセッションのことです。二人はデンバー地域が吹雪に見舞われたことについて話していました。マイケルは、これまで20年間休まず働いてきた64歳になる自分の父親が、今回初めて仕事を一日休んだことについて話しました。セラピストの私は、そのことがマイケル自身にとってどのような意味を持つのかを尋ねました。マイケルは目に涙を浮かべながら、父親に自分の人生をもっと楽しんでもらいたかったと述べました。私は、思いをめぐらせながら言いました。「あなた自身が自分のために、同じことを願ったことがあったでしょうか？」。するとマイケルが答えました。「怖いのです。少しでも働くことをやめてしまったらどんなことが起きるのか、それが怖いのです。ビジネスについて心配することをやめることでさえ怖いのです。というのも、自分が何か重要なことを見落としていて、そのせいでビジネス全体がダメになってしまうのではないか、と思うからです」

　それを聞いたスザンヌが反応しました。彼女は「だからなの？　だから私や子どもたちのことを、そして自分の身体でさえ顧みることがなかったの？」と尋ねました。マイケルはただうなずきました。彼は今やさめざめと泣いて

います。「なんということかしら！」とスザンヌは言いました。「私は、自分のせいだと思っていた。今のままの私ではダメで、私があなたを煩わせているんだって。私たち、お互いに不安だったのね。その方向が違っていただけで。あなたはビジネスの心配をしていて、私は結婚生活のことを恐れていた。あなたが日々仕事に行っているとき、私は**常に**この結婚生活が壊れてしまうのではないかと心配していたの」。何年もの間、マイケルとスザンヌを分断してきた、凍りついたような「切り離された感覚」が、緩み始めました。

セラピーが始まった当初から、マイケルは自分がワーカホリックであることに気づいてはいました。父親に顧みてもらえなかったのと全く同じように、自分が家族を顧みていないことも認識していました。しかしマイケルは、このような苦悩の世代間連鎖を自分が止めることはできないと感じていました。それが、離婚の痛みが差し迫ってきたと感じたときに、変化し始めたのです。マイケルは、自らの人生がいかに不幸なものになってしまったのか、ということをアクセプトしました。そして、父親に対してコンパッションを感じ、ついには自分自身に対しても同様にコンパッションを感じられるようになったのです。

スザンヌは、マイケルが2人の子どもたちの面倒を十分に見ていないと、日頃からよく不満を言っていました。でも、その不満の背後には、仕事から帰宅したマイケルに、まず自分に注意を向けてほしい、その次に子どもたちと遊んでほしいという願いがありました。それは幼い子どもの母親なら誰にでも馴染みのある願いです。スザンヌはこの願望を恥じていました。そんなことを願うのは利己的だし、自分が悪い母親だからだ、と考えていたのです。しかし、それは夫とつながりたいという願望の自然な表れであるということが理解できると、スザンヌは、もっと自由に自信を持って自らの希望を伝えられるようになりました。一方マイケルも、そうしたリクエストであれば、自分がもっと楽に反応できることに気がつきました。

スザンヌもマイケルも、自分をアクセプトすること、そしてセルフ・コンパッションが少々できるようになった時点で、自らのつらい感情を変容させられるようになってきました。人間関係において、恥や怒りなどの強い感情

の背景には、たいていもっと大きな「私はあなたが恋しい！」という思いがあるものです。大切な人たちとつながっていると感じられないのは、ただだ不自然に感じるし苦痛なのです。

　人前で話すことへの不安、腰痛、不眠、人間関係の葛藤の４つは、それぞれ明確に異なるにもかかわらず、全般的に共通する要素が一つあります。それは「不快さへの抵抗」です。心地よくないことと闘おうとすると、状況は悪くなるばかりです。不安、身体的な不快感、眠れないこと、つながれないことの痛みとそれに伴う自己疑念……、私たちはこういったことをアクセプトできればできるほど、実は楽になれるのです。

　皆さんの生活でも同様の力学が働いていることを、皆さんはきっと認識していることでしょう。過度に厳しく自己批判的な姿勢で、どれほどダイエットがうまくいくでしょうか？　新たなボーイフレンドを連れてきたティーンエイジャーの娘と論争すると、どんなことになるでしょうか？　わいてきた怒りを抑えると、その怒りはどこに向かうでしょうか？　私の同僚がこんな冗談を言いました。「何かに抵抗すると、それは地下室にこもって筋トレを始めるのさ！」

　私たちは極端な場合には、恥の感覚を感じないようにするために、他者を言語的または身体的に攻撃し、人間関係や時には人生さえ破壊してしまうことがあります。不安を減らしたりトラウマ記憶を遮断したりするためにお酒を飲むと、希望を含めて、全てを失うかもしれません。感情的な苦痛から解放されようと皮膚を切りつけても、何も解決されません。痛みをアクセプトし、困難と向き合う際に私たちが身につける必要があるのが、ジャッジをしないで気づきを向けることとコンパッションです。本書は、このような実りの多い道筋をあなたがたどり始められるようお手伝いします。

中庸を見つける

　不快な感覚にオープンになろうとすることは、簡単ではありません。私が

「聴衆の前で震えるままでいい」と決心したときには、それが実際に何を意味するのかを考え抜く必要がありました。**考える**だけではありません。そうした場面を想像して、実際に**震える**必要がありました。聴衆が私を見て笑っています。私のお粗末な講演について互いに話をしています。当惑しておたおたしている私から顔を背けます。そうした体験を経て初めて私は、自分は話し手としてはダメかもしれませんが、人生は終わることなく続いていくことを理解したのです。これは一種のエクスポージャー（曝露療法）でした。想像のなかでこうした体験に慣れるのです。幸か不幸か、私の場合は、そこからさらに実際の体験もいくらかしました。

　このようなエクスポージャーをする際、なかには、ただその体験に飛び込んで、感情的な苦痛をそのまま抱えられる人がいるかもしれません。一方、もっと段階的な道筋をたどる人もいるでしょう。濁流に自らを放り込んでうまくいく人もなかにはいますが、それを厭わないことを美徳とみなす必要はありません。もしあなたが泳げないのであれば、なおさらです。それよりもむしろ、痛みに向かって踏み出す前に、自分は大丈夫だし安全であると感じられる必要があります。

　ほとんどの人が、感情的な苦痛にオープンになって心を開くと何が起きるのだろうか、と心配します。抑うつ的な人であれば、苦痛に圧倒されて自分がどうにかなってしまうのではないかと恐れるかもしれません。不安が強い人であれば、そのことに挫折し、強烈な不安のエピソードがまた一つ増えて、今後それを思い出すことになるだろうと心配するかもしれません。背景にトラウマを有する人であれば、恐ろしい記憶がフラッシュバックして、一日中それに悩まされるだろうと予想するかもしれません。結婚生活に困難を抱えている人であれば、物事が悪化していることを認めてしまうと、結婚相手との間で何か行動を起こさなければならなくなることを心配するかもしれません。こうしたことはどれも実際に起こりうることであり、私たちはそれらに対して心の準備をしておく必要があります。

　本書が目指すのは、ストレングス（強み）の立場から、苦悩と向き合えるようになるための知識とスキルを皆さんにお伝えすることです。ただし、本書でお伝えできないこともあります。それは、ある特定の瞬間に苦痛と向き

合うことが安全かどうかを判断するための**直感**についてです。これは、あなた自身が判断するしかありません。私たち人間は、たとえ表にあらわれなくても、感受性が強く繊細な神経系を持っています。ですから、「安全が実際に脅かされている状態」と「不快さを感じているだけの状態」の違いを、自らの直感を使って区別できるようになりましょう。脆弱な感じや居心地の悪さがあっても、必ずしも安全が脅かされているとは限りません。また「痛み」があること、「有害」であることを意味しません。そうした違いを知ることが大切で、それができて初めて、私たちは自らの人生を十全に生きられるようになります。

　意味のある人生を生きるためであれば、私たちはたいていの困難にも耐えることができます。たとえば、子どもを持つことが大切だという人は、その夢を実現するために、出産の痛みを厭うことはないでしょう。知恵を持つ私たちは、自らの行為の短期的そして長期的な結果を知り、長期的な利益が最大になるような道筋を選ぶことができます。たとえ妨害があったとしても、心の中のいちばん深いところで抱いているコミットメントと価値に沿い続けるのが賢い方法です。なぜなら、そうすることで長期的な幸せを得られるからです。

　ベストなのは、困難に向き合うことと困難を回避することとの間の「中庸」を求めることです。日によっては、傷つきやすい気持ちになって、困難に向き合えないと感じるかもしれません。そういう場合は、延期してみるとよいでしょう。休暇でスキー場に来ていると想像してみましょう。あなたは日によって、上級者向けでも特に難易度の高いコースに挑戦してみようと思うときもあれば、ロッジで温かいココアでもすすっているだけの方がよいと感じるときもあるでしょう。心の準備ができていないときに急なコースに挑戦すると、転んでしまうかもしれません。一方、初心者用のゲレンデばかりを滑っているのでは、達成するワクワク感を味わえません。そうした選択肢があるなかで、調子が良くて準備ができているときには、新たな困難に立ち向かってみるとよいでしょう。そうでないときは無理をせず、しかしあきらめることはしません。

　このような状況において、抗うつ薬と抗不安薬はどのような役割を果たす

のだろうか、との疑問を持つ人もいるでしょう。それらの薬剤は、感情面での挑戦を遅らせたり無効にしたりするだけではないか、との疑問を持つ人もいるかもしれません。時に、そういう場合もあるかもしれません。しかし、一般的に、私たちが恐怖や悲しみや混乱した思考に圧倒されているときは、問題に取り組めなくなってしまいます。したがって、失った視点を取り戻すためであれば、回避も役に立つでしょう。薬物療法によって、感情面の苦痛を取り扱えるレベルにまでひとまず下げることができます。その後、本書で紹介するような自己調整のための戦略を用いることで、薬の量を減らせる人もいるでしょう。

　心には、苦痛を回避するための方法が自然に備わっています。それを「防衛機制」といいますが、具体的には「否認」「投影」「スプリッティング」といったものがあります。**スプリッティング**とは、脅威にさらされているときに物事を白か黒かで見る心の傾向です。「彼は完全に良くて、彼女が全て悪い」といったことです。そのように考えることで安心するのです。**否認**は、不安を生み出す何らかの原因をアクセプトすることを拒否することです。たとえば、パートナーのアルコール依存や浮気を否認したりします。**投影**は、自分のなかのアクセプトできない感情や衝動を他者に帰属させて、自分の気分を良くしようとすることです。「彼は人種差別主義者だ」「彼女は妬んでいるだけだ」といったことです。

　こうした防衛機制は、バランスの取れた感情生活に不可欠ですから、むやみにそれらをなくせばよいというものではありません。たとえば、対処するための心の準備ができるまでは、パートナーが浮気をしていることを否認したままでいる方が賢いかもしれません。否認しないで向き合ってみたところ、圧倒されてしまって日常生活に支障が出るようでは、ちっとも役に立たないからです。それに、一時的な感情の痛みを心から締め出しておくと、それが**実際**に消えてしまう場合もあります。締め出した後、その痛みが二度と戻ってこないのであれば、そうしたってよいでしょう。肝心なのは、そうした心理的な防衛機制によって私たちがコントロールされないこと、そして私たちの人生が複雑にされないことです。

　ヘドニック・トレッドミルに乗って喜びを追い求め、苦痛を避けようとす

ることも、**時には**よいのかもしれません。だって、好きなことを追求しなければ、私たちはどうやって幸せになれるというのでしょうか？　あなたのためにあなたのニーズを満たしてくれる人は、短期的にも長期的にもあなたしかいません。何があなたを幸せにしてくれるのかを**知っている**のも、あなただけです。ほとんどの大人にとって、自分よりも他者の方があなたのニーズを知っている、という時代はとうの昔に過ぎ去りました。自分の幸せには自分で責任を持つ必要があり、喜びはその道筋を指し示してくれます。ただし、できればその際、より長期的な喜びを選ぶようにするとよいでしょう。それはたとえば、健康な身体を維持したり、心が豊かになったり、他者を手助けしたりすることから感じられる喜びです。

　何よりも重要なのは、喜びを追求して苦痛を回避する本能的な習慣が、それらが生み出す価値よりも問題を多く生むようになっているときに、そのことに気がつくことです。普段、私たちがそのような習慣に基づく活動を行うとき、そう遠くないところにストレスがあります。それらの活動のなかで、欲しいものが手に入らないとき、持っていたものを失ったとき、欲しく**ない**ものを受け取ったときに、私たちはストレスで苦しみます。それを乗り越えるために必要なのは、アクセプタンスの姿勢とともに、物事をありのままに眺められる力です。

アクセプタンスのステージ

　不快さと向き合うプロセスは、ステージを追って進みます。苦悩に直面した際、ステージを追うごとに、少しずつそれが和らいでいきます。抵抗が減っていくとも言えるでしょう。はじめに発作のような嫌悪があり、その後、問題に対して好奇心を持つところから、このプロセスは始まります。ステージが順調に進むと、私たちは、人生に何が起きてもそれを完全に抱きしめられるようになります。このプロセスは通常ゆっくりとしていて、とても自然な感じです。その時々のステージにおいて、心がすっかりその段階に馴染むまでは、次のステージに進んでも意味がありません。以下がそれらのス

テージです。

ステージ１. **嫌悪する**——抵抗する、回避する、反すうする
ステージ２. **好奇心を持つ**——関心を向けながら不快さと向き合う
ステージ３. **耐える**——安全な状態で持ちこたえる
ステージ４. **そのままにする**——感情が来ては去るままにする
ステージ５. **親しくなる**——抱きしめる、隠れた価値を理解する

　不快な感情が生じたとき、最初に私たちに起こる反応は常に「**嫌悪する**」です。たとえば、何か心地よくないものを目にすると、私たちは視線を逸らします。嫌悪は、心理的にそれに巻き込まれたり、反すうしたりする形で現れるかもしれません。そうすることによって、不快な感情をどう取り除けばよいか、理解しようとするのです。嫌悪が機能しない場合、しばらくすると、ステージ２に入って、「**好奇心を持つ**」ようになります。それは「あの感情は**いったい何だろう？**」「いつどのようなときに起きるのだろう？」「これには何の意味があるのだろう？」といったものです。自分が何に対処しているのかを理解しつつも、その痛みが消えない場合は、ステージ３の「**耐える**」へと進むのがよいかもしれません。「耐える」が意味するのは、感情的な苦痛があっても「持ちこたえる」ということです。ただこの段階では、まだ苦痛に対して抵抗しており、苦痛が消えることを願っています。その抵抗がだんだん風化していくにつれて、ステージ４の「**そのままにする**」に進みます。この段階ではつらい感情が来ては去るのに任せます。最後に、私たちの人生が適応し深まっていくのに応じて、「**親しくなる**」ステージへと進んだことに気がつくでしょう。この段階では、自分が置かれている困難な状況のなかに隠れた価値が見えるようになります。私の大切な友人であるブレンダの物語から、私たちがどのようにしてこれらのステージを通っていくのかがよくわかることでしょう。

　ブレンダと夫のダグには、２人の子どもがいました。息子のザックは、娘より３歳年下で、先天性の心疾患がありました。家族でオーストラリアやハワイなどの遠方へ旅行すると、ザックは時々心臓発作を起こしました。心臓

の病と服用している薬剤にもかかわらず、ザックは明るくエネルギッシュな男の子でしたが、9歳のときに、睡眠中に亡くなりました。今から19年前のことです。

ステージ1　嫌悪する

　幼い子どもを失うことは、言葉にできないほどの大きな苦しみです。ブレンダとダグは、ザックが長くは生きられないかもしれないと知ってはいましたが、これほどのことに対し、心の準備ができていませんでした。それはまるで「感情の津波」に襲われたかのようでした。葬儀のとき、あまりに神経が張り詰めたブレンダは、周辺視野を失いました。ユダヤ教の慣習でシヴァという7日間の喪の期間が過ぎると、ブレンダは寝込んでしまいました。彼女は、まれに食料品店まで出かけても、まるで自分が異国人のように感じられ、レジに並んだ人たちが、お気に入りのパスタを見つけられなかったことについて苦情を言うのを、自分だけ遮断された立場から眺めていました。ブレンダは彼女自身の奥深くに隠れてしまったのです。

ステージ2　好奇心を持つ

　あるときブレンダはふと思いました。「あきらめてしまえば、死ねるかも」。それは救いのように思われました。しかし次に彼女は恐怖に襲われました。「娘はどうなるの？　彼女はどうすればいいの？　この惨めさに屈してしまうか、さもなければ選択するかだわ」。苦境にあったブレンダは、次第に目覚めていきました。彼女は自らを眺めて、「気持ちが落ち込んでいるのは、危険なことかもしれない」と思うようになりました。

ステージ3　耐える

　2週間後、ブレンダはベッドから出ることを選択しました。「私は娘のために生きることに決めた」。ブレンダは子どもの頃、自分の母親の世話役を

していました。だからこそ自分自身は、悲嘆で能力を失って、娘の重荷になるようなことにはしたくありませんでした。彼女は、「母親であり続けなければ。そして、生きてこそ人生なのだ」と自分に言い聞かせました。「あの惨めさのなかで、ただ一つ癒やされたのは、誰か他の人を助けることだった」と、後にブレンダは私に説明してくれました。

ステージ4 そのままにする

　ブレンダは、自らを「理屈っぽいタイプの人」と表現します。彼女は、何か問題が起きると、それについて考え抜いて解決します。彼女は言います。「今のアプローチがうまくいかないのなら、別の新たなアプローチを試せばいい」。それでも、これほどまでに大きな悲しみに対しては、全く準備ができていませんでした。ブレンダとダグは、悲しみを安全なレベルに保つために、ザックのお墓には年に3回以上は行かないようにしました。また、ザックの持ち物は、日頃はしまっておき、時々取り出して眺めるだけにしました。彼女は言います。「ねえ、知っていた？　バスローブに付いたザックのにおいは5カ月で消えちゃうのよ」。二人は、こうした「訪問（息子の思い出の物に触れにいく）」の際に一緒に泣きながら、次第にもっと多くの苦痛を受け入れられるようになっていきました。

　ブレンダは心の中で、ザックとの愛情に満ちた関係を活かし続けていました。彼女はそれを手放したくありませんでしたし、そうする必要もありませんでした。ブレンダは、悲しみを感じるたびにザックを身近に感じられることに気がつきました。彼女はまた、ザックとの縁に感謝の念を抱く際にも、彼を身近に感じるようになりました。ブレンダはその頃セラピーを受けていたので、「亡くなった人と生きた関係を持ってもいいのかしら？」とセラピストに訊いてみたところ、セラピストは「ダメなはずがないでしょう？　悲しみと感謝は愛情のひとつの形です」と答えたそうです。ブレンダは、自らの直感を信頼し、ザックとの健全な関係を続けていこうと思いました。

　ザックを亡くして17年がたって、私と出会ったブレンダは次のように言いました。「ザックの死の痛みが、私を、子どもを失ったことのある全ての母親たちと時代を超えて結びつけてくれたの」。それから2年後、ブレンダが瞑想リトリートに参加していると、講師が生徒たちに「自らの苦悩と接触してください」と言いました。ブレンダには「そんなことはしない！」という内なる声が聞こえてきました。次に講師はこう言いました。「苦痛な時にも『今、この瞬間』に十分に留まることができないと、人生の最高の瞬間にも留まることができなくなってしまいます」。まさにそのとき、ブレンダは自分が悲嘆にしがみついていたことに気がつきました。そして「もしかしたら、それはもう必要ないのでは？」とも認識しました。そんな話を一言もしていないのに、その一週間後、今では32歳になる娘から電話がかかってきて、弟の死について話がしたいからカウンセラーを紹介してほしいと頼まれました。ブレンダは自らの苦痛と親しくなり始めていました。そのことが、もしかしたら見えないうちに彼女の娘にも影響を与えて、娘にも同様のことが起こったのかもしれません。ブレンダは私に話してくれました。「このことに気づくまでに相当の時間がかかったけれども、私は自分自身の苦痛を、傷つくことなしに、完全に愛することができる」

　ブレンダの物語から、耐えがたい感情的な苦痛への抵抗が、段階的に和らいでいく様子がわかります。各ステージは、必ずしも順序だてて起きるとは限りません。後退するときもあれば、うんと前進するときもあるでしょう。悲しみが深ければ深いほど、アクセプタンスのステージをたどっていくには時間が長くかかります。しかし、そのプロセスを急かしてみても意味がありません。急かすのは、アクセプタンスを育むというよりも、苦痛を追い払おうとしていることの証左です。本書は、アクセプタンス、特に**自分自身**に対するアクセプタンス（セルフ・アクセプタンス）を、日々育んでいくための方法を紹介します。

アクセプタンスからセルフ・コンパッションへ

　メンタルヘルスの分野では、感情的な苦痛をアクセプトすることの重要性が発見されようとしています。通常、誰かが「ストレスでもうダメです」と言ってセラピーにやってきたら、セラピストは、たとえばリラクセーションスキルを教えるなどして、その人のストレスを減らすための手助けをします。セラピストとは、そうするものだからです。時には、その人の気持ちを抑うつ的にする偏った思考（「私はまぬけだ」「私はいつも最後には見捨てられる」）を変容させようとする場合もあるでしょう。いずれにせよ、これらの戦略は「問題について話してください。そして一緒に解決しましょう」という類のものです。セラピストとクライアントは本質的に、そうとは意図していないかもしれませんが、力を合わせてネガティブな体験を根絶やしにしようとしています。

　このようなアプローチは、それなりに成果を出してきました。しかし、最近の研究からは、うまくいくセラピーにおいて作用している癒やしのメカニズムは、私たちがこれまで考えていたものとは異なることが示唆されています。すなわち、思考や感情を直接的に変えることではなく、むしろ思考や感情との**関係性**を新たに確立するプロセスこそが違いを生み出す、ということです。新たな関係性とは、以前ほど回避的でなく、それほど巻き込まれず、よりアクセプトし、よりコンパッションがあり、より気づいている、というものです。目と心をしっかりと開いて、自らの問題に積極的に向き合っていくことが（それが気づきとコンパッションです）、感情が解放されるためのプロセスとなります。

アクセプタンスとは？

　すでにお伝えしたとおり、「アクセプタンス」には、好奇心、耐えること、ウィリングネス（自ら進んでする、向き合う）、親しくなるといった体験が含まれます。アクセプタンスの逆は「抵抗」です。抵抗が苦悩を生むのに対

「ジャックとは、互いの独自なところをアクセプトできるようになったの。
たとえば、私はカシューナッツの甘いお菓子が大好きとか、
ジャックは毎晩出かけて朝帰りするのが大好きとか、まあ、そういった類のことね」

し、アクセプタンスは苦悩を和らげます。

アクセプタンスは、望ましくない行動を容認することではありません。「今、この瞬間」に自分のなかで起きていることに対して、感情を開くことです。もしあなたが人間関係に苦痛を感じているのであれば、アクセプタンスはその人間関係そのものに「イエス」と言うわけではありません。むしろ、「この人間関係は傷つく！」と認めることを意味します。私は、ある状況や行動によってひどい気持ちになった人たちが、その後自らの人生（人間関係、食習慣、仕事など）を大きく変えた例をたくさん見てきています。アクセプタンスは、屈服でも停滞でもありません。アクセプタンスの後には、変化が自然に訪れます。

ただし、**何を**アクセプトしているかについては、自分で気づいている必要があります。気づきがないと、私たちは「お人好し」になりすぎてしまうかもしれません。たとえば、ほとんど知らない政治家に投票してしまったりす

るかもしれません。盲目的なアクセプタンスは、過度の感傷（現実の美化）につながりかねません。こうしたことは、ちっともアクセプタンスではなく、むしろ後にもっと苦しくなります。本書で「アクセプタンス」という場合、それは瞬間瞬間の感覚、感情、思考を**ありのままに**体験することを、意識的に選択することを指します。

⚬ セルフ・コンパッションとは？

　セルフ・コンパッションは、アクセプタンスの一つの形です。ただ、アクセプタンスという場合、通常、私たちに起きている**何か**（感情や思考）をアクセプトすることを指すのに対し、セルフ・コンパッションは、そうした感情や思考が生じている**その人自身**をアクセプトすることを指します。痛みのなかで自分自身をアクセプトするのです。

　アクセプタンスも、セルフ・コンパッションも、気分を良くしようと頑張ることをあきらめると、より生じやすくなるようです。これは、アルコール依存症の自助グループであるアルコホーリクス・アノニマス（AA）では、「絶望からの贈り物」として知られています。試したことがことごとくうまくいかなかった後の方が、アクセプタンスやセルフ・コンパッションを受け入れる余地ができるのかもしれません。そういうときは、気分が良くなることを未だに**願って**いるのかもしれませんが、他に何か役に立つことがあるとは思っていません。信じていたものをほとんど失いかけ、心は可能性を使い果たしてしまいました。

　こういうときこそ、「頭の取り組み」から「心の取り組み」へと移行するチャンスです。セルフ・コンパッションは、理屈でもありませんし努力でもありません。そうではない感覚が明らかにあります。自分が苦悩のなかにいると気づいたときに、それがどれほどの深い苦闘かということを自分自身に認めてみると、自然と心が柔らかくなり始めます。気分を良くしようとすることをやめて、代わりに、自分のための思いやりを発見します。苦しんでいる**からこそ**、自分自身のことを気遣うようになります。

　「ケア（気遣い）」と「キュア（治癒）」には、重要な違いがあります。

キュアは、問題を解決する方法が何かあるときに試みるものです。ケアは、キュアのためのあらゆる試みがうまくいかなかった後にも、なおできることです。それは、死にゆく人の世話をするのと少し似ているかもしれません。もがくのはもうやめて、死にゆく体験にそっと一緒に参加します。生活の**感情的側面**においては、物事を解決しようとしてもがくのを、できるだけ早くやめた方がよいと言えます。すると、不思議なことに、ケアがキュアへとつながっていくのです。

　コンパッションは、ラテン語の語源「*com*（〜とともに）」と「*pati*（苦しむ）」、あるいは「一緒に苦しむ」ということに由来します。本物のコンパッションを提供するとき、私たちはその人の苦しみに共に加わります。誰かが苦しんでいるときに、それを認識すると、コンパッションが現れます。その苦しみに対する私たち自身の恐怖や抵抗を棄て、苦しんでいる人に対して、慈しみと優しさといった気持ちが自然に向けられるようになります。コンパッションを体験するというのは、不快な感情に抵抗したくなる誘惑をきっぱりと放棄するということです。その人、その苦痛を、そして苦痛に対する自らの反応を、**完全に**アクセプトします。

　セルフ・コンパッションでは、他者に向けるのと同様の優しさを、自分自身に対して提供します。「はじめに」に記したように、注意を向ける方向を少し変えるだけで、人生を大きく変えることができます。それは、強い痛みのなかにいるときも、普段の生活のなかで苦痛と折り合いをつけようとするときにも、実行することができます。私たちの誰もが、セルフ・コンパッションへの本能を有しています。もしかしたら忘れられていたり抑えられていたりするかもしれませんが、それは苦悩に抵抗する本能よりも、ずっと強いものです。幸い、全ての人がセルフ・コンパッションを育むことができます。

気楽にいきましょう

　こういった考え方に対して「ピンとこない」とか「混乱する」などと感じ

られる人がいるかもしれませんが、ここでやめてしまわないでください。実践することで、理解できるようになります。次章から、段階的に少しずつセルフ・コンパッションを紹介していきます。あなたは必要なときにいつでもそれらを体験することができます。

　第2章と第3章では、**マインドフルネス**を紹介します。内面で起きていることを、優しい気づきでもって、絶えず認識し続ける方法です。ほとんどの人が、人生の細部に巻き込まれすぎていて、自らの苦悩に気づくことさえできなくなってしまっています。しかし、解決策を実行するためには、まずは問題（心に刺さった棘）を見つける必要があります。第2章では、安全に、そしてコンパッションを用いて、自らの身体に対する気づきを高める方法を示します。第3章では、その気づきを、感情の世界にまで広げていきます。続く第4章からは、**セルフ・コンパッション**を育む方法を学んでいただきます。

　多くのワークをいっぺんにする、といったイメージは持たないでください。以前、あるクライアントから、「セルフ・コンパッションって、**闘い**ではないのですね。思っていたより大変ではありませんでした」と言われたことがあります。とはいえ、気がつくと、断固とした決意でもってエクササイズに取り組んでいる自分に気づくことがあるかもしれません。そういうときもあるでしょう。古い習慣はなかなか抜けないものです。ですから、そんなふうに懸命に努力してしまっている自分の状態に気づけるようになりましょう。そして、同じことを、もっと楽しみながらできるかどうか試してみましょう。ここでするのは、人生に対して何かを付け足すことではありません。むしろ私たちがするのは引き算です。自らの体験を制御したり操作したりしようとすることで、私たちが無意識のうちに自分自身に押し付けてしまっている緊張を手放すときが来たのです。

　マインドフルネスとセルフ・コンパッションの**基本原理**は、これから学んでいただくそれらの技法と少なくとも同じぐらい重要です。技法の背後にある理論的根拠も、明確である必要があります。たとえば、エクササイズに取り組んでも効果を感じられないときには、もしかしたら「セルフ・アクセプタンス」ではなく「自己改善」を目指した実践をしているのかもしれませ

ん。両者の違いを知っておく必要があります。マインドフルネスとセルフ・コンパッションの意味をきっちりと理解できるようになれば、本書で紹介するエクササイズを、さまざまな状況に合わせて柔軟に活用できるようになるでしょう。

　最後に、「セルフ・コンパッションを自分がもっと実践できるようになれるとは思えない」と疑念を持つことに気づく瞬間があるかもしれません。そのようなときは、立ち止まって、そのときの自分自身に対して優しく接するようにしてみてください。まさにそれこそが、本書でお伝えしていることの本質を実践することになります。

試して みよう　　自分自身に仕える

　私たちは、通常、他の人たちがどのような気持ちで、何を言っていて、何をしているかということに対して気を配ります。しかし、それと同様のケアと配慮で、自分自身に仕えることはほとんどしません。それを今からしてみましょう。たった5分でできるエクササイズで、とっても簡単です。

　静かな場所を選び、楽な姿勢で座ります。目を閉じて、身体の内側の感覚に注意を向けましょう。さまざまな身体感覚が来ては去るのにただ任せます。どれか特定の感覚を選んで、それだけに注意を向けるようなことはしません。心地よい感覚なら、感じて、手放します。不快な感覚でも、同様に、感じて、手放します。手にぬくもりを感じるかもしれません。椅子の硬さを感じるかもしれません。額がピリピリするかもしれません。そうした感覚に対し、母親が新生児を見て「この子は今どんな気持ちなのかしら？」と思いをめぐらすようにして、注意を向けます。どんな感覚であっても、一つずつ順番に、ただそのまま注意を向けます。ご自分のペースでやってみてください。

　5分たったら、そっと目を開けます。

第 *2* 章

身体に耳を澄ます

シンプルな注意を向けるだけで、心に鳥のさえずりが聞こえ、
一枚の紅葉が放つ深い輝きが見え、誰かの心に触れ、
誰かに心を触れられるようになる。

—— クリスティーナ・フェルドマンと
ジャック・コーンフィールド
（瞑想の師）

　人間の身体に宿って生きていくのは簡単なことではありませんが、幸いなことに、私たちは生きるに必要なものを有しています。すなわち私たちには、気づきとコンパッションという、人間ならではの能力が備わっています。身体の中でくつろいで過ごせるようになるには、身体に注意を向けることが第一歩です。何が私たちを苦しめているのか、それを知る必要があります。そしてそれがわかると、コンパッションでもって反応できるようになります。

　ただ、苦しいとはわかっていても、必ずしも問題が明らかになっているとは限りません。たとえば、私が解雇されたとしましょう。私は、不公平な扱いを受けたとか、上司に個人的に恨まれている、などとあれこれ考えるかもしれません。夜中に眠れないまま、自分は家族にとって役立たずだと落胆し、上司に復讐することを想像するかもしれません。「私」はどこにいるのでしょう？　繊細で傷ついた魂はどこにあるのでしょう？　どこかに行ってしまいました！　私はエレベーターで最上階に行ってしまったかのように、「頭」の世界に逃げ込み、恐怖や悲しみといった感情を締め出しています。

私は、私という個人の価値についてこの世界を論争し、将来について構想しています。私たちは苦しいと、たいていこうなります。頭の中は、さまざまな思考や感情でぎゅうぎゅう詰めで、そこに私は自分を見つけることができません。

マインドフルネスは、特別な種類の気づきで、状況がつらくなってきたときに、私たちを身体の中に錨のように安全に繋ぎ留めてくれます。マインドフルネスは、生き方そのままになっていくこともあります。また不必要な苦しみから私たちを守ってくれます。私たちはマインドフルな状態にあると、不快な体験から逃げる必要が少なくなります。というのも、体験のまわりに、少しゆとりができるのです。本章では、マインドフルネスとはどのようなものであるか、そしてどのようなものでないか、ということについて説明します。説明を通じて、痛みから逃れようとする衝動に耐えることによって、私たちは自由になれることがおわかりいただけるでしょう。そしてマインドフルネスの簡単な技法もいくつか紹介します。

マインドフルネスへの道筋

マインドフルネスは体験によって初めて知ることができます。言葉では十分に説明しきれないからです。マインドフルネスの瞬間とは、ある種の気づきであり、言葉**よりも先に**来ます。それは、たとえば北斗七星と名付ける前の星々の輝きや、新品の赤いドレスに身を包んだ友人がそこにいると気づく前の、扉付近の赤い気配にも似ているかもしれません。私たちの脳には、言語以前のレベルのこの種の気づきが常に流動しています。ただ、私たちは、普段は日常生活のドラマに巻き込まれすぎていて、それに気づいていません。

マインドフルネスの素朴な体験を捉えた詩があります。

　　毎日、何かを見たり聞いたりしたときに、
　　多かれ少なかれ歓喜にうち震えて、

まるで黄金の広がりのなかできらりと光る小さな輝きになる。

このために生まれてきたのだった
——見て、聞いて、その柔らかな世界のなかで我を忘れるために。
何度でも喜びを確かめて、宣言するために。

特別なことについて話しているのではない。
恐怖でも、おののくことでも、法外なことでもない
——平凡で、普通の、冴えない、日常のことだ。

ああ善良なる賢者よ、と、自分に話しかける。
陰りようのない世界の光と、海原の輝きと、草の伸びやかな祈り
——こうした教えを授かったら、賢くなるほかないではないか。

　メアリー・オリバーは、「マインドフル」という題名のこの詩のなかで、露が降りた一筋の草の上で踊る光を目にするといった素朴な知覚から、どれほど多くの喜びが溢れ出てくるか、ということを思い起こさせてくれます。
　マインドフルネスの数ある定義のなかで、特に役立つと筆者が感じるのは、瞑想の師ガイ・アームストロングによるものです。「私たちは、何を体験しているのかを知りながら、それを体験している」。マインドフルネスは、刻々とした気づきです。マインドフルネスには自由があります。というのも、私たちは**解釈**することなく、知覚の流れそのものに注意を向けると、どの瞬間も新鮮で生き生きとしてくるからです。マインドフルな状態に入ると、人生が感覚の祭典のようになります。リンダ・バンバーが詩のなかで捉えた、人生の平凡な瞬間を考えてみましょう。

にわかに、いつもの街が面白くなる。
まるで、休暇で訪れていて、同じ人間というだけで誰でも許せそう。
人間たちの都市での暮らしぶりや、
道という道が分断されて、通ろうにも、崩れかけた白い金網を迂回し

なければならないことも。

この交差点でもそうだけれど。

この街の歩道を行き交う人は、一人ひとりが今朝起きて、着替えてきたわけで、

まるで、ほとんど、道を渡る人々の映画のよう。

眺めていていくらかでも喜ばしい情景だろうか？

たとえば建築学的に、都市空間と人間の関心という意味で？

多様性は十分だろうか？

この人たちは、全体に、私よりも高齢だろうか、若いだろうか？

こうした問いはひとまず今は保留しよう。

問わなければ、世界にはたくさんの街があって、これもまたその一つだという心地よい感じがある。

そういえば、さっき雨が降った。

僧侶たちが水辺の遊歩道で砂の曼陀羅をつくっているのを見に行こう。

何が起きるかなんか誰にもわからないのだから、あとでサンドイッチをもらえるかもしれない。

マインドフルネスには、**「今」の最中にいる感じ**が伴います。どこか自由で、視点があり、つながり合い、ジャッジすることなく、一日を通じて流れる感じです。私たちはマインドフルな状態にあるとき、今とは違った人生でありたいと感じることが、少なくともその瞬間には減ります。

周囲の人たちに比べて元々よりマインドフルに見える人たちもいますが、どこから出発するとしても、実践を通じてマインドフルネスを高めることができます。マインドフルネスのトレーニングの利益を享受するために、僧侶や詩人である必要はありません。穏やかでいる必要さえありません。気づきを向けようと、自分で心に決めるだけでいいのです。いつでも、どこでも構いません。内面と周囲で起きていることを認識するだけで、日々の生活のなかで目覚めることができます。ご自身に問いかけてみましょう。今の気持ちは？　混乱しているだろうか？　退屈だろうか？　ウキウキしている？　ス

トレスを感じる？　それとも平和な感じ？　胃の辺りが緊張している？　頰が温かい感じ？　たとえば、後で父親を訪ねたときにどんなことが起きるのかなど、未来のことを心配している？　木の葉のあのざわめきは、ポプラだろうか？　「今」という時間におけるどのような気づきも、マインドフルネスの瞬間に至ることができます。それは、日ごろ私たちのなかで緊張を生む心のからくりから解放してくれます。

マインドフルネスの反対はマインド**レス**ネスで、たとえば次のようなときに起きています。

- 紹介された直後にその人の名前を忘れる
- たった今台所に来た目的を思い出せない
- 空腹でないときに食べる
- 交通渋滞に巻き込まれ、遅刻するのではないかとやきもきする
- 両親の家を訪れたときに子どものように振る舞う
- 高速道路を1時間運転した後に、その間のことをほとんど覚えていない

こういった状況では、心が何かに囚われていて、自分が何を考え、感じ、どんな行動をしているのかに気づかずに、自動操縦のように反応しています。私たちが、いかに人生のほとんどをマインドレスに過ごしているか、お気づきになったでしょうか?!

マインドレスネスであっても、頭の中で上映されている映画がほのぼのとした楽しいものなら問題にならないのですが、時には怖い映画もあって、そういうときはすぐにでも席を立って映画館を出たくなってしまいます。そうしたときに、マインドレスな状態であれば、注意が苦悩にさらわれてしまいます。私の患者さんの一人であったジョージがそうでした。

外から見る限り、ジョージの人生は順調そうでした。好きな仕事に就いて、最近マイホームを購入し、パートナーにも愛され、ギターの腕前で友人たちを喜ばせることもできました。ところが、恵まれれば恵まれるほど、困難を抱えていた子ども時代の記憶に悩まされることにジョージは気がつきました。彼は、貧しく虐待的な家庭に育ち、仲の良かった妹は16歳のときに

自殺しました。ジョージは、たとえば昇進した、新車を買った、休暇で出かけたといった、何か良いことが自分の身に起きるたびに、涙が溢れてくるのを抑えられませんでした。彼は、妹と一緒に過ごした悲しい子ども時代のこと、そして妹には人生を楽しむ機会がなかったことを思いました。その嘆きのために、彼は自分が幸せを感じることを許せませんでした。時々、子どもが暴力を受けるニュースを目にすると、過去の記憶がフラッシュバックします。妻は、ジョージとのつながりを失いかけているのではないかと心配し始めました。良いことがあるたびに、彼がますます過去に囚われていくように見えたからです。

　どうしても妻の堪忍袋の緒が切れることが時々ありましたが、ジョージは妻とつながりあっていたいと心底望んでいました。ある日、いつものように過去に囚われた状態で海岸を歩いていたジョージは、美しく丸い石に気がつきました。彼はそれを拾い、手のひらの上で転がしてから、頬ずりをし、ひんやりとすべすべした石の感触を楽しみました。もともと収集癖があった彼は、何も考えずに、コートのポケットにその石を滑り込ませました。帰宅してポケットの中身を出したときに、ジョージは石を再発見しました。そのときも、触ると、なめらかで、ひんやりしていて、丸っこくて、気持ちの良い感じがしました。さらに、指で石をこすっていると、気持ちが落ち着くことに気がつきました。そこで、「『今、ここ』にある石」と呼び名をつけて、いつでも持ち歩くようにしました。彼は、子ども時代の記憶のフラッシュバックが起きたことに気づき、そのなかで方向性を見失いたくないと感じるたびに、ポケットから石を取り出して、指でなでるようにしました。

　誰かから教示されたわけでもなく、偶然、ジョージはマインドフルネスを通じて心を上手に扱う方法を見つけたのでした。「今、ここ」の感覚の気づきのなかへと、心を導いていくのです。はじめのうちジョージは、「『今、ここ』にある石」を使って、気になることから注意を**逸ら**してから、「今、この瞬間」のなかへと入っていました。後に、「今、この瞬間」と石とが、感情的に圧倒されたときに信頼できる避難場所となってからは、ジョージはトラウマ記憶と**向き合い**、それを詳しく探るための勇気を感じられるようになりました。マインドフルネスには、心がどこにいるのかを絶えず知っている

ことと、注意を上手に方向づけることの**両方**があります。

マインドフルネスによって癒やされるには、心を開いたオープンな構えが必要です。幼い子どもを見つめる母親のように、愛情を感じる対象や、自分が愛されたり支えられたりしていると感じられる対象は、長く見つめ続けられるものです。一方、うんざりするような対象に対しては、それほど長く注意を向けていられません。バラの花や音楽に対してもそうですし、自分自身に対してもそうですが、そういった対象のこの上ない美しさを体験できるのは、感情的にオープンになっているときだけです。それこそが、マインドフルネスを実践するときの構えなのです。

マインドフルネスの実践を開始する

　前章の最後で「自分自身に仕える」のエクササイズに取り組んだ読者は、マインドフルネスの感覚を多少なりとも味わったことになります。そのときのあなたの心は、比較的受け身な感じで、一連の知覚に気づいてはいるけれども、それらの知覚を、比較したりジャッジしたりラベル付けしたり評価したりする必要がない状態でした。そのような感じで、来ては去る知覚に対してただ注意を向けた状態でいると、自分の心の中で楽に生きることができます。なぜなら問題が起きるのは、無意識のうちに、不快さから逃れようとしたり、楽しみを摑み取ろうとしたり、「物事がこうであってほしい」との心の夢想に入り込んだりするときだからです。たとえば数分間ほど座った状態で、思考が来ては去るままにするだけの簡単なエクササイズでも、このようなことが起きてしまうので、決して簡単にはできないことは、試してみれば誰もがすぐに気がつきます。

試してみよう　音のマインドフルネス

　５分でできるエクササイズです。テレビや音楽や人の話し声で注意の逸れることのない、適度に静かな場所を見つけましょう。

- 楽で心地よい姿勢で座り、背筋を伸ばします。目は半分だけ閉じても、全部閉じても構いません。
- 自分の耳が、衛星の電波を受信するパラボラアンテナになったと想像しましょう。それは環境からのあらゆる音を拾います。ただ座って、音の振動を受け止めます。音にラベルを付ける必要はありません。音を**好き**だと感じる必要も、特定の音に注意を向け続ける必要もありません。聞こえてくる音をただ聞いています。音が一つずつ、来ては去るままにしましょう。周囲の音を自分から探そうとしません。向こうからやって来るままにします。
- 途中で、思考の連なりに心が乗ってさまよってしまうかもしれません。それに気がついたら、聞く課題にただ戻ります。
- 5分たったら、ゆっくりと目を開けましょう。

　音にただ注意を向けるだけでいかにリラックスするか、ということに気がついたことでしょう。これまでに馴染んできた、たとえばリラクセーション訓練や自己催眠といった方法よりも、心地よいと感じたかもしれません。それは、心にあったものを、全て手放したためです。取り組むと逆説的にかえって緊張する「リラックスする」という課題も含めて、手放したのです。あなたは、周囲の音が奏でるシンフォニーとともに、ただそこに「在った」だけです。

　人によっては、「聞く」という素朴な行為に、自分なりの課題を追加したことに気づいたかもしれません。たとえば、音にラベルを付けた人がいるかもしれません。「車の音」「子どもの笑い声」「扉が閉まる音」といったふうに。そのぶん作業が増えましたね。田舎のような美しい場所で、もっと耳に優しい音を聞いていたかったと願った人がいるかもしれません。そのぶんいくらかストレスが生まれましたね。そのような人は、その後おそらく心がさまよいだしたのではないでしょうか。このエクササイズをちゃんとできているだろうかと考えたり、もっと静かなエアコンを購入しようと考えたりしたかもしれません。こういった心の自動的な機能の一つ一つ（ラベルを付ける、ジャッジする、さまよう）によって、聞くことが、本来よりもいくらか

大変なことになってしまいます。

　可能なら、同じエクササイズをもう一度行ってみましょう。今度は、ジャッジする、ラベルを付ける、さまようといった心の機能が作動し始めたら、そのことにただ注意を向けて、音を聞く作業に戻ります。ラベルを付けていることに気づいたら、「ラベルを付けている」と心の中で言います。ジャッジしていると気づいたら「ジャッジしている」、心がさまよっていると気づいたら「さまよっている」と言います。

☼ 心の錨を下ろす

　心には錨が必要です。ほとんどの精神的な苦悩は、心が一つの主題から別の主題へと飛び回ることで疲れ切ってしまうとき、または不幸せな思考や感情に囚われてしまっているときに生じます。心がそのように振る舞っていることに気がついたら、錨（いつでも戻ることのできる、中立で揺るがない場所）を用意してあげなければなりません。ジョージが「『今、ここ』にある石」に触れていたときが、まさにそうしていました。あなたが環境のなかの音に何度も注意を戻したときも、そうしていました。錨を下ろすと、心が落ち着きます。

　心に錨を下ろすために、最も一般的に行われるのが呼吸に意識を向けることです。それにはいくつかのもっともな理由があります。

- 呼吸は24時間行われています。
- 呼吸に合わせて身体がわずかに動くので、容易に注意を向けることができます。
- 呼吸には馴染みがあるので、日常生活が嵐のときでも安全な避難場所となります。
- 自動的な現象なので、個人的な努力を必要としません。
- 呼吸は忠実な友人のような存在で、生まれたときから死ぬときまでずっと一緒です。

呼吸に気づきを向けるのは、注意を集中し、自分自身を「今、この瞬間」に連れていくにあたって素晴らしい方法です。

　とはいえ、なかには呼吸に注意を向けることが難しい人もいます。身体的なトラウマを持つ人は、悪い記憶がよみがえるので身体に注意を向けたくないと感じるかもしれません。健康不安のある人は、身体のどこに注意を向けても、それが新たな心配の種になることに気がつきます。細部に目が向きがちな人、あるいは強迫的な傾向を持つ人は、呼吸に注意を向けると、あまりに注意が集中しすぎてしまい、かえって呼吸がしづらくなるかもしれません。自分の身体の見た目や感覚が好きでない人にとっては、呼吸に注意を向けることで、自らの身体との距離感が全般的に近くなりすぎるかもしれません。

　こういった体験があるならば、呼吸とは別の錨を見つけましょう。簡単に注意を向けられるという条件され満たせば、何でも構いません。何らかの言葉（特別な意味を持つ言葉など）を錨として、それに注意を向けるのが好きな人がいます（付録Ａの「センタリング瞑想」を参照）。呼吸以外では、たとえば両足の下にある床を感じるとか、膝に置かれた両手を感じるといったものでも構いませんし、心臓の辺りや両目の間といった身体のある場所を感じるというのでもよいでしょう。身体の**内側**に注意を向けるのが難しければ、表面や外側に向けるのでも構いません。何を選んだとしても、その錨は、時間がたつうちに気心の知れた友人のようになるでしょう。

　次のエクササイズでは、いかに呼吸を錨として活用するかがわかります。もちろん、呼吸の代わりに別のものを使ってもらっても構いません。

試して みよう　呼吸のマインドフルネス

　15分ほどのエクササイズです。静かで心地よい場所を見つけて座ります。エクササイズをしている間、骨格が筋肉を支え、同じ姿勢を楽に保てる状態で座りましょう。できるだけ真っ直ぐに伸びた背筋が優しく支えられ、肩甲骨はいくらか下がり、顎^{あご}は胸の方へそっと引いた姿勢がよいでしょう。

- ゆっくりと、楽に３回深呼吸をしてリラックスします。それが何であれ、抱えている重荷を手放します。目は半分閉じても、完全に閉じても構いません。心地よい方を選びます。

- 座っている自分の姿をイメージします。椅子に座っている姿勢を、あたかも外側から眺めているかのように注意を向けます。身体も心もそのままにします。

- では、呼吸に注意を向けます。特に、呼吸を最も強く感じる**箇所**に注意を向けます。それは人によっては鼻孔かもしれませんし、上唇に当たる涼しい気流かもしれません。胸が上下するのを感じる人もいます。息を吸うたびに膨らみ、吐くたびにしぼむお腹で、最もはっきりと呼吸を感じる人もいます。身体を優しく探って、どこが呼吸をいちばん感じやすいか、見つけてみましょう。

- では、呼吸をより強く感じるのは**いつ**でしょうか？　吐くときでしょうか？　吸うときでしょうか？　両者がほぼ同じであれば、どちらか一方を選びます。（わかりやすくするために、以下では、息を吐く方を鼻孔で最も感じるものとして説明を続けます）

- 一つ一つの吐く息の感覚に注意を向けます。息を吐くたびに空気が鼻孔から出ていくのを感じます。次に、息を吸っている間は少し休憩します。休憩の間も、自らの体験全体を**そのまま**にしておきます。それから、また息を吐きながら呼吸を感じます。

- 身体が呼吸するのに**そのまま**任せましょう。どのみち自動的にそうなります。息を吐くたびに、鼻の中の空気の感覚に、その都度ただ注意を向けます。

- エクササイズの間ずっと、心は何度も呼吸の感覚からさまよっていくはずです。それが頻繁すぎるのではないかと心配する必要はありません。心がさまよったことに気がついたら、鼻孔から吐く息の感覚にそっと戻ります。

- 時間を計るために時計を使っている場合は、ちらりと時計を見て、残りあと数分になったところで、鼻孔への注意を緩め、呼吸に合わせて上半身全体が動く様子を感じることにしましょう。あまり考えすぎる

ことなく、身体を、身体がただ生きて動いているのを、呼吸をしながらただ感じます。

- 15 分たったら、視線を下に向けたままそっと目を開けます。全てが静止しているその瞬間を味わったら、それからまた活動し始めます。

エクササイズを行って、私たちの心がいかに忙しいか、ということに気がついたのではないでしょうか？　思考や感情がやかましく競い合うなかで、呼吸に気づきを向けるのはかなり大変です。吐く息の一つに完全に注意を向けているつもりでも、心はすでに、別の思考の流れに乗って行ってしまいます。「ああ、いい感じの呼吸だった」と考え、次の息を吸い始めたところで、別の身体感覚に気を取られたり、その日の予定について考え始めたりした人もいるかもしれません。注意を向ける対象が、目新しいものでも関心を引くものでもなく、中立的（ニュートラル）で繰り返されるものだと、私たちの脳はあっという間に他の作業を始めてしまうのです。

「デフォルト・ネットワーク」

　デボラ・グスナードとマルクス・レイチルは、2001 年に、脳領域において、全体が明確にまとまって識別できるネットワーク（デフォルト・ネットワーク）を発見しました。このネットワークは、心が休息しているときに活性化され、何らかの課題に取り組んでいるときは**不活性**になります。瞑想中に心がさまよっているときは、デフォルト・ネットワークが活性化されます。デフォルト・ネットワークは背景で作動しており、私たちの過去と未来を関連づけ、「自己」の感覚を生み出しています。普段私たちがデフォルト・ネットワークに気がつくのは、それがうまく機能していないときです。たとえば、アルツハイマー病の患者さんの心が空虚になったように見えるときがそうです。

　エモリー大学のジュセッペ・パグノーニと同僚らは、瞑想中のデフォルト・ネットワークを、fMRI（機能的磁気共鳴画像）を用いて観察し

ました。対象となった2つのグループの一方は、禅の瞑想を毎日、3年以上続けている実践者たちで、比較のためのもう一方のグループは瞑想したことのない人たちでした。2つのグループに、呼吸に注意を向けてもらいます。途中でときおり文字列を提示して、それが英語にある本物の単語かどうかを判断してもらいます（「概念処理」）。それからすぐにまた呼吸に注意を戻してもらいます。概念処理がきっかけとなって、デフォルト・ネットワークが活性化されました。しかしながら、禅の実践家たちは、比較グループと比べて、より早く呼吸に注意を戻して、デフォルト・ネットワークのスイッチを切ることができました。言葉の意味について考えたことをきっかけに始まった連想の流れを早々に手放すことができたのです。研究者たちは、このような能力が、反すうを特徴とする強迫症、不安症、大うつ病などの心理的症状を和らげるうえで役立つかもしれないと考察しています。

　私たちがなぜデフォルト・ネットワークを有するのかは、まだよくわかっていません。グスナードとレイチルは、人間が日常生活を送るうえで不可欠なのではないかと考察しています。たとえば、私たちが自分や他者の思考、話している内容、行為を観察するときに活性化する背側内側前頭前野とよばれる脳領域は、デフォルト・ネットワークに含まれます。どうやら、デフォルト・ネットワークのこの部分は、自由連想や心のさまよいだけでなく、私たちが将来に備えることとも関わっているようです。瞑想をする人は、たとえ心がさまよったとしても、それは脳が休息中にそうなるよう進化してきたことだと考え、自分を責めることのないようにしてください。

　呼吸のマインドフルネスによって一つの対象に注意を向ける力がつきますが、だからといって、安定的に呼吸に注意を向け続けられるようになるわけではありません。私たちの脳は、そういうふうには機能しません。心がさまよってしまったことに気がついたら、そのたびに何度でも呼吸に注意を戻します。ただそれだけです。禅でいわれる「6回転んだら7回起きなさい」に

似ています。「私は瞑想ができません」と言う人がいます。そのような人は
たいてい、「もっと集中するべきだ」という誤った思い込みについて話して
います。注意が逸れるのも瞑想の一部です。注意が逸れたと認識する瞬間の
一つ一つは、自己批判の機会とするのではなく、実際にはむしろ歓迎される
べきものです。なぜならそれは、たった今、夢想から「目覚めた」ことを意
味するからです。

　夢想は時に良いもので、創造的なインスピレーションの源泉となってくれ
ます。ちょうど、ジグムント・フロイトが、私たちが夜に見る夢を、「無意
識への王道」と呼んだことに似ています。鍵となるのは、夢想しているとき
にそうと**知って**、時々目を覚ますことです。残念なことに、ほとんどの間、
私たちの注意は夢想のなかで迷子になってしまい、ストレスフルな囚われ
（「太って見えないかしら？」「まぬけなことをしてしまった！」）に苦しむよ
うになります。そうしたときに呼吸に戻ることができれば、一息つける瞬間
が生まれます。私たちが「今、この瞬間」にいるのなら、そこには何の問題
もありません。気持ちが動揺したら、散歩に出かけてみましょう。歩道を歩
く足の感覚だけに注意を向けてみたらどうなるかを試してみましょう。過去
もなく、未来もなく……そう、何の問題もありません。

　呼吸のマインドフルネスのエクササイズをしていて、ストレスレベルが**高
まる**ようであれば、やり方を変えてみましょう。何よりもまず、「正しく行
う必要」を手放します（私たちは何かを正しく行うことは**決して**できません
し、間違うことも決してありません）。心をありのままにして、それと調和
しながら取り組めるようになりましょう。心はいつでも、集中を妨げる記憶
や感情を蒸し返してくるものです。ですから、そうなっても失望する必要は
ありません。私たちは自己改善のために瞑想をするのではありません。全て
をもっと上手にこなそうとする強迫的なまでの努力を**やめる**ために瞑想して
いるのです。熟練した実践者であるかどうかの印は、何かをジャッジするこ
となく、何度でも呼吸に戻る作業を、**何十年**と続けていくことを厭わないこ
とにあります。

　呼吸に注意を向けて心に錨を下ろすと、穏やかで集中した心が育まれるだ
けではありません。**心がどのように働くかが理解できる**ようにもなります。

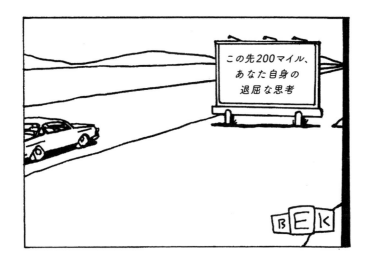

この先200マイル、
あなた自身の
退屈な思考

B E K

写真を撮るために、カメラをしっかりと構えるようなものです。読者の皆さんは、本書でこれまでに紹介した3つのエクササイズを通して、心がいかにさまよいやすいか、そして知覚したものをいかに比べたりジャッジしたりラベルを付けたりしやすいか、ということがおわかりになったでしょう。私たちは瞑想に長く時間を費やすほど、自らの心についてさまざまな発見をします。同時に、**自分自身**についても、感情や記憶や状況に対する反応を通じて、多くを発見することでしょう。

　いつでも錨を下ろして避難できることを知っていると、自らの心を探ってみようという勇気がわきます。臆病になっているときに母親のスカートの陰に隠れる子どもに似ています。錨を下ろして呼吸に戻れば落ち着くことができると知っていると、荒々しい内的な世界を覗いてみることができるようになります。

身体のマインドフルネス

　マインドフルネスのトレーニングにおいて身体は基盤となります。私たちは身体の中で生きています。ですから、人生を満喫するには、身体を十分に

体験する必要があります。マインドフルネスを実践するとき、心に比べて身体はさほど重要ではないと考えてはなりません。何であれ、今という瞬間に起きていることであれば、それはマインドフルな気づきを向ける対象になります。そうしたなかで、身体は比較的ゆっくりと安定していますので、心や感情を観察するときの絶好の基準点になってくれます。マインドフルネス瞑想において思考に気づきを向けようとしても、思考はあまりにも素早く起こるため、追いかけるのが困難です。思考に気づいたその瞬間に、すでにそれはとうの昔に過ぎたことになってしまうのです。また、心に気づきを向けようとしても、それはあっという間に拡散して、その拡散のなかに心それ自体が飲み込まれてしまいます。そうしたことから、「今、この瞬間」に気づきを向け続けるためには、身体に注意を向ける方がずっと簡単なのです。

　身体のマインドフルネスの実践は、呼吸に注意を向けたときからすでに始まっています。次に、呼吸の**周辺**にある身体感覚にも気づきの範囲を広げてみましょう。

試してみよう　身体感覚のマインドフルネス

　20分ほどのエクササイズです。安定した心地よい姿勢を取り、目を閉じて、楽に3回呼吸しましょう。

- 自分自身をイメージします。椅子に座っている自らの姿勢を確認し、それを外側から眺めているようにイメージします。
- 身体のどこかに呼吸を感じる場所を見つけて、呼吸のマインドフルネスを数分間行います。身体が呼吸するままに任せて、吐く息を、一つ、また一つとその都度感じていきます。
- 数分たったら、呼吸から注意を解放し、オープンになって身体全体（皮膚の内側の空間）に気づきを広げます。どの瞬間にも、身体は躍動に満ちています。どれでも構いませんので、いちばん目立つ感覚に呼び寄せられるままに注意を向けてみましょう。続けて、二つ目の感覚、三つ目の感覚というように、身体の感覚に注意を向けていきま

す。たとえば、心臓の鼓動、足のしっとりとした感じ、首の凝り、手の温かさ、額のひんやり感、歯を食いしばる感じ、身体が椅子に触れる感覚などがあるかもしれません。

- それらの感覚の一つ一つを、そのままにします。不快に感じるときは、心の中で、そっと、柔らかい調子で、その感覚に寄り添おうとします。
- 身体感覚に注意が引き寄せられている間はそのままにしておき、その後、呼吸に戻ります。注意を集中させたり安定させたりする必要を感じたら、いつでも呼吸に戻ることができます。
- それから、再び、オープンになってそのときに関心が向く身体感覚に気づきを広げます。最も強く感じる感覚で構いません。ゆっくりと気楽に行いましょう。ここでは、多くの感覚を見つけようとしているのではありません。「今、この瞬間」のなかで、起きている感覚と一緒にいられればよいのです。
- その後の10分から15分の間、呼吸をありのままに感じたら、次に身体の中で最も強い感覚を感じるままにします。そのようにして、呼吸と他の感覚との間を、リラックスして楽しみながら行き来します。さまざまな身体感覚と同時に呼吸の感覚にも常に注意を向けましょう。呼吸し、感覚を感じながら、しっかりと身体の中に留まります。
- そっと目を開きます。

呼吸以外の身体感覚に気づきを向けてから、注意を呼吸に戻したとき、リラックスする感じがあったでしょうか？　もしくは、それとは逆の体験をした人がいるかもしれません。呼吸だけに集中しているときは苦しさを感じ、身体全体へ気づきを広げたときにはむしろホッとした人もいるかもしれません。

マインドフルネス瞑想は一般に、注意を1つに絞ることと、オープンな広がりのある気づきとの間を、ダンスするようなものです。注意を呼吸に絞りすぎてストレスを感じるときは、オープンになって他の知覚に気づきを広げるとリラックスできます。一方で、心身において次々と生じる出来事が竜巻

のようになって注意が吹き飛ばされてしまったら、嵐から身を守るために、呼吸だけに注意を集中することでそこから避難することができます。

瞑想するべきか？

　マインドフルネス瞑想には、フォーマルなものとインフォーマルなものとの2種類があります。「フォーマル」なマインドフルネス瞑想では、通常、30分かそれ以上の時間をあえて設定し、感覚や感情や思考に対してマインドフルになります。一方、「インフォーマル」な瞑想では、忙しい日常生活のなかで、短くともマインドフルな瞬間を取り入れていきます。どちらのアプローチも、座りながらでも、立ちながらでも、歩きながらでも、食事をしながらでも、要するにいつでもどこでもできます。フォーマルかインフォーマルかは、主に瞑想に費やす時間と目的の違いだと言えるでしょう。

　あえて時間を取ってフォーマルな瞑想を実践するのが自分にとって意味があるかどうかは、それぞれがご自身で判断する必要があります。フォーマルな実践はより集中的ですので、一般に、より深いレベルで心の変容が生じ、心の性質や個人的な条件について、より深い洞察が得られます。もしあなたがフォーマルな瞑想を望むのであれば、それを楽しむことができる必要がありますし、あなた自身の気質やライフスタイルに合わせる必要があるでしょう。ほとんどの人は、ただでさえ忙しい日々のスケジュールに、さらなる活動を押し込みたくないと感じるようです。実際、そうする必要もありません。本書を通じて瞑想が好きになる読者がおられるかもしれませんが、本書は、瞑想の専門家になろうとする人に向けて書かれたものではありません。本書でフォーマルな瞑想実践を紹介するのは、主に、マインドフルネスとセルフ・コンパッションを直接的に体験してもらい、その後インフォーマルに実践するときのモデルにしてもらうためです。

　フォーマルな瞑想は、決してそれだけで完結しません。人生それ自体が本物の実践の場となります。私たちの日常生活は、感覚的な印象や感情的な反応に満ち溢れており、そのなかで意識的な気づきの状態を維持するのは困難

です。たとえばこんな状況で心がどうなるかを考えてみましょう。今は朝です。昨夜から、まだ赤ちゃんである娘の調子が悪く、一晩中その面倒を見ていてろくに眠っていません。3時間後にはオフィスでプレゼンテーションをする予定が入っています。冷凍庫の扉がきちんと閉まっていなかったようで、夜に溶け出したアイスクリームが床まで流れ出ています。いつもお願いしているベビーシッターは、休暇中で不在です。そんな状況であれば、キッチンの床に座り込み、泣きだしてしまう親が続出するでしょう。問題に対して穏やかかつ効果的に対応する心の平静さを維持するというのは、瞑想実践を重ねるなかで身についてくるスキルです。毎日、一定の時間を確保して、フォーマルな瞑想のなかで内的体験を探求する作業を続けていくと、そのときと同様のコンパッションを伴う自己観察を、一日を通じて、最もつらい時間帯を含めて続けることができる見込みが高くなります。

フォーマルなマインドフルネス瞑想は、**不快さと共に生きる方法**（日々の心身の痛みを、より大きな問題にすることなく、自らの身体の中で生きる方法）を見つけていく際に、特に役立ちます。それは、刻一刻と生じる気持ちに合わせて、呼吸に注意を向け、身体の痛みを探り、呼吸に戻り、感情を感じ、身体の中にある感情を見つけ、呼吸に戻り、身体を少し緩め、呼吸に戻り、環境のなかの音に耳を澄ませ、呼吸に戻る……といったような感じです。

このような実践によって、ジョン・カバットジンの言葉を使うと、「反射」的に行動するのではなく、「反応」するための自由を手に入れることができます。人生において賢い選択ができるようになります。それはたとえば、「今、あのお菓子を食べるのはどうだろうか？」「今、ここで配偶者と言い争うべきだろうか？」「今、性的衝動に基づいて行動するのは良いタイミングだろうか？」といったことです。

一般に、フォーマルな瞑想にはどれぐらいの時間をかけるのがよいでしょうか？ 通常は、1日につき30分から45分程度だといわれています。それぐらいの時間をかけて実践すると、ウェルビーイングが高まるどころか、免疫システムが強化されることが示されています。ただ、忙しい人たちは、20分の瞑想を1日につき1度か2度、実践する場合が多いようです。それでも

よいでしょう。瞑想による改善は「量による」ということで、**どれほどト**
レーニングするかが重要なようです。

　日々の瞑想を何年も続けると、脳の一部が成長して大きくなることさえ示
されています。ハーバード大学のサラ・ラザーとその同僚らは、長期にわた
るマインドフルネス瞑想が、脳の物理的な構造を変化させるかどうかを測定
しました。その結果、注意や内的な気づき、感覚処理と関連づけられる領域
である前頭前野（皮質）と右側前島が、長期にわたって瞑想を実践してきた
人たちの方が、そうでない人たちと比べて、より厚くなっていることが見出
されました。さらに、皮質の厚さが増えた程度は、瞑想体験の年数と相関し
ていて、年齢とともに薄くなっていく大脳皮質を相殺しているようにも見え
ました。

脳を鍛える

　リチャード・デイビドソンとジョン・カバットジンとその同僚らは、
2003 年に、1 日あたり 1 時間のマインドフルネス瞑想トレーニング（マ
インドフルネスストレス低減法〔MBSR〕）を週に 6 日、8 週間にわたっ
て行うと、脳と免疫系において永続する変化が生じることを発見しまし
た。研究では、バイオテクノロジー系の会社でストレスを感じている社
員 25 人にこの瞑想法をトレーニングし、何のトレーニングも受けな
かった 16 人と比べました。瞑想トレーニングが終了してから、参加者
全員に、人生のとてもポジティブな体験を 1 つと、人生のとてもネガ
ティブな体験を 1 つ、それぞれ書き出してもらいました。筆記エクササ
イズの前後で、参加者たちの脳波が記録されました。また、血液検査を
して、インフルエンザワクチンに対して免疫系がどれほどの抗体を生成
するかについても測定しました。

　脳波記録からは、瞑想により、脳前部の左側で活動が高まることが示
されました。ここはポジティブな感情と関連づけられる領域です。瞑想
トレーニングを受けた人たちでは、この脳活動が、人生の**ネガティブな**

体験について書き出したときにもはっきりとみられました。そのことから、瞑想した人たちは、心が不快な状態にもうまく適応できるようになったことが示唆されます。血液検査は、インフルエンザワクチンを接種してから4週間後と8週間後に行われ、瞑想しなかった人と比べて、瞑想した人においてより多くの抗体が作られており、瞑想した人では免疫系がより強いことが示唆されました。興味深いことに、インフルエンザに対する抗体数は、瞑想をした人たちのなかでも、脳の左側が活性化された程度と相関していました。左前部の活性が高いほど、抗体も多く作られていたのです。

2008年には、デイビッド・クレスウェルと同僚らも、MBSRプログラムが免疫機能に及ぼす影響を測定しました。クレスウェルらは、民族学的に多様な48人のヒト免疫不全ウイルス（HIV）陽性患者にMBSRプログラムのトレーニングを行った後に、ヘルパーT細胞と呼ばれる細胞の数を数えました。ヘルパーT細胞はHIVによって破壊される細胞で、攻撃から身体を守る免疫系の「脳」と考えられる細胞です。研究のなかでクレスウェルと同僚らは、マインドフルネス瞑想の教室への出席率が高い人ほどヘルパーT細胞の数が多かったと結論づけています。

エモリー大学のチャールズ・ライソンと同僚らは、体内で炎症が起きていることを示すタンパク質のIL-6に瞑想が及ぼす影響を調べました。慢性のストレスがあると、血漿中のIL-6の濃度が高まります。IL-6が高まると、循環器系の疾患、糖尿病、認知症、うつ病など、さまざまな疾病が生じることが予測されます。研究者たちは、8週間のコンパッション瞑想（といくらかのマインドフルネス瞑想）のトレーニングを完了した生徒のグループと、週に2回の健康に関する話し合いをした生徒のグループとを比べました。トレーニングの後に、生徒たちの全員にストレスを感じてもらうために、人前で話す状況と心の中で計算する問題とをこなしてもらいました。瞑想をしたグループと比較のためのグループとの間に、IL-6の濃度のはっきりとした違いはみられませんでした。ところが、平均よりも多く瞑想を実践した生徒たちで、それほど懸命に瞑想しなかった仲間と比べて、IL-6の濃度が明らかに低くなっていまし

た。この結果から、心をトレーニングするとストレスに対する炎症性の反応を減らせることが示唆されます。

　長期にマインドフルネス瞑想をすると苦悩が減るその心理的メカニズムについては、まだ研究の初期段階です。ある仮説では、穏やかな心の状態において困難な記憶が繰り返し浮かんでくるうちに、記憶の棘が次第に取れて丸くなるのではないかと考えられています。それを「内受容感覚エクスポージャー」といいます。また、瞑想実践を続けるうちに私たちが注意を調節できるようになり、いつどこに注意を向けるとよいかがわかるようになると感情も調節しやすくなる、という仮説もあります。これは、トラウマのフラッシュバックに圧倒されたジョージが「『今、ここ』にある石」に注意を向けたときに実践していたことです。さらに、マインドフルネス瞑想をするときには、思考や感情を一歩下がったところから眺める能力である「メタ認知」が働いているため、巻き込まれないのではないかという仮説もあります。

　とはいえ、マインドフルネスの機能について最も説得力のある説明は、マインドフルネスの実践を続けると、時間の経過とともに、人生について意味深い洞察が得られる、ということかもしれません。実践を続けるなかで、いかに全ての物事が変化するか、いかに変化と闘うと苦悩が生み出されるか、いかに私たちが無意識のうちに「自己」という感覚を作り上げていくか、といったことが発見されます。特に、この「洞察が得られる」ということの利益はとても大きなものです。なぜなら私たちは、目覚めている時間のほとんどを、自信を得ようとしたり、びくびくしながらも傷つきやすい自我を周囲からの非難や攻撃から守ろうとしたりして、無益に費やしてしまっているためです（この厄介かつ重要なテーマについては、第４章の後半と第５章で再び見ていきます）。人生についてのこうした洞察が深まり、揺るがなくなると、成功しても失敗しても平静に受け止められるようになります。そして、感情の痛みを、「これもいつかは過ぎ去る」ことと知って、耐えられるようになります。さらに、人生の貴重な瞬間の一つ一つを掴み取る勇気を持てるようになります。つまり、集中して行う瞑想から引き出される直感的な洞察

によって、それほど防衛的にならず、より柔軟な姿勢で世界と付き合えるようになるのです。

マインドフルネスでないのは何か

- **マインドフルネスはリラックスしようとすることではありません。**人生での出来事に気づきを向けることは、決してリラックスするようなことではありません。特に、大変な状況のなかで身動きが取れないような場合はなおさらです。ただ、マインドフルネスを通して自分自身のことをより多く学ぶにつれて、内面に生じる感情にそれほど驚かなくなってきます。内的体験と付き合っていくときに、それほど反応しないでいられるようになります。より容易に、感情の嵐を認識して手放せるようになります。

- **マインドフルネスは宗教ではありません。**確かに、仏教の僧侶や尼僧たちが2500年以上もの間、マインドフルネスを実践していますが、絶えず起きている体験への気づきを高める目的での活動は、それがどのようなものであれ、マインドフルネスのエクササイズであると言えます。マインドフルネスは、宗教の一部として実践することができますし、宗教と切り離して実践することもできます。現代科学に基づく心理学では、マインドフルネスは心理療法で癒やしをもたらす中核的な要因の一つであると考えられています。

- **マインドフルネスは、普通の日常生活を超越するという意味ではありません。**マインドフルネスでは、どんなに些細（ささい）で平凡な瞬間であっても、人生の全ての瞬間と親しく接します。この種の気づきのなかでは、素朴なこともとても特別なこと（非凡な平凡さ）になります。よく注意を向ければ、食べているものの味も、バラの花の色も、よりありありとしてくるでしょう。マインドフルネスには、自分自身をさらに完全に体験するという意味もあります。人生のなかの、平凡で古びた縁（ふち）のような部分をなかったことにしないで、十分に味わいます。

- **マインドフルネスは、心の中から思考を追い出すのではありません。** 脳は絶えず思考を生み出します。それが脳の仕事です。マインドフルネスでは、心の働きを深く理解することによって、そうした思考や気持ちとより調和した付き合いができるようになることを目指します。マインドフルな状態になると、思考とさほど格闘しなくなりますので、場合によっては思考が減ったように**感じられる**かもしれません。

- **マインドフルネスは難しくありません。** 心がひっきりなしにさまようことを発見しても、がっかりしないでください。それは心の性質です。心がさまよっていることにやがて自分で気づくのもまた、心の性質です。皮肉なことに、マインドフルになれていないことに気がついて失望する瞬間こそ、マインドフルになっています。マインドフルネスを完璧に実践することは不可能ですが、完全に失敗するということもまた不可能です。だからこそ、「実践」という言葉が使われるのです。

- **マインドフルネスは苦痛から逃れることではありません。** この考え方こそ、アクセプトするのが非常に難しいかもしれません。なぜなら、私たちは気分を良くすることを願って、何かをすることがほとんどだからです。マインドフルネスとアクセプタンスを通じて、私たちの気分はたしかに良く**なるでしょう**。ただし、それは苦痛から**逃れずに**いられるようになった場合に限ります。痛みは、怒った牡牛に似ています。狭い囲いの中に閉じ込められると荒れ狂って、逃げ出そうとします。でも、広々とした場所にいるときには、落ち着きます。マインドフルネスは痛みのための広がりを生み出します。

日常生活のなかでマインドフルネスを実践する

日常生活のなかでするマインドフルネスは、「インフォーマル」な瞑想実践になります。短くともマインドフルな気づきの瞬間が時々あると、一日を

通じてため込むストレスを大きく減らすことができます。たとえ数秒の間でも、「ただそこに在る」というのは気持ちの良いものです。

　私たちはインフォーマルに実践する際、「今、この瞬間」に起きていることに意識的に注意を向けるのだという態度を選択します。**刻々とした体験であれば、何もかもがマインドフルネスの対象になります。**それは、鳥のさえずりに耳を傾けることかもしれませんし、食べ物を味わうことかもしれません。歩きながら足の下にある大地を感じることかもしれませんし、車のハンドルを握る手の感覚に注意を向けることかもしれません。身体感覚をスキャンしたり、呼吸に注意を向けたりしてもよいでしょう。これらの実践は、足のつま先をちょっと動かす程度の簡単さです。「今、この瞬間」のなかでは、心が囚われておらず、何かをジャッジすることも決してなく、どこまでも堪能することができます。

　短時間のマインドフルネスのエクササイズの力を過小評価しないでください。心理学の文献にこんな報告があります。27歳の男性のジェームズは、知的発達の面で軽い遅れがあり、精神疾患を有していました。彼は攻撃的な行動のために入院を繰り返していました。ある入院の際、ジェームズにマインドフルネスのトレーニングが提供されました。彼は1日に2回のトレーニングを5日間受け、さらに宿題として、その後一週間は自分で練習しました。以下がトレーニングの内容です。

- 立っているか、座った状態で、床に足をしっかりつけます。
- 普段通りに呼吸します。
- 怒りの気持ちにつながるようなことを何か考えます。
- 注意を足に移して、気持ちが穏やかになるのを待ちます。

　ジェームズは、この「足の裏」瞑想を、怒りを感じるたびに実践しました。一年後、ジェームズの攻撃的な行動は著しく減少し、それまで服用していた薬を全てやめることができました。ジェームズの世話をしていた人たちは、彼に精神疾患があるとはもう考えませんでした。

◯ マインドフルネスのエクササイズをカスタマイズする

マインドフルネスのエクササイズを自分用にカスタマイズして行う際に重要なのは、それをできる限り楽しいものにするということです。私たちが心から楽しんでいるときにこそ、マインドフルな気づきが自然にやって来るのです。

全てのマインドフルネスのエクササイズにおいて、次の基本要素があります。

- 止める
- 観察する
- 戻る

止める

まず、そのときにしていることを止める必要があります。電話越しに口論しているのであれば、沈黙の瞬間をつくるとよいでしょう。交通渋滞に巻き込まれて遅刻しそうだと心配しているのであれば、意識的に深く呼吸するとよいでしょう。**ペースを落とす**ことも、マインドフルネスにつながります。よりゆっくりと食べると、食べているものにもっと意識を向けられるようになるばかりか、身体が満腹だというメッセージをあなたに伝える機会さえ得られるかもしれません。歩く速さを緩めると、周りの状況がもっと目に入ってきます。

観察する

観察するというのは、自分を切り離したり、過度に客観的になったりすることではありません。そうではなく、「参与観察者」となって、体験と親しく関わろうとします。あなたの内側で人生がどんどん膨らんで、その中心にあなたがいます。それでいて観察できるのです。

もし落ち着きたいと思うのであれば、観察の拠点を1つ、決めることが役に立ちます。それにはたとえば呼吸があります。そのときに感じていること

を探ったり理解したりしたいのであれば、身体感覚をスキャンして、そこにある感情に「怒り」「恐れ」「悲しみ」といったラベルを付けるのもよいでしょう（感情のマインドフルネスについては、次の章でさらに詳しく見ていきます）。

戻る

夢想の中に注意が押し流されてしまったら、注目していた対象にそっと戻っていきましょう。戻るというのは、たとえば自然の中にいるときに、周りの環境にもっとマインドフルになりたいと願うのであれば、森の音に何度も戻ってくることを意味するかもしれません。野菜を刻んでいるのであれば、指と包丁の刃との距離に注意を集中させるとよいでしょう（指と刃が接近するほど、マインドフルになりやすいかもしれません）。

⁘ 意識しながら呼吸する

身動きが取れないとか、混乱していると感じたら、マインドフルに呼吸をすると（それまでしていたことを止めて、呼吸をただ感じるだけです）、いつでも状況に対応できるようになります。私たちはいつどんなときでも、呼吸に意識を向けることができます。赤信号で停まった車の中でも、仕事のミーティング中にも、子どもがかんしゃくを起こしているときでも、いつでもです。呼吸をしたときに広がる「滋養されるような体験」に、ひたるままにします。気持ちが穏やかになって、心が晴れたら、次に何をするのかを選ぶ機会を自分に与えましょう。呼吸に意識を向けるのは、いちばん簡単でよく使われるマインドフルネス技法です。忙しい生活のなかで、それをするの**を忘れないようにする**ことが、いちばん難しい点かもしれません。

⁘ マインドフルに歩く

歩行瞑想は、心が喜びに満ちる実践です。特に、一日中座っていて、少し運動が必要な状況なら、なおさらそうでしょう。これは、20 〜 30 分の

フォーマルな瞑想としても実践できますし、小分けにして、バス停まで歩くときや、駐車場に車を停めて食料品店まで歩くときにも実践することができます。足が道に接する状況であれば、いつでも瞑想できます。もちろん、森の中で瞑想しながら散歩をすれば、自然の美しさに心を開くような、ひときわ素晴らしい体験となるでしょう。

試して みよう　マインドフルに歩こう

　10分か、あるいはもっと長く歩く計画を立てます。自宅の中に、5メートルあまりを往復できる静かな場所を見つけましょう。あるいはぐるっと歩ける円形の場所でも構いません。歩いている時間を、「刻々とした優しい気づきを育むために使おう」と心に決めます。

- 立った状態で一瞬動きを止めて、注意を身体の中に向け、身体に錨を下ろしましょう。自分が立った姿勢であることに気づきを向けます。自分の身体を感じます。

- 意識しながらゆっくりと歩き始めます。注意を向けながら、一方の足を上げて、前に踏み出し、下ろしつつ、もう一方の足が床から上がり始める感じに気づいています。もう一方の足も、同じようにします。上げて、踏み出し、下ろす、その動きを何度も繰り返す感覚を感じて、課題に注意を向け続けます。注意を集中するために、「上げる」「踏み出す」「下ろす」の言葉を自由に使って構いません。

- 心がさまよってしまったら、歩くことの身体感覚にそっと戻ります。もっと速く歩きたい衝動にかられたら、その衝動にただ注意を向けて、歩行の感覚に戻っていきます。

- 優しさと感謝を込めて、歩行を続けます。小さな足が、身体全体を支えてくれています。腰は、胴体を丸ごと支えてくれています。歩くことの見事さを体験しましょう。

- ゆっくりと、流れるように、空間の中を動きながら、歩くことに気づきを向けます。注意を膝よりも下、あるいは足の裏だけに向けると簡

単にできると感じる人もいます。

- 歩く空間の端まで来たら、一瞬止まり、意識的に呼吸し、身体の中に錨を下ろしたまま、身体の向きを逆にします。
- 瞑想の時間の終わりに、その日一日を通じて身体感覚にマインドフルでいようと、自分を誘います。歩くときの感覚に注意を向けつつ、次の活動に移りましょう。

このエクササイズは、はじめは自宅で、とてもゆっくりと歩きながら行い、次に外出したときに、普通のペースで行ってみましょう。足の下の大地を感じると、「今、この瞬間」のなかにいることがしっかりと実感されることでしょう。これは、急いでいるときや気が動転しているときには、特に効果的です。歩きながら、呼吸だけに注意を向けたいと感じる人もいます。それでも構いません。どのマインドフルネスのエクササイズでも、自由にさまざまなことを試してみて、ご自身にとっていちばん良い方法を見つけましょう。

次の章では、感情に注目します。感情とは何でしょうか？　それらはどこから来るのでしょうか？　マインドフルネスを使うと感情にどのように対応できるのでしょうか？　そしてなぜそのやり方が機能するのでしょうか？

第 *3* 章

困難な感情に取り組む

草や魚やオイルタンク船や地下鉄や、短い夏の夜の真ん中に
怒ったり笑ったりしながら私たちを起こす猫たちの歌うよう
な生活に、感情が加わらないわけがない。

——ジェーン・ハーシュフィールド（詩人）

　第2章で紹介したエクササイズを行って、身体の中に注意を向けて錨を下
ろすと、気持ちがほっとすることに気づかれたでしょうか？　それが、感情
を調節するための第一歩です。すなわち、まず安定させます。そこから、困
難な感情と向き合えるようになります。

　なぜ、困難な感情などと向き合わなければならないのでしょうか？　あい
にく、困難な感情は人生には付きものです。ですから、できる限り上手にそ
れらに対処する必要があります。自分の気持ちから逃げている限り、私たち
は決してリラックスすることができません。困難な感情のなかには、自然に
消えるものもあります。応援している野球チームが負けたときのがっかり感
や、予期せぬ車の故障による苛立ちなどがそうでしょう。しかし、決してな
くならない気持ちもあります。親に対する怒りや、交通事故の後の恐怖など
がそうかもしれません。そういった気持ちがあるときは、新たな視点から眺
め、気持ちとの**付き合い方**を変えてみて初めて、私たちの心はようやく安心
できます。

　恐怖、怒り、嫌悪など、「困難な」感情にはさまざまなものがあります。
しかし、本質的に「破壊的」な感情というものはありません。少なくとも、

困難な感情は、私たちの内外で起きていることについて何かしらの情報を与えてくれます。感情が破壊的になる（より大きな心身の苦悩につながっていく）のは、私たちがそれにしがみつくときか、または逆にそれを遠くに押しやろうとするときです。たとえば、怒りの感情にしがみつくと、安全や自信を感じられるかもしれませんが、大切な人との口論や胃のトラブルなどへとつながりかねません。また、怒らないでいようとすると、それが内面でくすぶったままとなり、結局似たような結果になります。健全な代替法は、それらとは全く別のやり方で感情を「抱える」ことです。オープンになって、気づきを向けながら、セルフ・コンパッションの構えで感情を抱えるのです。

　困難な感情にオープンになるというのと、そのような感情を見下すのとは異なります。感情を見下すこと、それは未来のどこかで訪れるはずの平和と静けさのために、現在の人生を惨めにしてしまうようなものです。本章では、「今、ここ」において、そして日々の生活のなかで、感情に対してバランスよく関わっていくやり方について見ていきます。

苦悩はどのようにして生まれてくるか

　私たちを妨げる感情についてなんとかしたいのであれば、それがほとんど知覚できない状態で生まれてくるさまを知ることが有益です。芽のうちに摘み取ることができますから。私自身の結婚生活における物語を紹介しましょう。

　腰の手術を受けた妻が退院して自宅に戻ってくるのを迎え入れることを、私は楽しみにしていました。こういうときだからこそ、妻への愛情をしっかりと示したいと思っていました。というのも、妻は日頃から他者に頼るのを良しとしない人だということを知っていたので、今回は「妻に対して、細やかに気遣ってあげられるめったにない機会だ」と考えたのです。

　妻は朝型で、私はそうではありません。しかし、妻が退院後に家で過ごす最初の朝は、早起きすることに決めました。私は、妻のリハビリテーション用の装置（グリッパー、弾性サポーター、特殊な靴）を準備しながら、自分

の気持ちが張り詰めて、不機嫌になっていることに気がつきました。私には朝の低血糖症があるのですが、そういえば、ベッドから出て朝一番でジュースを飲むことを忘れていました。それでも妻の良きパートナーでいたいと思ったため、少なくともあと１時間は妻のサポートを続けようと心に決めて、張り詰めた気持ちを隠すために沈黙し続けました。しかし、私のしかめっ面に気がついた妻が、即座に悲しそうな表情を浮かべたのに、今度は私が気づきました。私は最初、「なぜ妻は私の気分に気づいたのだろう？　サポーターの引っ張り上げ方が、あまり優しくなかったのだろうか？」と考えました。

　妻をがっかりさせたことに、私は恥ずかしさを感じました。そして、妻を気遣う自分の能力に疑問を感じ始めました。「互いに高齢になって弱ったときに、我々はどうなってしまうのだろう？」と自問しました。そのとき、妻は妻で、自分が多くを求めすぎているかもしれないと心配し始めていました。だからこそ彼女は、退院後の最初の朝に、リハビリテーション用の装置の使い方をどうしても身につけて、自分でできるようになりたいと思っていました。

　私は自分を批判しながらも（「どうやら私は面倒見のよい人間ではないようだ」）、同時に、こんなに朝早くに助けを必要とする妻を責めたくなる衝動を感じました。「私が朝型人間ではないことを、妻は**知っている**はずだ」と考えたのです。「とはいえ、退院した翌朝に、どうして妻を責められようか。今日は**妻**のニーズのための日だ。私の日ではないんだ！　大丈夫、数分もすれば落ち着くだろう」とも考えました。しかし、そうはなりませんでした。

　やがて、妻のむくんだ足に靴を履かせようと苦労しているときに、マインドフルな気づきの瞬間が私に訪れました。心の中で声が聞こえました。「なんと！　状況があっという間に悪くなってしまっている。私が思い描いていた退院後の最初の朝とは、まるで異なる。我々は、なんという泥沼にはまり込んでしまっているのだろうか！」

　そう考えた私は、深呼吸をして、自分に向けてコンパッションの言葉を意図的に語りかけました。「妻も私も苦しむことがありませんように」。私は妻に、オレンジジュースを１杯飲んでくると伝えました。戻ってみると、気分

はずっと良くなっていて、妻のリハビリテーションを手伝う作業を再開しました。

　ここでは何が起きているでしょうか？　私の不快さが高まっていった様子に注目しましょう。それは（1）素朴な感覚から始まりました。それが（2）嫌悪となり、（3）強い感情へと変化し、（4）その感情に**巻き込まれ**、（5）後悔するような行動をもう少しで取るところでした。プロセスの各ステップで、下から上に向かうようにして感情と闘うことで、問題がどんどん大きくなっていきました。

　はじめは、低血糖のために気持ちが張り詰めるように感じました（感覚）。この特別な朝にそんなふうには感じたくなかった（嫌悪）ため、私は自分の気持ちを無視しようとしました。すると、そこから気持ちがますます苛立ってきました（強い感情）。私を煩わせているのに気がついた妻は悲しい気持ちになり、そのことで、今度は私が妻にそう感じさせてしまった自分を恥ずかしく感じました（さらに強い感情）。私は恥ずかしさのせいで動けなくなってしまい（巻き込まれ）、自分を批判し始めました（「私は面倒見のよい人間ではない」）。そして、ほとんど同時に、それを妻のせいにもしていました。私は、望ましくない振る舞い（何かを口走るといった行動）をかろうじて回避しました。このような手に負えない悪循環を打破するうえで、マインドフルな気づきの瞬間（自分がどれほどつらい気持ちになっているかに注意を向けたこと）が大きな役割を果たしていました。これはほんの数分のうちに起きた一連の出来事でした。

　自分がかなり動揺していることに気がつくときは、通常、心の中でこのような一連の出来事が起きています。ある一人の思慮深い患者さんが、抑うつ的になると自分の心がどう働くかについて、次のように語ってくれました。

- 「こんな気持ちは**嫌だ**」
- 「こんな気持ちは**なければいいのに**」
- 「こんな気持ちになる**べきではない**」
- 「こんな気持ちになるなんて、私に何か**問題があるんだ**」
- 「私は**ダメな人間だ！**」

闘えば闘うほど、感情は強くなるばかりです。最後にはだいたい、自己糾弾（「私はダメな人間だ！」）に行きつきます。

ネガティブな関連づけの連鎖は、より早いうちに打破できる方が望ましいでしょう。不快な感覚から最初に嫌悪が発生する「上流」のうちに感情をつかまえることができれば、「今、この瞬間」のなかに落ち着いて居続けることができます。強い感情が渦巻いている下流まで押し流された後でも、苦悩への巻き込まれから抜け出す機会はありますが、上流ほど簡単ではなくなります。

感情を身体に繋ぎ留める

上の短い挿話から、感情には心の部分と身体の部分がある様子が見て取れるでしょう。身体は私たちがどのように考えるかに影響を及ぼし、思考は身体に影響を与えます。感情は必ず身体に表れます。困難な感情の身体的要素（緊張、震えなど）を見つけることができると、不必要な心の苦痛のなかで身動きが取れなくなることを避けられます（このプロセスの神経学的説明を次の章で見ていきます）。かなり強い感情でも、身体に気づきを向けることで弱めることができます。

自由意志はあるか？

1999 年に、ベンジャミン・リベットは、脳研究の参加者たちに、適当に自分で自由に決めたタイミングで指か手首を動かすように伝え、そうしてもらう間に参加者たちの脳の「運動準備電位」（訳注：身体の一部を動かそうとするときに発生する脳神経活動）を測定しました。驚いたことに、どの筋肉が動くよりも 550 ミリ秒早く、脳が活性化するのが観察されました。さらに、同じ参加者たちが、行動する意図を意識したのは、脳が活性化されてから 350 〜 400 ミリ秒たってからでした。指ま

たは手首が実際に動くまでには、200ミリ秒ほどしか残っていません。どうも、脳は、私たちが今からどう行動するかを私たち自身が知るよりも早く知っているらしいのです！　この結果から、神経学的には自由意志は幻想だということになりますが、それでも、脳が何の行動をしようとしているかに十分早く（訳注：意図を意識してから実際に筋肉が動くまでの200ミリ秒以内に）気づくことができれば、私たちには、差し迫った行動を「拒否する力」があります。

　たとえば悲嘆について考えてみましょう。悲嘆を体験するときは、「愛する人がいなくなったこの世界で生きていたくない」と考えると同時に、胸の辺りに緊張感や空虚感があるものです。そうしたときは、悲嘆における心の側面に取り組むよりも、身体的な側面（胸の辺りの筋緊張）に取り組む方が、ずっと簡単です。というのは、思考について考えると、それに没入してしまい、自己批判の根拠となる新たな尺度を余計に増やすことになりがちだからです。身体の中に感情を見つけて、それに柔らかく接すると、悲嘆のような強い感情の特徴とも言える「心が囚われた状態」から、自力で抜けられるようになるのです。

　私のところに来る患者さんが感情に圧倒されてしまっているとき、私たちはたいてい、身体のどこに感情を見つけられるか、一緒になって探求します。一人ひとりで違いますが、怒りは首の辺りの緊張として感じられることが多いようです。また、悲しみは胸が締めつけられる感じ、恥は上半身と頭の空虚な感じとして体験されることが多いようです。感情の多く、特に恐怖は腹部で感じられます。だから英語では感情が「腸の感覚」とも呼ばれるのです。

　私たちは身体に対してマインドフルになりやすいです。なぜなら身体は動きがゆっくりとしていて、実体があるからです。感情のマインドフルネスとなると、身体のマインドフルネスよりもいくらか難しくなります。思考のマインドフルネスはさらに難しくなります。身体の中に感情を見つけられると、感情が錨を下ろした状態になり、私たちは感情にそれほど振り回されな

くなります。次のエクササイズをすると、感情の錨を下ろしやすくなるで
しょう。これは、これまでに学んだマインドフルネス実践に基づいていま
す。

身体の中の感情のマインドフルネス

　10分ほどのエクササイズです。困難な感情があるときに実践すると、
最も効果を実感できるでしょう。今は気持ちが安定しているようであれ
ば、普段、気に障りがちな感情（怒り、恐怖、罪悪感など）を選んでも構
いません。このエクササイズを初めて行うときは、**中程度**に困難な感情を
選ぶとよいでしょう。楽な**姿勢**を取り、目を閉じて、リラックスした呼吸
を3回します。

- 椅子に座っている自分の姿勢を外側から眺めているように捉えてみま
  しょう。感覚に満ちた身体がハミングするのを感じます。身体の中に
  入っていき、まさに今、この瞬間に起きている感覚の世界に入ってい
  きます。
- では、胸の辺りに注意を向けます。心臓の位置に手を添えても構いま
  せん。
- 胸の辺りで呼吸を見つけて、呼吸のマインドフルネスの実践を開始し
  ます。呼吸に合わせて胸が動くのを感じましょう。心がさまよって
  いったら、呼吸の感覚に連れ戻してきます。
- 数分したら、呼吸に向けていた注意を手放し、困難な感情を想起しま
  す。そのような感情が生じた**状況**を思い出しても構いません。
- では、一つの全体としての身体へと気づきを広げます。感情を想起し
  ながら、どこでそれをいちばん強く感じるか、身体をスキャンして
  いきます。心の目で、頭から足の先まで身体をスキャンしながら、途中
  でいくらか緊張や不快さを感じる箇所があったら、しばし止まりま
  す。
- では、身体の中で気持ちがいちばん強く表れている箇所を1つ選び

ます。心の中で、その箇所にそっと寄り添います。自然な呼吸を続け
ながら、そこにある感覚をありのままに感じます。胸の辺りに手を添
えて呼吸をしてみても構いません。穏やかなリズムのある呼吸の動き
に、身体が癒やされるままにしましょう。

- 感情に圧倒されてしまうようであれば、気持ちが楽になるまで呼吸と
  一緒に居続けて、それからまた感情に戻ってきましょう。

- 瞑想の時間が終わりに近づいたら、呼吸に戻ってきて、数分ほど呼吸
  を感じたら、そっと目を開きましょう。

　身体の中の思っていたよりも多くの箇所で、感情を感じることができる
ことに気がついたでしょうか？　不快な感情に身体が抵抗する様子が感じら
れたでしょうか？　緊張している箇所に、ジャッジしないでただ気づきを向
けると、身体が緊張を手放し始めることに気がついたでしょうか？　このエ
クササイズを、困難な感情が生じるたびに実践しましょう。身体の中で感情
が解放されると、心もまた感情を解放します。

　身体の中にある気持ちのトーンに**ラベル**を付けると役立つ場合がありま
す。たとえば、「不快」「心地よい」「ニュートラル」などと言いながら、身
体の中の感覚を調べていくのもよいでしょう。または、不快な感覚があった
ら、ただ「痛い！」とだけ言うのでもよいでしょう。このようにラベルを付
けると、感覚に飲み込まれずにそれと**一緒に**いようとするようになれます。

　たった今行ったエクササイズに追加して、次のエクササイズをするのもお
勧めです。困難な感情に伴う身体の不快さと、より柔らかくて友好的な関係
を意図的に育むことができます。

試してみよう　柔らかく、そのままに、慈しむ

　この実践も、楽な姿勢になって目を閉じ、リラックスした呼吸を3回
行うことから始めます。

- 身体に対し、そして身体の中で「今、この瞬間」に起きている感覚に

対して、気づきを向けます。次に、胸の辺りに呼吸を見つけて、一つ一つの呼吸に対し、マインドフルな気づきを向け続けます。

- 数分したら、呼吸に向けていた注意を解放し、身体の中で困難な感情がいちばん強く感じられる箇所に引かれていくままにしましょう。

- 身体の中のその位置で、何かが柔らかくなります。柔らかく**しようとする**のではなく、筋肉が柔らかく**なるままに**任せます。筋肉痛のときにそこを温めるような感じです。「柔らかく……柔らかく……柔らかく……」と、自分に対して静かに話しかけて、そのプロセスを促してもよいでしょう。

- 不快さを、**そのままに**します。「気持ちなんか消えてしまえばいいのに」という願望を棄てます。不快さが自然に来ては去るままにします。自宅にお客を迎え入れるような感じです。「そのままに……そのままに……そのままに……」と繰り返すとよいでしょう。

- では、このように苦しんでいるご自分に、**慈しみ**をもたらします。心臓の辺りに手を置いて、呼吸をします。あるいは、ストレスを感じている身体の箇所に、慈しみを直接向けても構いません。ご自身の身体を、愛おしい子どもの身体のように想像すると、実践しやすくなるかもしれません。「慈しむ……慈しむ……慈しむ……」と繰り返しましょう。

- 「柔らかく、そのままに、慈しむ」「柔らかく、そのままに、慈しむ」。この３つの言葉をマントラのように唱えて、苦しみに対してそっと優しく寄り添うことを思い出します。

- 感情に伴う不快な体験があまりにも強くなってしまったら、気分が落ち着くまで呼吸と共に居続けましょう。

- 実践を終える用意ができたら、ゆっくりと目を開けます。

　身体に対して、柔らかく、そのままにして、慈しむという姿勢は、マインドフルな構えそのものです。私たちはマインドフルな状態であるとき、不快さを感じると身体が緊張してそれを拒絶しようとするという本能的な傾向を手放そうとしています。「柔らかく」は身体のレベルで、「そのままに」は心

のレベルで、「慈しむ」は感情のレベルで、それぞれ起きます。その３つが一緒になると、身体が、それまでしがみついていたものを手放せるようになります。３つ全部に取り組むよりも、１つか２つに取り組む方がやりやすいのであれば、部分的な実践でも構いません。たとえば、「柔らかくして、そのままにする」だけの方が、実践していてしっくりくる場合もあるでしょう。

「そのままにする」は、**思考**に対し、それが来ては去るままにすることも意味します。本書ではこれまで、思考についてあまり強調してきませんでした。というのも、思考を刻々と追い続けることが非常に難しいためです。とはいえ、思考は私たちの感情に大きな影響を及ぼしえます。たとえば、「私はダメな人間だ」と繰り返し考えながら自分を打ちのめしているのであれば、気分や感情が良くなるはずがありません。自己破滅的なフレーズが録音テープのように心の中を流れていることに気づいたら（その見つけ方は次章で学びます）、コンパッションのある気づきを向けて、そうしたフレーズが湧いては消えていくのに任せましょう。

瞑想をするときは、一生懸命になりすぎたり、テクニックに走りすぎたりしないように気をつけます。エクササイズを行うやり方それ自体が、そのエクササイズを通して身体に伝えようとしているメッセージを体現したものであるべきです。筋肉を柔らかくしたいのであれば、エクササイズも柔らかく行います。さまざまな種類の思考が心に入ってきては出ていくのに任せたいのであれば、後ろの方の座席から川の流れを眺めるようにして、そうしましょう。気楽にいきましょう。急いだり何かを期待したりしないで、自分を慈しむ同伴者であろうと願うだけでよいのです。困難な感情を抱いているときに、優しく願うことは、それだけで癒やしをもたらします。

感情にラベルを付ける技術

感情にラベルを付けると、心の反すうに入り込んでしまわずに身体の中で安定していられることが、そろそろおわかりになってきたのではないでしょ

うか。そこで今度は、**特定**の感情にラベルを付けることへと進みましょう。この実践をすると、さまざまな感情を「ただの感情」として眺められるようになり、巻き込まれにくくなります。

　前章の「音のマインドフルネス」のエクササイズの教示では、ラベルを付ける傾向を手放しましょう、とお伝えしました。そのことと、本章で強調することとが矛盾するように思われるかもしれません。でも、実は違いがあります。気づきを向ける対象が、ほとんどの音のように**ニュートラル**なものの場合、ラベルを付けると、「ただの音」の体験から離れてしまうかもしれません。しかしながら、何かに悩まされている場合は、その対象にラベルを付けると、感情に溺れずにその感情と良い関係を維持するための、ちょうどよい位置を確保することができるのです。感情に名前（「寂しさ」「悲しみ」「恐怖」「混乱」など）を付けると、困難な感情をそのままにしやすくなります。

☼ 気に留める

　「気に留める（noting）」という場合、内的な体験に気づいてそれに**向き合う**ことを包括的に意味します。気に留めるときは、感覚や思考や気持ちに、言葉を使わずに1秒か2秒ほど「注意を向ける」こと（「おや」「そうか」など）もできますし、言葉で「ラベルを付ける」こともできます。

　私たちは、気に留めるのではなく、困難な内的体験を無視したり、**向き合わなかったり**することもできます。それにはたとえば、錨として選択した呼吸に戻るといった方法があります。1つの対象に注意を集中して他の対象を意識から締め出せば、少なくともそのときは心が穏やかになるので、そうするのがよい場合もあるでしょう。とはいえ、恐怖といった困難な感情に対しても、**「気に留める」**ことができるようになっておくとよいでしょう。なぜなら、いずれはそういったことにも対処しなければならなくなるからです。気に留められるようになると、安全に対処できるようになります。「これは恐怖だ！　そう、でも、恐怖に**すぎない**んだ」。以前、ある患者さんが、「錨を下ろすのは『拠点にいる』みたいだけれども、気に留めるのは『旅をして

いる』みたいです」と話してくれました。

　実践でも、感情に対して気に留めては、戻ってきて錨を下ろし、というふうなことを数秒ごとに**交互**に行き来します。身体（呼吸、あるいは他の錨でも構いません）から離れている時間が、あまり長くならないようにしましょう。錨に比べて感情に対して長く注意を向けたままでいればいるほど、感情についての理解は深まりますが、心の落ち着きと安定を失うリスクがあります。気に留めることと錨を下ろすことの両方に対して、平均的なバランスの取れた注意を維持できると、困難な感情を探求できるようになります。

　注意を向けるだけでなく、**ラベルを付ける**ことをすると、ネガティブな感情とより深く関わることになります。ラベルを付けることは、体験していることに具体的なタイトルを付けようとしているので、体験により深く引き込まれます。それでいて、ラベルを付ける作業は、距離と視点も提供してくれます。強い感情が生じたら、声に出してラベルを付けても構いませんし、唇を静かに動かして「怒り」「怒り」「怒り」と口の形を作ってもよいでしょう。弱い感情であれば、沈黙しながら心の中で名付けるだけで、同様の効果があるでしょう。

　体験にラベルを付けるにはさまざまな方法があります。最もよくあるのは、感情の葛藤がそれほどでもないのであれば、思考に巻き込まれているときに、「考えている」とだけ言って錨に戻る方法です。「感覚がある」とか「感じている」でも同様にできます。「心地よい」「不快だ」「どちらでもない」のラベルを使って気持ちを表現すると、感情に持っていかれる感じやそれを嫌悪する感じから受ける影響力を和らげることができます。漠然としていて具体化できない不快さがある場合は、「これはつらい」「痛い！」「なんか嫌だ」などと言ってみてもよいでしょう。これは苦悩を**止めよう**としているのではありません。苦悩を感じているときに、そうと**知っていられる**ようにしたいのです。なぜなら、知っていると、苦しさがいくらか緩和されるためです。感情が「短縮される」と言えるかもしれません。

　どんな内的体験であれ、ラベルを付けることができます。以前に、注意欠如症をもつルイスというクライアントを受け持ったことがあります。彼の抱える最も大きな問題は、「自分を打ちのめす」ように行動してしまうという

ことでした。ルイスは、子どものとき、宿題を最後までしなかったり、いつもそわそわしたりしており、そういったことについて周囲から批判されてきたことを全て内在化していました。彼はそれを解決するために、自己批判が湧くたびにそれに名前を付け、その方法としてフォーマルとインフォーマルの両方の瞑想を活用しました。「自分を打ちのめしているとき、それにどのようにして気がつくのですか？」と私が尋ねると、ルイスは、「胃に緊張を感じたり、胸に不安を感じたりします。子どもたちに対して短気になっていることに気づくこともあります。そういうとき自分で自分を打ちのめしているのだと推測して、『自分を打ちのめしている』と言います」と話してくれました。ラベルを付けるという、この単純な実践によって、ルイスは自己批判的な思考から解放されました。

　どのようにラベルを付けるのかも重要です。「心配な注意」を向けることもできますし、「穏やかな注意」を向けることもできます。「心配な注意」は、恐れて引きこもることへとつながり、「穏やかな注意」は、周囲を見渡すためのゆとりを少し生み出してくれます。それは暗い場所で怖がっている子どもに似ています。自分に向けて「暗くて、よく見えないね」と語りかけるのは「穏やかな注意」によるラベル付けです。そのようにラベルを付けると、恐怖で怖気（おじけ）づいてしまうことはないでしょう。それに、自分の心の解釈によって危険を過大に感じることもないでしょうし、怖がる自分を「まるで赤ちゃんみたいだ」と責めることもありません。一方、「心配な注意」を向けると、「大変だ！　何も見えない！　そこに何があるかもわからない！」という感じになり、一連の思考がほとばしりだして、不快さが恐怖に転じます。

　ラベルは、**優しく、アクセプトする調子**で付けるようにしましょう。感情に向かって吠えたてている自分に気づいたら、おそらく裏で感情を追い払おうとしているのだと考えます。そしてそれは、私たちがここでしようとしていることとは正反対です。柔らかく、優しい調子でラベルを付けると、「不快な体験は消え去ってほしい」とつい願ってしまう傾向から心が離れやすくなります。また、ラベルを付ける取り組みそのものも、一生懸命になりすぎないようにしましょう。そうしないと、不快な感情を手放す代わりに、それ

を取り囲んでしがみつくようになってしまいます。気楽に進めましょう。

◌ 気持ちを表す言葉

　感情にラベルを付けることは、感情にうまく対応しながら人間関係のなか
で上手に振る舞うにあたって、強力な方法になります。ラベルを付けること
で穏やかなままでいやすくなり、合理的な判断ができるようになります。親
は、幼い子どもが動揺しているときには、「言葉で言ってごらん」と語りか
けます。メンタルクリニックでも、「アレキシサイミア傾向（感情を言葉で
表現できない傾向)」をもつ大人のための教室を開催しています。たとえば、
「恥ずかしい」という気持ちをうまく言葉にできないと、その人は怒りを感
じやすくなり、**不**合理な行動を取りやすくなります。考えてみれば、気持ち
を正確に表すラベルを見つける能力は、「トークセラピー」に関連する産業
の基盤となっています。脳研究からも、気持ちを表す言葉を見つけると、脳
のなかでストレス反応を開始する部分が**不**活性化されることが明らかになっ
ています。

感情にラベルを付けると脳が落ち着く

　マインドフルネス瞑想をすると、実際にどのようにして感情のバラン
スが取りやすくなるのでしょう？　神経学的なメカニズムがあるで
しょうか？　カリフォルニア大学のデイビッド・クレスウェルと同僚ら
が、感情にラベルを付ける実践が脳を落ち着かせる様子を、機能的磁気
共鳴画像（fMRI）を使って探りました。研究では、30人の参加者に感
情的に動揺している人の顔写真を見せ、その感情にラベル（「怒ってい
る」「恐れている」など）を付けてもらいました。比較のための統制群
では、参加者に、同じ顔写真を見せて、写真の下に書かれた名前のなか
から、写真の人と同様の性別の名前（たとえば男性ならハリー、女性
ならサリーというように）を選んでもらいました。この研究では、動揺し

た顔に性別に対応した名前が付けられたときよりも、感情を説明するラベルが付けられたときの方が、扁桃体（危険な状況に対して、脳のなかで警報を発する部分）の活性がより低かったことが発見されました。また、扁桃体が活発ではなくなるのに対応して、前頭前野の特に正中線（「内側」部で、自分自身の感情の始まりを観察するときに活性化される部分）で活性がより高くなりました。このことから、前頭前野が扁桃体での活性を抑えたと言えます。

　また、参加者たちにはマインドフルネス尺度に記入してもらいました。前頭前野の活動と扁桃体との間にみられた反対の関係は、それほどマインドフルではない参加者と比べて、マインドフルな度合いが大きい参加者においてよりはなはだしいことが示されました（前頭前野で活性化された部位がデフォルト・ネットワークに含まれるかどうかは、はっきりしていません。デフォルト・ネットワークを定義し、内側前頭前野のさまざまな部分の機能を区別して見分けるには、さらに研究が必要です）。クレスウェルのこの研究からは、友人と話したり、日記を書いたり、気持ちを言葉にしたりすると気分が良くなるのがなぜかについての、神経学的な「作用機序」が示唆されるかもしれません。

　感情を一番ぴったりと表す言葉は、たいてい気まぐれで、時には個人的な意味合いが添えられたちょっとした表現であることが多いものです。たとえば、気持ちが高ぶっている場合、それを「リスっぽい」などと、ちょこまかと走り回りながら機敏な動きで木の実を集めて隠す小動物になぞらえてラベルを付けるかもしれません。気持ちで胸がいっぱいなときに、イディッシュ語で「喉に何かが詰まっている感じ」を意味する「ファークレムプトゥ（ferklemt）」という表現を好む人がいます。猛烈な怒りを「核反応」と表現したい人もいます。実践を長く続けるほど、よりニュアンスを捉えた、場合によっては詩的でさえあるような言葉を使って、感情を表現できるようになるでしょう。

　心理学者たちは、この一世紀にわたって、人間の感情のなかでもより基本

的なものはどれかを見つけようとしてきました。しかし、基本感情のセットといわれるもの（たとえば「恐怖・慈しみ・怒り」「幸せ・悲しみ」「慈しみ・喜び・驚き・怒り・悲しみ・恐怖」などの組み合わせ）のなかからどれかを選ぶ根拠となるほど説得力のある心理学的または生物学的な説明はないようです。本書の目的としてむしろ大切なのは、言葉が持つ**機能**（どれほど気持ちを上手に捉え、気持ちの周囲にゆとりをつくるか）です。

英語の用語リストのなかで、感情を表す言葉をいちばん包括的にまとめてあるのは、私が知る限りでは、言語学者で情報科学者でもあるスティーブン・J・デローズが800語を超える単語を整理して参照しやすく分類したものです。デローズは、感情にラベルを付けるときには、名詞（「恐怖」「欲求不満」など）よりも、形容詞や動詞（「怖い」「沸騰している」など）を使う方が、感情のフェルトセンスを表現できるので好ましいといいます。また、「〜した」という言い方よりも「〜している」という言葉遣いの方が、「『今、この瞬間』のなかで進行中」であるという様子を表現することができるといいます。それはたとえば、「心配した」と「心配している」の違いです。ただ、今まさに起きているかのように生々しく感じることを避けたいなど、感情に**距離を置きたい**場合があるかもしれません。したがって、その時々の状況でどの表現が適切かは、ご自身でその都度決める必要があります。

本書では**ネガティブ**な感情に対処することに注目していますが、ポジティブなものも含む**あらゆる**感情に名前を付けられるようになるとよいでしょう。なぜなら、ポジティブ感情は変化するもので、その際、たいていはネガティブな感情へと変わるからです。たとえば、新しい人間関係の蜜月フェーズである4〜6カ月が過ぎると、失望を感じるようになったりします。ポジティブな感情にラベルを付けると、ネガティブな感情の場合と同様に、より軽い感じでその感情を抱えられるようになります。そうすると、感情が変化したときに、さほどがっかりしないで済むでしょう。

ただし、感情は本質的にはネガティブでもポジティブでもないことを忘れないようにしましょう。むしろ、追い払おうとすればするほど、感情はネガティブになり、最終的には破壊的になります。第1章で紹介した苦悩の式（苦痛×抵抗＝苦悩）は、次のように書き換えることができます。

困難な感情　×　抵抗　＝　破壊的な感情

いわゆるネガティブな感情（怒り、恐怖、嫌悪）も、強くかき立てるようなことさえしなければ、それほど耐えられないものでもないということが発見されるはずです。むしろ、マインドフルネスとコンパッションでそういった感情（と自分自身）を迎えられるようになりましょう。ポジティブおよびネガティブな感情については、第5章でさらに見ていきます。

❉ 感情について瞑想する

より強烈なネガティブな感情（恥辱、激怒、失望している、麻痺している、見捨てられている、排斥されている、恐怖に震えあがっている、など）が生じると、私たち自身がそれに飲み込まれてしまい、そういう場合はそのような感情を同定するのがむしろ難しくなってしまうかもしれません。たとえば、「恥」（「私はダメだ」）と感じるとき、まるで、感情を眺めている人が消え去ってしまい、ラベルを付ける人が誰もいないような状態になったりします。それでも時間がたつうちに、身体の中でそれがどのように感じられるかに気づきを向け、それに名前を付けることで扱えるようになっていきます。舌の上で何度もその単語を転がしていると（「恥」「恥」「恥」）、ラベルを付けるのが容易になってきて、取り組みやすくなります。

「憎悪」のような強烈な感情も同じです。次の例を考えてみましょう。

4歳と5歳の2人の娘を育てているキャロラインは、自らの子ども時代に母親が苛立った様子を見たことがほとんどありませんでした。そんな、とても忍耐強かった母親とは気質が異なり、キャロラインは、野心的な歴史学の教授で、スポーツが得意でした。動き回っているときに気分が一番くつろぎ、物事が予定通りに進まないと虫の居所が悪くなりました。

そんなキャロラインにとって、年長の娘であるエマに対して感じる苛立ちがどんどん強くなってきました。そこで、パートナーから、自分の気持ちに対処できるようにセラピーを受けたらどうかと勧められました。セラピーでキャロラインは私に対し、「お母さんなんか、大嫌い」とエマが言うのをこ

れ以上聞くのがどうしても耐えられないのだと打ち明けました。食事やお風呂の時間にエマが協力的でないと、特にそのように感じるのだそうです。一方、パートナーはエマと何の問題もありませんでした。キャロラインは、より素直に自分に従う妹の方をひいきにして、エマに対しては怒りを感じて無視してしまっていることに、自分で気がついていました。

　子育てをするときのキャロラインのロールモデルは自分の母親でしたが、その母は、キャロラインと同様の気持ちを体験したことがないように思われました。セラピーで、込み上げてくる涙と涙の間に、キャロラインは心の奥底のいちばん暗い秘密を打ち明けました。「時々、エマが**大嫌い**でたまらなくなるのです。どこかに行ってしまえばいいのにって」。これはキャロラインにとっては耐えられない感情でした。なす術がない感じと、愛したいと願っている相手に対して感じてしまう憎悪とに耐えられず、「こんな気持ちを感じるなんて、自分はなんてひどい人間なんだろう」とキャロラインは思いました。

　私はキャロラインに、医学史で有名な精神科医のD.W.ウィニコットが1949年に「逆転移のなかの憎しみ」という題名の論文のなかで書いたことについて話しました。ウィニコットは、母親や精神分析家といった世話をする立場にある人が、自己没入した欲求ばかりの人を世話するために、自らの欲求を脇に置く様子を記しています。そのようにするがゆえに、支援者の内面には、自ずと、いくらかの恨みや憎悪さえもが生まれます。支援者が自らのその憎悪を受け入れることができない（恥辱ですらある）と思い、そのせいで助けたいと思っている対象者との間に溝ができてしまうと、問題が生じます。

　キャロラインは、このメッセージをしっかりと受け止め、エマに対する憎悪が湧いたときにも、それまでよりも開かれた心で自分の感情をそのままアクセプトできるように、心の準備をして帰宅しました。すると驚いたことに、キャロラインはエマのことをもっと好きだと感じ始め、エマはお行儀が良くなり始めました。私が次にキャロラインに会ったとき、彼女は、その瞬間にどちらの娘に大変な思いをさせられているかに応じて、憎悪もその時々で飛び移るようになり、それでいてキャロライン自身は憎悪に苛立つことも

なく、エマと一緒に再び楽しめるようになった、と話してくれました。

　キャロラインがしたことは、感情にラベルを付けることから生まれる力を、アクセプタンスの姿勢で使っただけでした。自分の子どもに対して憎悪を感じていると発見したとき、キャロラインの自尊心は衝撃を受けました。しかし、母親なら誰でも時にはそのように感じるものだと認識すると、キャロラインはリラックスできるようになり、子どもとの時間をもう一度楽しめるようになりました。ただそのためには、最初に自分の気持ちを表現する言葉を見つける必要があり、次にその気持ちをアクセプトする必要がありました。

　次に紹介するマインドフルネス実践は、自分で感情を認識してラベルを付けられるようになるためのトレーニングです。

試して みよう　感情にラベルを付ける

　20分の瞑想です。静かで快適な場所を見つけ、リラックスして背筋を伸ばし、ゆったりと構えた姿勢で座りましょう。目は半分閉じても、完全に閉じても構いません。深呼吸を数回して、身体をリラックスさせましょう。

- 姿勢に注意を向け、感覚に満ちた身体の中の世界にも注意を向けながら、気づきを身体へと導いてきます。
- 胸の辺りに手を当てて、マインドフルな気づきを呼吸に向け始めます。胸で呼吸しましょう。5分ほどそうしています。いつでも自由に、ゆっくりと手を膝に下ろして構いません。
- では、呼吸を手放しつつ、注意は胸の辺りに向けたままで、自分に問いかけてみましょう。「どんな気持ちがするだろうか？」。身体の中でいちばん強い感情に、注意が引きつけられるままにしましょう。ささやき声程度の気持ちでも構いません。身体をアンテナのようにして使いましょう。
- いちばん強い感情に名前を付けます。強い感情に浸っているわけでは

ないときにこのエクササイズをしているのであれば、「満ち足りた」気持ちを感じているかもしれません。もしかしたら、ただ「興味がある」だけかもしれません。やがて、別な感情が見つかるでしょう。「切望」かもしれません。他にはたとえば、「悲しみ」や、「心配」、「急いでいる感じ」、「寂しさ」、「誇り」、「喜び」、「熱望」、「嫉妬」といった感情かもしれません。

- 感情に付けたラベルを、2、3回ほど**優しく穏やかな声**で繰り返し、それから呼吸に戻ってきます。
- 呼吸と感情との間を、リラックスしながら行き来します。注意が呼吸から感情へと引かれるままにし、感情にラベルを付け、再び呼吸に戻ってきます。感情が見つからないようであれば、それでも構いません。感情が現れるかもしれないという可能性にただ心を開いたままにして、呼吸をします。感情に圧倒されてしまいそうに感じたら、気持ちが落ち着くまで、呼吸と一緒に居続けましょう。
- 20分ほどしたら、ゆっくりと目を開けます。

このようにしてマインドフルネス瞑想を実践すると、内的な生活がとても興味深くなるはずです。エクササイズをしていて退屈を感じたら、「退屈」とラベルを付けましょう。退屈さは、偏見を持たずに十分長い時間そのまま一緒に居続けると、必ず他の何かに変化します。だいたいは、退屈のすぐ背後の暗がりに、不快な、または馴染みのない気持ちが潜んでいるものです。感情にラベルを付ける実践を続けていると詩人のようになり、感情の体験に含まれる微妙なニュアンスを、不快を感じているときにもひるまずに探せるようになります。

　感情に付けるラベルが正確なほど、より効果的に「身動きが取れない状態から抜け出せる」ようになります。ただ、「完璧なラベルを見つけなければならない」と強迫的に考えないでください。あまり考えすぎないようにしましょう。「ほどよい」ラベルを選んで、呼吸に戻りましょう。どのようなラベルでも、気づきを「今、この瞬間」に引き留めておくには十分です。もしかしたら、もっと正確なラベルを後から思いつくかもしれません。でも、思

いつかなくても大丈夫です。時間をかけて、楽に実践するので構いません。

　また、気がついた感情を片っ端から全て分類しなければならない、とも思わないでください。異国の自然公園にたった1日の調査に訪れている植物学者ではありません。20分の瞑想中に湧く感情は3つか4つを超えないでしょう。その特定の3つか4つの感情だけで構いませんので、それが生じたときに毎回ラベルを付けます。たとえば、私が瞑想をしているときに、どこかもどかしく、瞑想よりも別なことをしていたいと感じたら、その気持ちが湧くたびに「苛立ち」または「衝動」（感情のフェルトセンスを捉えているなら何でも構いません）と言うかもしれません。そして呼吸に戻ります。エクササイズが正しくできているかが疑わしく感じられたら、疑念が湧くたびに「疑っている……疑っている……疑っている」と言うかもしれません。瞑想のプロセスそのものとどのように付き合っているかを表す言葉を探してみるのも興味深いでしょう。それが、そのときのいちばん強い気持ちかもしれません。ここでは、「今、この瞬間」のなかで起きているいちばん強い気持ちを認識しようとしているだけです。

◌ 日常生活のなかでラベル付けをする

　フォーマルな瞑想のなかでラベルを付ける実践は、日常生活のなかでラベルを付けることへの前奏曲です。たとえば、あるとき、大聴衆の研究者たちを前に、人類学者の友人がパワーポイントのスライドを使ったプレゼンテーションをしていました。世にも恐ろしいことに、白紙のスライドが映し出されました。発表者にとっては悪夢と言える状況です！　友人は、気がつくと「恐怖……恐怖……恐怖」と思わず声に出していて、会場では温かい笑いが湧き、大惨事を免れました。

　日常生活のなかでは、どのようにしてラベルを付けるでしょう？　答えは、これまで行ってきたマインドフルネス・エクササイズの基本構造（止める、観察する、戻る）に従う、ということです。強い感情につかまるたびに、そのときにしていることを止めて、深呼吸をし、胸の辺りに注意を向けて、どのような気持ちがあるかを観察します。気持ちにラベルを付けて、優

しく慈しみのこもった調子で3回ほど言います。錨とラベルの間で注意を行き来させながら、感情の引きの力がなくなるまで続けます。

トラウマに取り組む

　悲劇的な事故や暴力犯罪などによるトラウマに苦しんでいる人の場合、感情にオープンになろうとするときに、いくらかの工夫が必要になるかもしれません。アメリカでは、人口の50%以上がトラウマを体験しています。女性の20～25%、男性の5～10%が、子ども時代に性的虐待を受けています。またトラウマは主観的ですので、愛する人の死、交通事故、手術、離婚などで感情面に傷を負っていることも十分考えられます。そうなると、かなりの人が当てはまることになるでしょう。

　静かに座って、浮かんでくる気持ちをそのまま受け入れているうちに、トラウマ的な出来事が思い出されることもあるでしょう。穏やかでバランスの取れた眺め方をそのまま維持し続けることができれば、癒やしへとつながる力強い体験になるかもしれません。一方、気持ちに圧倒されてしまってトラウマがもう一度起きているかのように再体験すると、再度傷ついてしまうかもしれません。マインドフルネスでは、トラウマ記憶と向き合うことはしますが、その際、飲み込まれないようにします。つまり、マインドフルネスは受け身的な活動ではありません。マインドフルになっているときには、気づきと注意をどのように配分するのか、知性を使って判断する必要があります。

　注意は、**内面にも**向けますし、**外的な事象にも**向けます。**1つの対象**に集中することもできますし、**広げた視野**に焦点を当てることもできます。呼吸などの1つの対象に繰り返し注意を向けると、私たちは落ち着くことができます。なぜなら気に障る思考を手放すことで、心が猿のようにあちこちに跳び回るのが止まるからです。一方で、気づきの視野を広げて他の思考や感情にまで気づくようになると、私たちの心をかき乱す記憶や気持ちがあることを、どうしても発見してしまいます。日常生活で起こるさまざまな感情と新

たな関係を確立するために、私たちの内的な心象風景を知ることは有益です。とはいえ、その際、オープンな気づきと、焦点を1つに絞った気づき（呼吸やその他の錨に戻ること）とのバランスをうまく取らないと、圧倒されてしまう場合があるでしょう。

　一般に、トラウマのある人にとっては、内面に注意を集中するよりも、外的な状況に集中する方が簡単です。トラウマが貯蔵されている身体の中へと注意が引き込まれていくにつれて、嫌な記憶が引き出されやすくなるからです。注意の焦点を身体から離れる方向へ、たとえば鳥のさえずりなどに向けると、気持ちが落ち着きます。他にも、たとえば何かに触れている感じなど、身体の**表面**に注意を向ける方が、内面に気づきを向けることに比べれば、落ち着きを得られるでしょう。

　第2章で紹介したジョージは、手首に輪ゴムをかけておき、トラウマ的記憶に飲み込まれそうになったときにはそれをはじきました。ジョージは、「過去と現在との間を線引きしたいのです。輪ゴムをはじくと、現在に戻ってくることができます」と話しました。また、ジョージは、いちばん強い感情にラベルを付けること（「恐怖……恐怖……恐怖」）によっても、恐怖に飲み込まれないでいられるのを発見しました。

　本当にひどく圧倒されてしまったときに注意を安定させるうえでいちばんよいのは、たとえばロウソクや音楽などのような、**周囲にある**1つの対象に集中することです。身体に気づきを向けることができそうであれば、ジョージが使ったゴム紐や「『今、ここ』にある石」のような、何かに触れる感じがあると、安心して「今、この瞬間」のなかで気づきを確かめられるでしょう。その後で、しばらくしてから、注意の焦点を呼吸だけに絞ってみてもよいかもしれません。注意の焦点を絞って気持ちを調節する方法がひとたび身についたら、身体感覚または感情にラベルを付けることへと、気づきの視野を徐々に広げるとよいでしょう。ただ、感情を探る心の準備ができているときにも、引き続き数秒ごとに、錨（呼吸、音、触れる感じなど）に避難することにしましょう。マインドフルネスでは、心の安定と、感情に対する気づきの**両方**を育もうとしています。

　マインドフルネスを実践している最中にトラウマ記憶が生じたら、最後ま

でやり抜かなければならないとは思わないでください。タイミングと安全が何よりも大切です。幼少期にトラウマを負った人たちは、**するべき**と感じたことは、気分が悪くても、歯を食いしばってでも成し遂げようとする姿勢が習慣になっている場合がよくあります。しかしながら、マインドフルネスを実践するときはいつも、自分に対して優しい態度でもって行いましょう。優しさは、ゆっくりとしていて、忍耐強いものです。気持ちが圧倒されてしまったのであれば、実践をしばらく中断しましょう。それも自分への優しさの一形態です。以下に続く章では、いちばん必要なときに自分に優しくする方法を、さらに詳しく見ていきます。ただ、実践について疑問点や心配なことがあるようならば、マインドフルネス瞑想の資格を持つ先生かセラピストに相談するのがよいでしょう。

　前章と本章では、身体と感情のマインドフルネスをそれぞれ見てきました。マインドフルネスでは、注意と気づきを巧みに扱います。注意を調節することは、感情を調節することへと直接つながっています。次の章では、セルフ・コンパッションを深く探ることに着手します。その際の背景に、マインドフルネスの知識があると大きく役立つはずです。セルフ・コンパッションには、マインドフルネス実践（今の体験への気づきにアクセプタンスが伴うもの）が癒やしをもたらす性質の全てが含まれます。しかし、セルフ・コンパッションが真にその本領を発揮するのは、妨げになるような強い感情に対処するときです。

第 4 章

セルフ・コンパッションとは
何だろうか？

心でいちばん深いものとしての優しさを知るまえに、
もう一つのいちばん深いものの悲しみを知っていなければならない。

——ネオミ・シーハブ・ナイ（詩人）

　フォーマルそしてインフォーマルな形ですでに数週間ほどマインドフルネスを実践してきていたら、生活のなかに平和で満ち足りた感覚がいくらか増えたことに、気づいているのではないでしょうか。でも、その一方で、本当に効果が発揮されるようになるほどマインドフルネスの実践に取り組む時間がない、あるいはそこまできちんと取り組めていないと感じて、がっかりしている人もおられることでしょう。特に、大変な状況に置かれている人の場合、本当にこのアプローチが役立つのか、疑問に感じているかもしれません。もしそうだとしても、まだあきらめないでください。見通しがあまり立たず、希望が消えかけているときこそ、セルフ・コンパッションを追加で導入するのにはぴったりのタイミングです。希望を**すでに**あきらめてしまっていて、次に何が起きるのだろうかという好奇心だけがかろうじて残っている状態こそ、むしろ好ましい場合もあります。あなたがそのような状態であれば、この章をそっと読み進めましょう。

　困難な感情を扱うために使うことのできる、基盤となるマインドフルネスのスキルは３つあります。それは、（1）気づきの焦点を絞る、（2）気づきの

視野を広げる、（3）慈悲、の3つです。本書を通じて、はじめの2つはすでに学んでいただきました。1つの対象に焦点を絞って気づきを向けると、心が落ち着いて安定します。また、気づきの視野を広げると、バランスが取れた偏りのない方法で日々の困難に反応しやすくなります。この2つのスキルを使うと、人生で起きていることが理解しやすくなります。そこへ3つ目の慈悲を適用すると、心温かく心地よい方法で、自らの体験を「そのまま抱えて」いられるようになります。

　慈悲は、他の人のために、「**幸せでありますように**」と願います。コンパッションは、その人が「**苦しみませんように**」と願います。慈悲はいつでもどこでも体験できますが、コンパッションを体験するには苦悩があることが前提になります。したがって、慈悲の方が範囲が広く、コンパッションは慈悲に含まれる部分集合のようなものです。

　コンパッションが起きるときには、他者の苦悩に自らの「心が反応して、打ち震え」、その苦しみを軽くしてあげたいという願いが生じます。**自分自身**が苦しんでいて、そういう自分を助けたいという衝動を感じるときは、**セルフ・コンパッション**を体験しています。

あなた自身のセルフ・コンパッションはどうか？

　心理学の分野では、マインドフルネスへの関心が急速に高まりつつあります。そのすぐ後を追うようにして、セルフ・コンパッションに関する研究も続いています。セルフ・コンパッションの研究目的の一つに、それが、他の個人的な特性、たとえば人生の満足感、失敗への対処、自尊心、知恵などとどのように関連しているかを判断することがあります。米国のテキサス大学オースティン校の心理学者クリスティン・ネフは、「セルフ・コンパッション尺度」を開発し、これまでのセルフ・コンパッション研究のほとんどで、この尺度が使われてきました。尺度には、セルフ・コンパッションの主要な要素として6つの下位尺度があり、**自分への優しさ、共通の人間性、マインドフルネス**の3つ、そしてそれぞれの逆の概念である**自己批判、孤立、過剰**

同一化の３つを測定します。ネフのウェブページ www.self-compassion.org に、セルフ・コンパッション尺度だけでなく、関連する研究もたくさん紹介されています。あなた自身も、今ここで評価をしてみて、現在のご自分のセルフ・コンパッションのレベルを測るとよいです。そして１カ月後にもう一度測ると、マインドフルネスとセルフ・コンパッションを実践したことによる効果が確認できるでしょう。

⬡ 自分への優しさ

　自分への優しさは、自己批判の逆です。たとえば、セルフ・コンパッション尺度における「自分自身の欠点と不十分なところについては、優しい目で見るようにしている」という文言は、「自分自身について自分が好きでない点について考えたとき、自分自身を批判的に考えてしまう」という文言の逆になります。私たちには、物事が思いどおりにならないときに自分を批判する傾向があり、それがますます傷を深くしていると言えます。セルフ・コンパッションのある人は、困難や挫折に遭っても、厳しさと批判ではなく、温かく理解のある姿勢で自分に反応します。

⬡ 共通の人間性

　不運なことを体験すると、そんなふうに苦しんでいるのは世界で自分だけだと感じやすいものです。また、あたかもそれが自分だけの責任であるかのように、その不運に対して恥の感覚を抱きやすくなります。恥は、孤立を招きます。しかし、そのような強い感情がいったん治まり、より広い視野のなかで状況が見えるようになると、何事も、「私」や「私の間違い」からだけではなく、**無数に絡み合った要因**から起きているのだと発見するものです。あらゆる出来事は流転していて、多かれ少なかれつながり合っています。私たちの体験は、他者と共有されているのです。そうした共通の人間性を認識すると、孤独で孤立した気持ちが和らぎます。

　私がセルフ・コンパッションを感じているときは、セルフ・コンパッショ

ン尺度の「自分自身にどこか不十分なところがあると感じると、多くの人も不十分であるという気持ちを共有していることを思い出すようにする」という文言を支持する気持ちになっています。孤独で孤立した気持ちになっているときには、おそらく、「気分が落ち込んだとき、多くの人がおそらく自分より幸せであるという気持ちになりがちである」に当てはまっています。

☼ マインドフルネス

マインドフルネス実践にセルフ・コンパッションが**目立たない形で含まれているの**と同じように、セルフ・コンパッションにもマインドフルネスが含まれています。マインドフルネスは、一歩離れたところからの気づきです。つらい思考や気持ちを、バランスの取れた姿勢でアクセプトする力を授けてくれます。マインドフルネスの逆である過剰同一化は、感情が激しく反応しているなかで自分を見失うときに起こります。痛みは、知覚を狭めます。マインドフルな気づきは反対で、私たちが痛みを感じているとき、自己批判をしているとき、自分を孤立させているときに、そのことを自分で認識しやすくし、抜け出す方向を指し示してくれます。

セルフ・コンパッション尺度のなかでマインドフルネスを示す項目には、「気分が落ち込んでいるとき、自分の感情に関心を持ち、心を開いて対処しようとする」というものがあります。またマインドフルネスの逆の文言は、「気分が落ち込んだときには、間違ったこと全てについて、くよくよと心配し、こだわる傾向にある」というものです。

セルフ・コンパッションは自然なことか？

個人的な体験からはそのように思えなくても、**セルフ・コンパッションほど自然なことはありません**。生き物であれば、「幸せになりたい」「苦しみたくない」という願いが根底に必ずあります。そのような本能的な願いに反応して、私たちは母親のお乳を吸い、寂しいときは泣き、ピンク色のキャデ

ラックを買うために貯金をします。私たちが何をするにしても、他者を助けることで良い気分になることも含めて、自らの気分を良くしたいという願いから生まれる行動なのです。したがって、セルフ・コンパッションの実践は、私たちが元来有している行動レパートリーに特別なことを付け加えているわけではありません。安全で、幸せで、健康で、楽に生きたいという生来の願いを支えようとしているだけです。それを、短期的な喜びをつかんで痛みは全て避けようとする傾向とは異なる、もっと役に立つやり方で実践しようとしているのです。

　何よりも、私たちは良い気分になって**当然**であるという点を認識する必要があります。私たちのほとんどは、気分が**とても**悪いと、セルフ・コンパッションではなく、自分を罰することになりがちです。そして自己批判を重ねるのです（「私がこれほどダメでなければ、こんなことにはならなかった」）。私たちは、苦悩が人間には付きものだという事実を無視して、あらゆる苦悩が自分の個人的な欠点を指し示しているかのように振る舞います。苦悩のなかにあるときこそ、もっと良い気分になりたいと願うのは自然な本能だということを思い出せると、物事がうまくいかないときに自分を非難する見込みを減らせるかもしれません。考えてもみましょう。怪我をしたら、傷口をきれいにして絆創膏を貼るのではないでしょうか？　感情的な痛みを感じるときにも、同じようにして当然です。

　実際には、好ましくないことが起きたときに、私たちはたいてい３つの残念な反応（自己批判、自己孤立、自己没入）をしがちです。一方、ネフのセルフ・コンパッションの３要素（自分への優しさ、体験のなかに共通の人間性を認識する、ネガティブな感情にバランスの取れた姿勢でアプローチする）は、全く逆の方向へと私たちを導いてくれます。

　なぜ私たちはそういった残念な反応をしてしまうのでしょうか？　私は次のように考えます。まず、危険に対する私たちの本能的な反応であるストレス反応は、闘争、逃走、凍りつきから構成されます。この３つの戦略のおかげで、私たちは物理的に生き延びやすくなります。ところが、そういった戦略を心や感情の機能に適用すると、問題が生じます。反応を向けるべき敵がいない状況では、そういった反応が自分自身に向かうようになります。「闘

争」は自己批判になり、「逃走」は自己孤立に、「凍りつき」は自分の思考の中から抜け出せなくなる自己没入になります。

　最近になって、科学者たちは、ストレスに対するまた別な本能的反応を見つけました。「面倒を見て、仲良くなる」行動です。脅威がある状況で、人によっては、子どもを守ろうとし（面倒を見る）、社会的接触を求める（仲良くなる）行動を示します。「闘争か逃走」と「面倒を見て、仲良くなる」のどちらも、男性にも女性にもよくみられますが、女性の方が男性よりも「面倒を見て、仲良くなる」傾向が強いように見えます。「面倒を見て、仲良くなる」反応は、オキシトシンと結びついていて、そのオキシトシンの作用を強めるのが、女性に主にみられるホルモンであるエストロゲンだということが知られています。そのために、男性よりも女性の方がセルフ・コンパッション（自分と仲良くなる）により馴染みやすいと思われます。ただ、オキシトシンは「闘争か逃走」の反応で心が荒れてしまう影響を吸収して和らげる効果がありますので、ストレスを感じているのであれば、男性女性にかかわらず、セルフ・コンパッションのスキルを育む価値があるでしょう。

　セルフ・コンパッションを実践するのは不自然または困難だと感じるかもしれない人たちのカテゴリーがもう一つあります。子ども時代にネグレクトまたは虐待を受けた人たちで、成育歴においてたくさんのストレスに苦しんできた人たちです。そういった体験があると、セルフ・コンパッションを学ぶプロセスにいくらか時間がかかるかもしれません。でも、それだけのことです。トラウマのある人の多くが、自分には気分が良くなる資格がないと感じていたり、気分が良くなる実践をこれまであまりしてきていなかったりするかもしれません。さらに、そのような人たちは、安心できる強さの範囲内で感情の痛みを体験するのが難しいかもしれません。つらい感情から昔の痛みが引き出されてしまうのです。たとえば、現在の生活のなかで人間関係において別離を体験すると、それが引き金となって、子ども時代から溜め込まれていた寂しさと恥の感情が大波のように押し寄せてきて、注意を集中して日常生活を送る力が圧倒されてしまうかもしれません。

　しかし、幼少期のトラウマがある人は、他の人たち、特にペットや幼い子どもに対して目を見張るようなコンパッションと優しさを見せることも珍し

くありません。ですので、私たちのほとんどが、自然なコンパッションを体験する対象として誰か、または何かを持っているようです。後の方の章で見ていくように、自分へのコンパッションを感じようとしても大変であれば、最初は他の人へのコンパッションを使い、それを通じて自分にコンパッションを持ってくることもできます。

　セルフ・コンパッションは捉えどころがないように感じられるときがあるかもしれません。でも、幸せになりたい、苦しみたくないという願いは生来のものですので、いつまでも無視し続けられません。つまり、セルフ・コンパッションは、必ずいくらかはうまくいくことが実質的に保証されているとも言えます。私の母は、子育てと地域の人々を助ける活動をしながら、他の人へコンパッションを与え続けて、人生のほとんどを過ごしました。その母が、セルフ・コンパッションを実践し始めました。83歳にして母が言うには、「自分で**自分**を慈しめるなんて、知らなかったわ！」。年齢を重ねるにつれて気難しくなっていくのではなく柔和になっていくタイプの母ですが、セルフ・コンパッションを実践すると老齢に伴う困難を動じずに受け止めやすくなる、ということを初めて私に話してくれた人でもあります。

セルフ・コンパッションは利己的か？

　ほとんどの人が、自分に注意を向けると罪の意識をいささか感じます。「私よりもずっと大変な思いをしている人がいくらでもいるのに！　その人たちと比べたら、私の問題なんて大したことはない。さっさと乗り越えて、文句を言うのをやめるべきだ」

　確かに、あなたよりも苦しい状況に置かれている人はいつでもいるでしょう。また、できる限り他者を助けるべきなのも、そのとおりです。ただ、だからといって、自分を気遣うための時間を取ってはならないということにはなりません。誰もが、いくらかの細やかな気遣いを必要としています。セルフケアのために少し時間を取っても、モラルの崩壊にはなりません。セルフ・コンパッションの姿勢は、熟練してくると数秒か1分ほどしかかからな

くなります。自分が抱えている問題を他者の問題と比べるのも、目立たない方法で個人的な痛みを否定したり回避したりしているようになりかねず、結果として、セルフ・コンパッションを実践しているときよりもむしろ、気に障ることを必要以上に長く手放さずにいるようになるかもしれません。

　私が世界中を旅してみて観察したところでは、米国の人には、好ましくない気分を感じることを恥ずかしいと強く感じる特徴があるようです。まるで、何か悪い行いでもしたかのようです。あたかも自分のパーソナリティのどこかに問題があるとでもいうように。米国の宗教的なグループのなかには、物質的成功を、神の恩寵を受けている証拠とみなす集団があります。悪運はカルマの悪さのためで、前世で過ちを犯したのだと説明する新興宗教もあります。こうした文化的要因が作用して、苦しみに対して優しく反応するように促すよりも、犠牲者を取り立てて責めるようになっています。

　セルフ・コンパッションが個人の周りに閉じた繭をつくって、利己的で自己中心的になってしまい、他者との間に隔たりができてしまうのではないか、と心配する人がいます。しかし実際はその逆です。自分に対して寛大になればなるほど、人生の他の部分との距離も近く感じられるようになります。セルフ・コンパッションは、他者に向けた優しさの**土台**です。私たちは自分の特異性をアクセプトしているときに、他者をもっとアクセプトできるようになるのです。たとえば、私が、自分の服装がおしゃれではないことを自分で批判しようとしていたら、おそらく、街なかで身なりがきちんとしていない人を見かけたときにも、好ましくないと考えるでしょう。でも、欠点がある自分に対して謙虚で慈しみを感じながら出かけると、街でも他者に向けた柔らかい笑顔が自然に生じるでしょう。

　自分の欠点をアクセプトするのは、より良い方向へ行動を変えられなくなる、または変えるべきではなくなる、という意味ではありません。**アクセプタンスは「今、この瞬間」のなかで起きています**。私たちの一人ひとりに成長する余地があり、ぜひとも成長する必要があります。そのときに、まずは**今日の「私」**と仲良くなることから始めるのです。どれほど迷っていて、いたらないところだらけで、何も理解できていない「私」でも構いません。自分自身を、その瞬間ごとに完全にアクセプトし続けると、進みたいと思う方

向へ適応して変化しやすくなります。

　自分をそこまで徹底的にアクセプトする権利なんて、私たちにあるので
しょうか？　セルフ・コンパッションを意図的かつ意識的な方法で実践（第
6章参照）してみるとわかるように、身体中の細胞という細胞が、自分に注
意を向けるなど根本的に道徳に反している、と伝えてくることがあるかもし
れません。言葉さえ伴わない、なんとなく気味の悪い気持ちが生じるかもし
れません。この嫌悪感は、痛みが強いときには減るかもしれませんが、自分
を気遣うことに対する文化的抵抗の深さについては、あえてマインドフル
に、つまり反応的にならずに好奇心をもって内観してみるだけの価値があり
そうです。時には頭で考えてみることも必要です。「わが家には家族が４人
います。たまには自分で自分に注意を向けないと、誰が私に目を向けてくれ
るというのでしょうか？」

　セルフ・コンパッションは自己憐憫にふけることだと考える人もいます。
セルフ・コンパッションの初期段階には、確かに哀れみが含まれています。
でも、哀れみそのものには何の問題もありません。私は、ボブ・ディランの
「サンダー・オン・ザ・マウンテン」という歌のある一節が好きです。「あ
あ、神の愛のために、自分に哀れみを！」。ただ、自己憐憫は、どうも私た
ちの世界をしぼませて、他者から私たちを切り離すようです。他方で、セル
フ・コンパッションは、あらゆる生き物が苦悩を感じていることの普遍性に
目を向けるよう、私たちの心を開いてくれます。セルフ・コンパッションに
は、バランスの取れたマインドフルな感じを伴うので、楽観主義的でも悲観
主義的でもありません。たとえば、病気になったときのことを考えてみま
しょう。セルフ・コンパッションは、病の帰結を破局視することではありま
せん。そうではなく、単に病にかかっているけれども慈しみの姿勢を保って
いるということです。

　最後に、セルフ・コンパッションは、完全に個人的なものではありません
ので、利己的ではありません。人でいっぱいの部屋の中で、いちばん苦しん
でいる人、いちばんよく知っている人、いちばん助けやすい人を助けようと
するのは理にかなっています。時には、その対象者はあなた自身かもしれま
せんし、時には別な人かもしれません。また、飛行機のアナロジーを使うな

「いや〜、最近、コンパッションに入れ込んでいてね」

ら、機内の気圧が落ちたときに、周りの人を助けるためにも、最初に自分で自分の酸素マスクを着ける必要がある、ということになります。

共感と、自己に対する気づき

　他者への共感と、自分の内的な身体的状態に対する気づきは、脳の島と呼ばれる領域において共通の神経学的基盤がありそうです。島は、プルーンほどの大きさで、大脳皮質の両側の奥深くに隠れています。イギリスにあるサセックス大学のヒューゴー・クリッチレーは、共感力の高い人において、右側の島の前部の灰白質が多いことを発見しました。また、共感尺度で点数が高かった人が、その人自身の心拍を上手に追える

（自分の身体で何が起きているかを知っている）ことも発見しました。どうも、島が身体の感覚を気づきのなかへ引き込んできているらしく、そうした気づきを使って、社交的な場面で共感的に振る舞えるようになるようでした。

　アメリカ、アリゾナ州フェニックスのバーロー神経学研究所のアーサー・クレイグは、身体感覚は島の後ろの部分から入力されて、前の部分で社会的感情（信頼、軽蔑、罪悪感、誇りなど）に変換されるのではないかという仮説を立てています。このように、島は、感覚と感情の「仲介役」として、身体と心をつないでいます。瞑想をするときには島を調節しているのだと考えると、身体感覚に対するマインドフルな気づきを高めると困難な感情に巻き込まれた状態から抜け出せるという、第3章で見たようなことを説明できるかもしれません。

マインドフルネスとセルフ・コンパッション

　セルフ・コンパッションの実践は、私たちのなかに頑なに根づいた「痛みに抵抗し、喜びをつかみ取ろう」とする性質を、いくらかでも削って減らすための特別な方法です。セルフ・コンパッションは首から下のマインドフルネスであるとも考えられ、気づきと知恵というよりも、むしろ心の性質（動機づけと感情）を強調します。マインドフルネスとセルフ・コンパッションには、共通する癒やしの要素として、感情の痛みと徐々に友達になるということが含まれます。ただ、そうする際に、マインドフルネスは「痛みを感じてごらん」と語りかけるのに対して、セルフ・コンパッションは「痛みのなかで**自分を大切にしてごらん**」と語りかけます。これらは、より心を込めて人生を抱きしめるための2つの方法だと言えるでしょう。

　マインドフルネスからセルフ・コンパッションへとつながっていき、共感、寛大さ、柔らかさ、慈しみなどの気持ちをもたらす場合があります。目が開くと、心も開くのです。

私が何度もインドを訪れたのは、その古（いにしえ）からの文化や、穏やかな人々、瞑想の豊かな伝統をとても尊敬しているからです。ただ、物乞いをする行動だけは、ありがたいと**思えません**。物乞いをする人たちのなかには、本当に心が痛む問題を抱えている人もいます。たとえば、ハンセン病で鼻を失った男性に出会ったことがありました。ところが、物乞いをする人たちの多くは、取るに足りない日和見主義者です。インドで物乞いをしてくる人を見るたびに、その人の置かれた状況に対して悲しくなるか、旅行者を操作しようとするのを見て憤るかで、いずれにしても苦痛を感じました。そして何度となく板挟みになりました。小銭を少し渡すべきだろうか？　渡すと、不正に手を貸すことになるだろうか？　渡さないとしたら、私は利己的だろうか？

　この苦痛に何年も苦しみ続けた後に、物乞いをする人と接するたびに**私自身**がどれほど苦しんでいたかを認識しました。私は、自分に向かって語り始めました。「物乞いをする人がいる。緊張するね。混乱するよね」。アクセプトする姿勢で自分の身体に注意を向けると、少しリラックスできました。すると驚いたことに、物乞いをする人と目を合わせて、心からの笑顔を向けられることに気がついたのです。お金を渡すときもありましたし、渡さないときもありました。でも、目を合わせて微笑むのは、息をのんで視線を逸らすよりも、いつでもずっと気持ちが良いものでした。物乞いをする人たちのなかには、小銭を少しもらうよりも、微笑みかけてもらう方が価値があるように見える人もいました。

　マインドフルな気づきのおかげで、物乞いをする人たちを（本当に助けを必要としている人もそうでない人も）、普通の人が、なんとか生きようとしているだけだというふうに捉えやすくなりました。お人よしにも偽の物乞いにお金を渡してしまう自分を批判しなくなり、本当に助けを必要としている人に心を開いたままでいられるようになりました。こうして私自身の内側の反応に気づいていると、セルフ・コンパッションと、他の人へのコンパッションの**両方**を体験できるだけのゆとりが生まれました。

　マインドフルネスを実践していると、だいたいセルフ・コンパッションへとつながっていきます。たとえば、カバットジンの８週間のマインドフルネス・トレーニング・プログラム（マインドフルネスストレス低減法）に参加

した心理療法家たちの研究からは、トレーニングの後にセルフ・コンパッションが大きく高まっていたことがわかりました。とはいえ、マインドフルネス実践のなかで自然にセルフ・コンパッションが現れてくるのを待つ必要はありません。感情の強い痛みを感じていて助けが必要であれば、コンパッションの目立たない性質を、**はっきりとした形に**引き出してくることができます。つまり自分に直接的に優しさを与えることができます。次に続く章では、マインドフルネス瞑想にセルフ・コンパッションを追加する方法を見ていきましょう。

　マインドフルネス実践にセルフ・コンパッションをどれぐらい統合するかは、人それぞれですし、時と場合によっても異なります。私が長く知っているマインドフルネスの実践家たちで、実践を始めて何十年もしてから、それまでは「あまり厳格ではない」と軽視していたセルフ・コンパッションの力を初めて発見した人たちがいます。他方で、自分への優しさを味わいつくし、あらゆる生き物の利益のために献身的に実践を重ねてきた後に、初めてマインドフルネス瞑想をするようになった人たちもいます。私自身は、1970年代半ばに瞑想を始め、何年も**他者**のための慈悲の瞑想を実践し続け、今は、マインドフルネスとコンパッションの混ざり合ったものを、どちらかと言えばコンパッション側を強調しつつ、自分と他者の**両方**に注意を向けて実践しています。

　瞑想をする際に、慈悲の要素は交えずに、気づきの視野を絞ったり広げたりすることだけに取り組む方が安心できる場合もあります。気づきに関しては、妨げになる気持ちに**目を向けない**注意の使い方（どのような気持ちがあっても繰り返し呼吸に立ち戻る）を知っておくと、感情が激しく乱れているときに大きな強みになるでしょう。特にトラウマを体験している人たちは、いざとなれば周囲の環境または内面にある安全な場所へ、自分で注意を導くことができると知っているだけで安心します。

　とはいえ、あまりに動揺していると、注意を調節するどころか、呼吸を**見つけること**でさえできないかもしれません。そういうときは、どうするとよいでしょうか？　気分があまりに悪いと、身体の内側にいることが、まるで針の筵（むしろ）の上にいるように感じられるかもしれません。そういうときは、感じ

ている苦痛を認めることが最初の大切な一歩となり、そこから自分のために
いくらかの優しさを導入できるようになります。次の章では、自分のために
ケアと優しさを導入する方法を、身体、頭、感情、人間関係、そしてスピリ
チュアルの面から見ていきます。

　セルフ・コンパッションは、注意よりも、むしろ**動機づけ**と一緒に用いる
方が相性が良いかもしれません。セルフ・コンパッションは、自分に向けら
れた**親切心**のようなものです。セルフ・コンパッションが心を慰める様子
は、あたかも、慈しみ深い友人が、私たちの困難に耳を傾けてくれているか
のようです。そして、私たち自身が自分の問題を整理できるようになるま
で、アドバイスを差し挟まずに、耳を傾け続けようと思ってくれているかの
ようです。セルフ・コンパッションの実践の恩恵にあずかるために、注意を
特別上手に調節できる必要はありません。傷ついていることを自分で知って
いるだけで大丈夫なのです。

　「情け深いホスト」というメタファーが、慈悲とマインドフルネスが絶妙
に混ざったセルフ・コンパッションをよく捉えています。13世紀ペルシャ
の詩人ルーミーの詩について考えてみましょう：

　　　人間として生きるのは、ゲストハウスになったようなものだ
　　　毎朝新しい何かがやってくる
　　　喜び、抑うつ、いじわるさ
　　　ふとした一瞬の気づきが
　　　思いがけない客人としてやってくるときもある

　　　ようこそと言って、全員をもてなそう！
　　　悲しみの群衆が押し寄せてきて
　　　乱暴に家具を全部持ち去っても
　　　それでも一人ひとりを大切な客として尊重しよう
　　　新しい喜びを迎え入れる用意として
　　　空っぽにしてくれているかもしれないのだから！

よこしまな考え、恥辱、悪意
笑いながら玄関で出迎えて
招き入れよう
誰が訪れても感謝しよう
それぞれが何かを伝えるために
大いなるものから寄こされたのだから

「ようこそと言って、全員をもてなそう！」。親切は、良いも悪いも、**あらゆる**気持ちのための空間を生みます。どれかの感情を他よりも好ましいとはしません。ある感情は追いやったり、別のある感情は美化したり、ということはしません。情け深いホストなら、客人には訪れたときよりも幸せな気持ちで帰ってもらえるように、親切は私たちの気持ちをもっと良い形にする傾向があります。

「自己」を気遣う

セルフ・コンパッションがマインドフルネス実践にいちばん大きく貢献しているのは、おそらく「自己」に対する注目を引き入れたことでしょう。苦悩が大きいと、私たちは体験していることに飲み込まれて、それと同一化してしまいます。すると、「自己」がないがしろにされます。苦悩が大きいときは、アクセプトする対象を、内面にある気持ち（喜び、抑うつ、無意味さなど）から、そういった気持ちを抱いている「その人」へと移す必要があります。リンダの例を見てみましょう。

　乳がんと診断されたばかりのリンダは、勇敢にも、死をそれほど恐れることはなく、手術の可能性についてもあまり心配しませんでした。ただ、一人親として、19歳の娘がこれからの人生を相談相手がいない状態で生きていかなければならなくなるかもしれないことだけが、心配でたまりませんでした。それを考えることがほとんど耐えられないにもかかわらず、思考が頭から離れませんでした。リンダは娘のために恐れていました。ところが、そん

なリンダが、そうした思考が心をよぎるたびに**自分が**どれほど苦しんでいるかを認識できるようになると、息を吐き出し、少しリラックスできるようになりました。自分が感じているストレスの程度に注意を向けるだけで、恐怖を手放すことができるようになりました。リンダは、最悪の事態にどのように娘が備えられるかを、工夫しながら考え始めました。もしかしたら、娘が慕っている叔母が、彼女を受け入れてくれるかもしれません。最悪の状況になるよりも前に、娘が自分でパートナーを見つけるかもしれません。

　混沌とした感情のなかで自分を見失わないことが、解決策を見つけるための第一歩です。それは決して簡単なことではありません。強い感情の影響下にあるときは、注意の範囲が狭くなります。鼻先にあるものしか見えなくなり（「**それは**問題だ」「**彼は**苦痛の元だ」など）、鼻よりも手前にあるものには注意が向かなくなります。必要としている慈しみのこもった注意を、自分自身に向けられなくなります。

　たとえば、カップルが対立すると、どちらも、パートナーに自分を理解してもらおうと奮闘し、それに夢中になります。人間関係の葛藤のほとんどが、「私の方を見て！　こっちを見て！」と、相手に求める形になっています。パートナーがどれほどの痛みの原因になったかを、パートナー当人に認めてもらおうとします。しかしこれは無益なもがきです。なぜなら、互いに糾弾し始めると、かえって認めてもらえる可能性がほぼなくなるためです。よりよい選択肢は、注意を向ける方向を変えて、コンパッションの姿勢で先に**自分自身の**苦悩に反応し、その後でパートナーの苦悩に耳を傾けることです。

☺ 個人的な傷つきやすさ

　私たちには、それぞれに個人的な傷つきやすさがあり、苦しい状況においてそれが活性化されやすくなります。自分の弱い点を認識していないと、人生が大混乱に陥るかもしれません。たとえば、私が失業したとしましょう。そのときに、私が無意識のうちに「自分はダメな人間だ」と考えてしまうと、新しい仕事を見つけるよりも、「ダメな人間」だということに対処する

方が私にとっては大きな問題になってしまうかもしれません。

　セルフ・コンパッションがいちばん効果を発揮するのは、感情の痛みと関連している背景の問題が、問題としてはっきり認められているときです。とはいえ、自分が傷つきやすい領域を認識するのはいつでも簡単だとは限りませんし、渦中にある瞬間ならなおさらそうでしょう。コロンビア大学の心理学者ジェフリー・ヤングが、18の個人的な「スキーマ」（強い感情、身体感覚、思考、行動が組み合わさったもの）を分類してくれています。それらのスキーマは、通常、その起源を幼少期までたどることができます。スキーマのなかには**行動**を中心とするものがあり、それが個人において活性化されると、たとえば支配的に振る舞ったり、抑制的に振る舞ったりすることにつながります。また、**感情**が中心のものもあり、それによって他者を信頼できなかったり、見捨てられる恐怖を感じたりするかもしれません。どのスキーマに対処しているのかを自分で認識できると、スキーマの影響が弱くなり始めます。*Emotional Alchemy*（気持ちの錬金術）というなかなか良い本のなかで、タラ・ベネット＝ゴールマンが、コンパッションのある姿勢でマインドフルにスキーマに取り組むことについて書いています。

　ご自分のスキーマをじっくりと棚卸ししたいと思われたら、www.schematherapy.com にアクセスして、ヤング・スキーマ質問票（YSQ）を注文するとよいでしょう。または、以下のリストのなかからあなたが傷つきやすい領域を見つけられるか、探してみてもよいでしょう。

試してみよう　私のスキーマ

　以下のスキーマに目を通して、あなたにいちばん関連していそうなものを見つけましょう。２つか３つのスキーマが同時にある場合もあります。

1. **見捨てられ／不安定スキーマ**：人は不安定で予測できないものだから、親しい人間関係もいずれは終わりになる。
2. **不信／虐待スキーマ**：他者は私を傷つけ、搾取する存在だと思う。
3. **情緒的剥奪スキーマ**：必要なものを他者に与えてもらえない。わ

かってもらえない、サポートしてもらえない、注目してもらえない。

4. **欠陥／恥スキーマ**：私はどこかに問題があり、悪かったり劣っていたりしており、そのせいで人に愛されない。

5. **社会的孤立／疎外スキーマ**：この世界で自分は基本的にひとりぼっちで、周囲の人たちとは違っている。

6. **依存／無能スキーマ**：簡単な課題や決断でも手助けしてもらわないと、ひとりでは自分の面倒を見ることができない。

7. **損害と疾病に対する脆弱性スキーマ**：この世は危険に満ちており、危険が降りかかってくることを防ぎようがない。

8. **巻き込まれ／未発達の自己スキーマ**：親などの他者に指示してもらわないと、空虚で方向性を見失ったような気持ちになる。

9. **失敗スキーマ**：同級生と比べて私には根本的に能力がなく（まぬけ、不器用で）、やれば必ず失敗する。

10. **権利要求／自己中心スキーマ**：たとえ周りに迷惑をかけたとしても、欲しいものは手に入れて当然である。

11. **自制と自律の欠如スキーマ**：ちょっとした欲求不満にも耐えられず、行動化したり機能停止したりする。

12. **服従スキーマ**：他者の反応を気にして、自らの欲求や感情を抑制してしまう。

13. **自己犠牲スキーマ**：他者の痛みに敏感で、他の人の迷惑にならないように自らの欲求を後回しにする。

14. **評価と承認の希求スキーマ**：自分が心から満足できることよりも、注目され尊敬される方が大事だと感じることが多い。

15. **否定／悲観スキーマ**：うまくいかないことや、してしまいそうな間違いに注意が集中する傾向がある。

16. **感情抑制スキーマ**：良い感情であれ悪い感情であれ、感情はなるべく出さずに、より理性的にアプローチする傾向にある。

17. **厳密な基準／過度の批判スキーマ**：完璧主義で、時間と効率に注目し、ペースを落とすのが難しい。

18. 罰スキーマ：怒りやイライラを感じやすく、間違いを犯した人は
罰を受けるべきだと感じる。

　あなたの生活のなかで大きな影響を及ぼしていると感じるスキーマを１つ
選び、それが活性化されそうな状況を書き出しましょう。次に、（1）身体の
中に生じる**感覚**、（2）スキーマに伴う**感情**、（3）その状況で生じていそうな
思考、（4）スキーマに関わるときに大体いつも取っている**行動**、を書きま
しょう（ここに挙げたスキーマのなかに当てはまりそうなものがないようで
あれば、ご自身でスキーマを考案してみましょう）。

　スキーマを探るこの作業をすると、自己破壊的な思考のしっぽをつかめる
かもしれません。嫌な気持ちへとつながる心のテーマを発見できるのです。
たとえば、「悲観スキーマ」があるならば、あなたが普段から自分に繰り返
し語りかけていて、その悲観主義を持続させている言葉を見つけてみましょ
う。「考えたって仕方がない」や「時間の無駄！」などかもしれません。ま
たは、「社会的孤立スキーマ」があるならば、絶好の機会が訪れたときに
「他の人には良いかもしれないが、私にとっては違う」と考えているかも
しれません。瞑想中に生じる思考を全て追うのはほぼ不可能ですが、スキーマ
のように繰り返し現れるテーマであれば、ひとたび見つけてしまえば簡単に
認識できるようになります。そうした思考が生じては消えていくのを、広が
りのある気づきのなかでただ観察します。

　スキーマを認識するのはマインドフルネスで、スキーマが活性化されてい
るときに自分に優しくするのはセルフ・コンパッションです。私の経験で
は、感情にラベルを付けるのと同様に、スキーマにラベルを付けるのも、感
情に対応する際にとても効果的です。スキーマにラベルを付けると、たった
一つの優しい気づきを向けるだけで（「ああ、また失敗を予想しているね！」
「おや、いつもの『依存スキーマ』だね！」）、破滅的な思考や感情や行動の
まとまりを、丸ごと解消できるようになります。タラ・ベネット＝ゴール
マンは、著書のなかでこの実践の方法を教えています。生活のなかでスキー
マが出現するパターンを正確に理解できると、スキーマそれ自体を捉えやす
くなります。私の場合、相手を怒らせるのが怖くて、「どうしよう。**この人**

は何を望んでいるの？」と心の中で言っているのが聞こえると、自分が「服従」モードに入っているのがわかります。また、上司に提出するレポートを確認するのをやめられないときは、「厳密な基準」モードに入っているのかもしれません。パーティに出かける前に恐れを感じたら、「社会的に望まれない」モードに入っているのかもしれません。私たちはそういったスキーマを、**理解し**、**感じ**、**手放そう**とするのです。

☼ 自己は本当にあるのか？

　スキーマはパーソナリティの一部です。私たちには一人ひとりに固有のパーソナリティ（自己の感覚）があり、他者のパーソナリティとははっきりと区別されて感じられます。パーソナリティは、成長する過程で形成され、時間の流れのなかで何かしらの一貫性があるように見えます。久しぶりの同窓会で、部屋の向こう側にいるときには、はじめはわからなかったにもかかわらず、昔の友人だと気づいた途端にいとも簡単に、まるで時間がたっていないかのように心が再び通じ合うようになることを思い出してみましょう。私たちのある部分は変化し、ある部分は同じままです。

　興味深いことに、ほとんどの神経科学者が、脳の中を探しても「自己」は見つからないと同意しています。ドイツのフランクフルトにあるマックスプランク研究所のウォルフ・シンガーは、脳は「指揮者のいないオーケストラ」だと言いました。あらゆる方向に活動が溢れているのに、活発に躍動するその混沌のなかで、他とは区別される意識の感じがどこからどのようにして湧き上がってくるのかは、いまだに謎です。さらに、内面を沈思黙考する視点から心の活動を注意深く眺めても、束の間の体験が湧いては消えていくのが見えるだけでしょう。自己など、ありません。あるのは、この思考と、あの感覚と、この気持ちと、あの印象だけです。意識の体験さえ、来ては去ります。そんななかで、「私」とは一体誰なのでしょう？

　「自己」の感じは、感情の痛みを感じているときに自然に湧くように見えます。たとえば、死ぬことを怖いと感じると、私は「誰」なのか、「何者」なのか、実際に死ぬのは**誰**なのか、といった根源的な問いが湧くかもしれま

せん。他者の発言で気持ちが傷つくと、聞いたことが果たして真実なのかどうかを考えるかもしれません。そこから、「『私』は『誰』なのだろう？」という考えに発展するかもしれません。逆もしかりです。いわゆる「フロー」と呼ばれる心境で、落ち着いて、喜びに満ちて、生産的に関与している状態に入ると、「私」が何者かという感覚はほとんど消えて、気にもならなくなります。

　考えてみると、これは理にかなっています。「自己」はほぼいつでも身体と関連づけられており、身体は生存するために出来ています。物理的な危険があれば、生き残るために闘います。感情の問題があると、自我を守ろうとします。ただ、そうした「自己」の感覚（「私は若くて賢い」など）が硬直的になりすぎると、変化していく人生のなかで幸せを感じにくくなるために問題となります。人生に付きものの変化（失敗、病、老齢など）に適応する力こそ、長い目で見て平和で幸せになるための要素です。傷つけられたり、怪我をしたりするたびに、それに立ち向かおうとし続けると、ストレスがとても大きくなります。

　矛盾するようですが、セルフ・コンパッションへの道筋を進むためには、「自己」が必要です。自己批判的または自己孤立的な姿勢から生まれる痛みを感じる人が誰もいないと、変化できません。苦しんでいる自己があって初めて、それに対して優しく穏やかな（拒絶するのではなく、過度に称賛するのでもない）姿勢を育んで、自己がもう苦しまなくなり、頑張って自己主張する理由もなくなるまで寄り添ってあげられるようになります。

　仏教心理学に含まれる「無我」の概念は、希望に満ちたメッセージです。その本当の意味は、固定された自己などはない、ということです。スキーマでさえ、湧いては消えます。また、「無我」の考え方は、私たちは「誰でもない」ということでもありません。むしろ、私たちはみんな、実は全ての一部です。変化していく状況によりよく適応してもっと幸せになるためには、私たちの自由度を減らすたぐいの硬直した自己イメージと行動パターンを、柔らかくする必要があります。子どもといるときに、子どものように感じるままでいられるでしょうか？　年配の男性といるときには、年配の男性のように、若い女性といるときには、若い女性のように感じるままでいられるで

しょうか？　人生のその時々で、私たちは、共感を通じて、または人生で担う役割に応じて、どんな人にでもなります。若い人／年老いた人、冴えた人／鈍い人、きれいな人／醜い人、良い人／悪い人、うまくいく人／うまくいかない人。それを、そうなったままにできるでしょうか？　それともお気に入りの自分にしがみついて、人生に余計な重荷を背負い込んでしまうのでしょうか？

　不思議にも、苦しんでいる「自己」にコンパッションを与えれば与えるほど、自己がどんどん柔軟になります。たとえば、私の場合、講演が全く盛り上がらなかった後に、その件について心の中で逐一言葉を繰り返していることに自分で気づいたとしましょう。そこへ、慈しみのある言葉が「まあ、お昼の直後だったしね。そんなものだよ。みんな、講演を聴くより昼寝がしたいと思っていたはずだ！」と聞こえてきたら、気持ちが楽になるでしょう。他者、または自分の内面からのコンパッションがあると、苦痛を感じているときにも自分をアクセプトしやすくなります。物事がうまくいかなかった要因の複雑さが見え始めて、自分が問題の中心にならずに済みます。哲学者のシモーヌ・ヴェイユは、このことを、「自分を思いやると、謙虚になる」と言っています。

研究からわかっていること

　研究からは、セルフ・コンパッションによって人生のネガティブな出来事の影響が和らぐことが示されています。セルフ・コンパッションのある人は、努力をした結果が思わしくなかったときに、それを**認識**し、自分が果たした役割の部分的な責任を引き受ける可能性が高いことがわかっています。また、自分の特徴の好ましくない側面さえ認識する可能性もより高く、それでいて、あまり強迫的に囚われません。たとえば、悪い成績を取ったときに、セルフ・コンパッションのある人はそれを改善の機会と捉える可能性が高いとわかっています。

　興味深いことに、セルフ・コンパッションのある人は自尊心が高いことが

わかっていますが、その自尊心は、他者からどのように評価されるかとは特に関連しません。セルフ・コンパッションに伴う自尊心は、他者の評価そのものではなく、むしろそうした評価に**反応する**ときの姿勢から生まれてきます。セルフ・コンパッションがあると、好ましくない評価を受けても、反すうと自己批判につながるのではなく、共感され、慰めてもらえる機会になります。そのため、セルフ・コンパッションのある人は、失敗したり拒絶されたりすることをそれほど恐れません。高い自尊心はナルシシズムと相関がみられるようですが、セルフ・コンパッションはナルシシズムとは関連していません。セルフ・コンパッションのある人は、自らを素晴らしいと誇大に感じなくても、自分を好ましく感じられるのです。

　セルフ・コンパッションは、比較的安定する方向で感情を調整する方法になります。気持ちが落ち込んでいるときに、ポジティブなアファメーション（例えば「毎日どんどん自分を良いと感じる」）を言って評価を上げたりする必要はありません。むしろ、セルフ・コンパッションのある人は、自らの体験における真実に柔らかさと優しさで入っていき、そうすることで苦闘しないで済むのです。

　クリスティン・ネフと同僚らは、ネフ自らがつくった尺度でセルフ・コンパッションを評価した結果、セルフ・コンパッションの得点が、知恵、個人のイニシアチブ、幸せ、楽観主義、肯定的感情、コーピングのそれぞれの測定項目と強く相関することを発見しました。これは、マインドフルネス尺度で測定したときの同じ測定項目で得られたセルフ・コンパッションの得点よりも強い相関でした。また、セルフ・コンパッションは人生の満足感、感情知性、社会的につながり合っている感覚とも相関し、さらに自己批判、抑うつ、不安、反すう、思考抑制、完璧主義の測定項目とは逆相関していました。セルフ・コンパッションによって心が幸せになれると、かなりはっきり言えそうです。

　臨床研究をする科学者は、今では、セルフ・コンパッションを**トレーニング**することで人々の人生を大きく変えられるかどうかを探っています。イギリスの心理学者のポール・ギルバートは、強い恥と自己批判に苦しむ人のために、コンパッショネイト・マインド・トレーニング（CMT）の12週間プ

ログラムを開発しました。予備的研究からは、期待の持てる結果が出ています。CMTは、自己批判的な人たちは自分を癒やすことを通じてポジティブな気持ちを生み出すのが難しいことを前提にしており、それは、その人たちが子ども時代に十分に慰めてもらえなくて、安心できなかったためではないかと推測しています。社会的につながり合って気遣ってもらう（撫でてもらい、抱きしめてもらい、社会的に支えてもらう）ときに、オキシトシンとオピオイドが活性化されます。ギルバートは現在、セルフ・コンパッションのトレーニングが癒やしをもたらす効果の背景にこうした神経ホルモンがあるかどうかを探っています。

　マインドフルネスの研究に比べて、セルフ・コンパッションの研究は始まったばかりです。それでも、セルフ・コンパッション研究の将来には期待が持てて、先は明るそうです。

セルフ・コンパッションでダイエット

　セルフ・コンパッション研究の第一人者であるデューク大学のマーク・リーリーは、ルイジアナ州立大学のクレア・アダムズと共に、セルフ・コンパッションによって不健康な食品を避けやすくなることを発見しました。リーリーらは、研究の参加者全員に「制限された食事」に関する調査をし、たとえばドーナツのような「禁止された食品」を避けたいと願っている度合いを測りました。次に参加者をさまざまなグループに分け、そのうちいくつかのグループには、ドーナツを食べてもらいました。その後で、飴（あめ）を1つ、または気持ちに従って1つよりも多く食べるとよい理由について、偽りの話をしました。こうした活動の途中で、一部の参加者には「（ドーナツを食べることについて）自分を責めないでくださいね。誰でも時には不健康な物を食べます。それに、この研究に参加している人は、全員がこれを食べています……」と伝えました。制限を強く感じていた参加者がドーナツを食べた後にコンパッションのあるこのメッセージを聞くと、苦痛が減り、その後で食べる飴の数が減

113

りました。どうやら、ダイエットの途中でつい食べてしまったときには、罪の意識を感じるよりもセルフ・コンパッションで反応する方が健康的だと言えそうです。ダイエットをしている人の頭が「不快な思考や感情で固まってしまっていない」場合は、さらに何かを食べることで気分を改善しようとはせずに、ダイエットの目標にしっかりと注意を向けられるようです。

これまで、セルフ・コンパッションが苦悩に対する健全で自然な反応だということを見てきました。感情の面で苦闘するほど、自己批判、自己孤立、自己没入にさらわれかねません。気持ちが自由になることへの道筋は、苦しんでいる「自己」に向けられた優しさから始まります。次の章では、人生にセルフ・コンパッションを取り入れていくためのさまざまな方法を探ることから始めましょう。

第 5 章

セルフ・コンパッションへの道筋

> いずれ、時が来て、
> 訪れた自分を
> 玄関でも、鏡の中にも
> 喜びいっぱいの心で迎え、
> 相手の歓迎ぶりに、互いに笑顔がこぼれる
>
> ——デレック・ウォルコット（詩人）

　私たちには、「自分の苦しみを和らげたい」という**願い**があります。セルフ・コンパッションを実践するときには、強くその願いを込めている、と理解するのがよいでしょう。苦しみたくないというこの基本的な願いからは、自分を気遣うための実際的な方法がたくさん工夫できます。賢く実践すると気分が良くなるものですから、セルフ・コンパッションは、実践するほどますます実践したくなります。やがてポジティブな循環ができて、実践したいと思った最初の動機づけもどんどん強く、深くなっていきます。私たちに必要なのは、どこかで始めることだけです。

　こうして生きているというだけで、あなたはすでにご自身を十分に気遣っているということが示されています。ただし、生きているという基本的な自己保存を超えて、ウェルビーイングの感覚を高めるために、あなたは何をしているでしょうか？　ご自身の最善の利益に**ならない**ことを、何かしてはいないでしょうか？　ポジティブな感情（幸せな気持ちにしてくれる感情）を育みつつ、その過程で痛みに抵抗する古い習慣に陥らないようにするために

はどうしているでしょうか？　そして最後に、私たちは過去（苦悩を強める
ことしかしない心のパターン）を忘れることはできるものでしょうか？　本
章では、人生にセルフ・コンパッションを取り入れて、不必要な苦痛の引力
から自由になるための方法を、幅広く見ていきましょう。

セルフ・コンパッションへの 5 つの道筋

　セルフ・コンパッションを私たちの人生に取り入れるための方法は主に 5
つあります。それは、（1）身体的に、（2）頭の中で、（3）感情面で、（4）人
間関係に、（5）スピリチュアルに、の 5 つです。どの領域にも、実践のため
の選択肢がたくさんあります。それらの方法を私たちの生活に取り入れるた
めの取っかかりとなるアイデアを、以下にいくつか見ていきましょう。

身体の中で柔らかくなる

　身体的に自分を気遣うには、どのようにすればよいでしょうか？　身体に
ストレスがかかっているとき、私たちは自分の身体とどのように関わればよ
いのでしょうか？　身体に対してコンパッションで反応するには、身体的な
不快さのなかで、力を入れず、柔らかくなります。コンパッションは、柔ら
かく、しなやかです。物事が厳しい方向に進み始めたら、そこは**柔らかさ**の
出番です。

　筋肉は、危険の可能性から身を守るために、周囲に対して硬い殻を作りま
す。ただ困ったことに、脳は、内面から来る脅威と外側から来る脅威とを簡
単に区別することができません。そのため、たとえば試験にうまく取り組め
るかどうかを心配しているときにも、外側から脅威が来たときのように、筋
肉が紐の結び目のように硬くなってしまうかもしれません。筋肉が緊張した
まま長時間がたつと、身体内の全てのシステムに不必要なストレスがかかっ
てしまいます。

　瞑想中や静かに座っているときに緊張を感じたら、お腹を柔らかくしてみ

ましょう。ゆったりと緩めて、楽にするのです。身体の他の部分が硬くなっていることに気がついたら、その部分も柔らかくするようにします。第3章で試した、「柔らかく、そのままに、慈しむ」のエクササイズに似ています。柔らかくするときには、「リラックスするよう努力する」のではありません。努力をすると、感じてもいないプレッシャーを自分にかけることになります。そうではなく、ただ、柔らかくするのです。

　呼吸も、同じようにします。緊張していると、呼吸は速く、そして浅くなります。呼吸を少し柔らかくしてみましょう。お腹を外側に膨らませながら息を吸い、その息をとてもゆっくりと吐き出すとよいかもしれません。息を吐くときは、吸うときに比べて2倍の時間をかけましょう。吐き終わったら、また浅い呼吸に戻っても構いません。

　ストレスを感じているときに身体が落ち着いて快適になることであれば、それは何でも身体のセルフ・コンパッションになります。あなたには昼寝が必要なのかもしれません。または、栄養のある食べ物を摂ったり、運動をしたり、温かいお風呂に入ったり、セックスをしたり、日光を浴びたり、休暇で旅行に出かけたり、犬を撫でたり、マッサージを受けたりすることかもしれません。力が入っている部分をどうすれば柔らかくできるか、数分ほど考えてみましょう。

　身体をケアすると、心もすっきりするかもしれません。睡眠は足りているでしょうか？　きちんと食事をしていますか？　運動は十分ですか？　運動について言えば、心と身体には逆の関係がよくみられます。身体が不活発だと心がめまぐるしくなり、心が落ち着くと身体が動き出すのです。

　セルフ・コンパッションを実践する際に、抗うつ薬や抗不安薬を服用することについてはどのように考えるとよいのだろう、と思う人がいます。答えは簡単です。どうすればいちばんコンパッションがあると言えるかどうかを、ご自身に問いかけてみましょう。必要な薬を拒むというのは、自分に罰を与えるようなものかもしれませんし、「自然な」身体でいることにこだわって恥や強迫的な心配に振り回され、ご自身のニーズを無視することになってしまっているかもしれません。逆もまた然りです。薬の服用が、目立たない形での感情の回避になっている場合も考えられます。薬については、

それを服用することで、日常的な機能が向上し、健康的な方向に向けて行動できるかどうかの点で考えるとよいでしょう。もし薬をやめる用意ができていると感じるのであれば、主治医に相談してみましょう。

セルフ・コンパッションをいちばん自然に実践するには、今すでにしていることをそのまま続けることです。今現在どのようにして自分をケアしているのかを知ることで、自分の強みを積み上げ、プレッシャーがかかっているときでも自らの良い習慣を思い出せるようになります。「**心のこもったケア**」という視点から考えましょう。内面で本当に良い気持ちになれることを実践するのです。たとえば、朝にコーヒーを飲んでいる大人が多いかもしれませんが、もしかしたらあなたはコーヒーよりココアの方が嬉しいかもしれません。何が自分を癒やしてくれるのか、何が自分を慰めてくれるのか、

身体の面では、どのように自分を気遣いますか？

身体に溜まっていく緊張とストレスを解放するための新しい方法を思いつきますか？

よくわかっている自分を褒めてあげましょう。それは人それぞれで、マッサージが大好きな人もいれば、昼寝の方がいい人もいるでしょう。あなたはどうでしょうか？　強いストレスがかかったり、物事がとんでもなくうまくいかなかったりしたときに自分が何を必要としているのか、特別な注意を向けましょう。

温かい手、温かい心

イェール大学が行った研究のなかで、ローレンス・ウィリアムズとジョン・バーグは、手が温かいと感情も温かい方向へ促されることを発見しました。第一の研究では、41人の学部生に、実験者と一緒に上階へ移動するためにエレベーターに乗っている間、温かいコーヒーまたはアイスコーヒーのどちらかのカップを一時的に手に持ってもらいました。その後で研究室に入ってから、架空の人物について、パーソナリティ特性を10の異なる項目について評価してもらいました。アイス

コーヒーを手に持ってもらった学生と比べて、温かいコーヒーを持ってもらった学生の方が、より温かい評価（寛大、面倒見がよい、など）をしました。

　第二の研究では、参加者に偽りの指示を出し、セラピーに使うパッド（温かいものか冷たいもののどちらか）を手に持って、その効果を評価してもらいました。その後で、研究に参加した報酬として、自分で食べるためのおやつ、または友人にあげるためのおやつのどちらかを参加者に選んでもらいました。冷たいパッドを持って評価した学生の方が自分のための報酬を選ぶ傾向にあり、温かいパッドを持った学生は、報酬を友人にあげる傾向がみられました。

　身体が感じる温かさは、心の温かさと密接に関連しているようです。もしかしたら、身体の温かさと、面倒を見てもらったこととが、子ども時代に関連づけられたのかもしれません。最近の研究からは、身体の温かさと心理的な温かさのどちらの知覚にも、脳の島領域が関わっていることが示唆されています。ですので、温かいお茶を飲んだり温かい湯船につかったりするときに、私たちは気持ちも温めていると言えそうです。

❂ 思考をそのままにする

　頭で考えることをどのようにケアできるでしょうか？　特に、心が思考に囚われていたり、心の中を思考が目まぐるしく巡っていたりするときに、どのようにすればよいでしょうか？　そういった状態にコンパッションで反応するには、一歩下がって、思考がやって来ては去っていくのを「そのまま」にします。つまり抵抗しません。心にスペースをつくり、たとえ動揺するような考えであっても、それが自然に、そして容易に、心から出たり入ったりできるようにします。

　日常生活において不必要な悩み事を手放すには、どうしたらよいでしょうか？　古くからは、文字通り「心の道具」を意味する**マントラ**が使われてき

ました。マントラの技法を使いこなすために、異国っぽい響きの言葉を唱える必要はありません。私たちに馴染みがあるマントラとしては、たとえば、「これもまた過ぎ去る」や「その日その日で」などがあります。女優で歌手のドリス・デイは、マントラの「ケ・セラ・セラ」（「なるようになるわ」）を歌っています。こうしたフレーズを繰り返すと、言葉の意味と、そこに凝縮された力のおかげで、心が落ち着きます。1つの単語またはフレーズに注意を戻すたびに、私たちは思考への囚われから少なくともその一瞬は離れていると言えます。なかには、「イエス」と何度も心で繰り返すだけで効果がある人もいます。悲観主義的な人は、リチャード・ディンプルズ・フィールズの歌の「この問題でなければ、別な問題だったさ！」というマントラが特に心に響くようです。

　さまざまな精神状態に対処できるようなマントラをあれこれと試してみるのもよいでしょう。たとえば、重要な決断について強迫的に考え続けるのをやめたいときは、「わからない……わからない……わからない」が役立つかもしれません。恥の気持ちが強いときは、「わかりようがなかった！」というマントラがよいかもしれません。否定されることを恐れているのであれば、「だったら、訴えてごらん！」といったユーモアのあるマントラがよいかもしれません。マントラを使うときに、声の調子を変える実験をしてみましょう。たとえば、「だったら、訴えてごらん！」は威張った調子で、「わかりようがなかった！」は謙虚な調子で言ってみます。自分への優しさを育もうというのであれば、「自分に親切に」「自分自身に配慮しよう」などを試すとよいでしょう。

　視覚化してイメージすることも、混乱させる思考を手放すのに役立ちます。たとえば、小川を流れる葉っぱとして思考をイメージすると、それぞれの葉っぱが心の中にあることを運び去ってくれます。あるいは、自分を大空だとイメージして、そこを思考が雲として流れていくところを想像してもよいでしょう。暗くて不吉な雲もあれば、明るく軽い雲もありますが、どれもが流れ過ぎていきます。

　思考をもっと軽くするためには、死について深く考えてみることも力強い戦略です。「あと1カ月しか生きられないのだとしたら、これをどう感じる

だろう？」。「死」という文脈においては、本当に悩む必要のある心配事は非常に少ないかもしれません。同様に、人生でいちばん大切にしているもの（子どもたちの幸せ、健康、心の平和）について自分に問いかけてみることも、細かい事柄を手放すことにつながります。

特にストレスがかかっているときには、心をどのように気遣ってあげるとよいでしょうか？

思考がもっと楽に来ては去っていけるようにするための新しい戦略として試してみたいことはありませんか？

　最後に、困難な思考に苦しんでいるときに、自分自身の脳のためにコンパッションを育むこともできます。脳の重さは体重のたった2％ですが、その働きぶりは目覚ましく、25％の酸素を使います。時々、活発すぎる脳が、その日の仕事が終わっていないというだけで私たちを眠らせてくれないことがあります。私の知り合いの医師は、酷使された脳に対するコンパッションを育んで、強迫的に考える傾向を緩和したそうです。強迫的な思考が生じるたびに、「可哀そうな脳！　また必要以上に働いているね。そんなに一生懸命にならなくていいんだよ」と、脳に話しかけたのだそうです。

◌ 気持ちと仲良くする

　感情の状態をケアするにはどうしたらよいでしょうか？　コンパッションの方法としては、闘うのをやめて、つらい感情と仲良くすることです。それを表す言葉はたくさんあります。**共感、気遣い、優しさ、愛情、寛大さ、許し、情け深い、気配り、忍耐強い、支持、アクセプタンス、理解、親しみやすい、思いやり**、といった言葉です。

　ブライアンは中年の男性で、自分の健康について強迫的に心配していました。彼は少しでも痛みを感じると、いつもすぐに病院を受診しました。不安をどうにかするために、ブライアンは地元の瞑想センターでマインドフルネス瞑想を学びました。私も、セルフ・コンパッションの技法をブライアンに教えました。ブライアンの妻も私も、彼が安定して改善しているものと思っていました。しかし数カ月がたったとき、私は彼に、「実はこれまでに習っ

たことは、どれもちっとも自分の役に立っていません！」と言われてしまったのです。

そこで私が「どのように役に立っていないのですか？」と尋ねると、ブライアンは次のように答えました。「わずかな凝りや痛みを感じるたびに、ただただ不安になってしまいます。死ぬんじゃないかと思ってしまうのです。しかも、私が安心したくていちいち訴えるものだから、妻もだんだんうんざりしてきています」

そこで、ブライアンの不安について、もっとずっと深く話し合うようになりました。そこで明らかになった重要な点は以下のとおりです。

- ブライアンは子ども時代に深刻な健康問題を体験し、家族歴に強迫症がみられるため、彼が不安を感じるのは自然なことである。
- 我々が好むと好まざるとにかかわらず、人生に不安は付きものである。
- ブライアンの不安にまつわる愛用の型は、強迫的に考えることである。
- 感情とは論争できない。論争すれば、事態はひどくなるだけである。
- 人生に苦悩は付きものである。ブライアンの場合は、その苦悩は特に「健康不安」の形を取っている。
- 我々のセラピーの目標は、不安そのものを減らすことではなく、不安をもっと**アクセプト**できるようになることである。
- ブライアンは、不安をそれほど嫌悪せずに、もっと優しく抱えていられるようになる必要がある。

話し合いの後、ブライアンは、「**自分を気の毒だと思ってもよい、ということですか？**」と尋ねてきました。私は、「そうですね、そこから始めましょう」と答えました。

心理学者のスティーブン・ヘイズなら、ブライアンは「創造的絶望」の瞬間を体験したと言うところでしょう。こうして、ブライアンは、自らの窮地に柔らかい姿勢で向き合いながら、回復への道をたどり始めました。

自分に同情することをブライアンが学んだのと同様に、自分に**寛大**になることも、感情のセルフケアでは重要な側面です。間違いを犯してしまったと

きに、そういう自分をなかなか許せないと感じる人が大勢います。私たちは自分自身に対して全く寛容ではありません。そこで、自分を許せるようになるには、一つには「親友だったら、なんと言ってくれるだろう？」と問いかける方法があります。または、慣用句にあるように、「イエス〔ブッダ、クリシュナ〕なら、なんとおっしゃるだろう？」でもよいでしょう。より親切な他者の視点から眺めることで、私たちは自分自身を反すうから引き出せるようになります。

　本書の大きなテーマは、不快な感情と、そして自分自身ともっと仲良くするにはどうすればよいか、ということです。楽しめる活動をするのも役に立つでしょう。たとえば以下のようなことです。

- 音楽を聴く
- 休暇で出かける
- 凧あげをする
- 教会へ行く
- セックスについて考える
- 小説を読む
- CD を買う
- ドライブに出かける
- 庭の手入れをする
- サイクリングをする
- 映画館に行く
- おいしい料理を作る
- 貝殻を集める

　仕事のように感じられる活動よりも、**心から**楽しめる活動の方が、感情面で自分をケアするためにはよいでしょう。

　次に続く２つの章では、自分自身を気遣う際に中心

感情面で自分をケアするために、どのようなことをすでにしていますか？

新しく試したいことが何かありませんか？

となる実践（慈悲の瞑想）を紹介します。これは、昼夜を問わず、いつでも実践できる瞑想です。

☼ 他者とつながる

　他者とつながり合うのもまた、孤立から自分を救うセルフケアの一つの形です。他者とつながり合っている感覚は、ネフによるセルフ・コンパッションの定義に含まれる要素であることを思い起こしましょう。孤立しているという気持ちは、実際に独りでいるかどうかということにかかわらず、感じるときは感じるものです。

　孤立感があると、そのせいで、よくある気持ちの落ち込みが大きな失望に変わるかもしれませんし、ほんの少しの不安も恐怖に変わるかもしれません。独り暮らしの高齢者は、健康上の問題が起きると頻繁にそのように感じるようです。新たな症状が生じるたびに、それが差し迫った深刻な病の兆候のように思われるのです。孤立のためにサポートネットワークが脆弱になり_{ぜいじゃく}つつあるとき、それになかなか気がつけないかもしれません。というのも、孤立とは、何かが加わるのではなく、何かが不足することで起きるエラーであり、**見えない**問題だからです。だからこそ、私たちは自分たちを取り巻く人間関係の有り様には特に注意を向ける必要があります。

　他者と**どのように**付き合うかということも、内面で感じる気持ちに大きな影響を与えます。たとえば、嘘をついて、盗みを働き、ごまかしをした一日_{うそ}の最後に、快適な眠りにつくことはなかなか難しいでしょう。そういった行動は、短期的には生存の助けになるかもしれませんが、私たちの感情面におけるウェルビーイングにはほとんど役に立ちません。そのような行動を取り始めたばかりの人には、自分との間に距離ができるようになり、自分自身と論争するようになります。そして他者との間にも距離ができるようになります。

　人間関係における優しさとは、相手を助けたい、相手を傷つけたくないという思いから行動することです。ダライ・ラマは、これを「賢者の利己主義」と呼んでいます。なぜなら、そのように振る舞うことで、今度はその相

手がお返しに私たちに優しくしようとするからです。また、そういった温かい交流の記憶は、私たちに永遠の幸福（happiness）を与えてくれます。

　私は、シャンティという9歳の女の子のことを思い出します。彼女はインドのムンバイの裕福な家庭に生まれました。ある誕生日の日、シャンティは父親と一緒に海岸沿いを歩いていました。海岸ではいつも、貧しい人たちがお金を目当てに、物乞いをしたり芸を見せたりしていました。シャンティは誕生日だったので、父親にアイスクリームのおやつをおねだりし、父親はそれを了承しました。二人がアイスクリームスタンドに向かって歩いていると、物乞いをされました。そこでシャンティは、その人にお金をあげるよう父親に頼んだところ、父親は選択肢を提示しました。それは、アイスクリームにお金を使うか、物乞いの人にお金をあげるか、というものでした。シャンティは少しの間だけ考えて、その見知らぬ物乞いの人を助けるよう父親にお願いしました。その夜、ベッドに入ったシャンティに父親がおやすみを言いに行くと、シャンティは何とも甘い声で言いました。「あのね、今日一日でいちばん良かったことは、貧しい人にお金をあげたことだわ！」。シャンティは、他者に優しさを向けることが長く続く幸せにつながることを、それほど幼い時期に発見したのです。

　私たちの行動は、良くも悪くも、さまざまな形で他者に影響を与えます。たとえば、私たちの生存は、他の動植物を殺して食べることに依存しています。私は、カンザス州の精神科医で、食肉処理場で働く移民たちの治療をしていた人を知っています。彼は、それらの患者たちが、週に5日、朝から晩まで動物を屠殺し続けることでトラウマを負っていると、私に話してくれました。私たちが普段食事をするときには、その食品を提供してくれる人がどのような感情を抱いているかということを考えることはありません。しかし、私たちは命の循環の一部であるため、苦悩はできる限り減らすよう努力しなければなりませんし、同時に、意図的にしてもそうでないにしても私たちが他者を傷つけていることについて、自分を許そうとしなければなりません。

心から幸せにしてくれる人たちと、いつ、どのように付き合っていますか？

そうしたつながりについて、さらに豊かにしたいと思うことはありますか？

私たちは自分のためにそうするのです。

　他者の役に立とうとすることは習慣にできますし、それが死の瞬間に幸せをもたらすことさえあるかもしれません。ある禅僧が、恐れずに死ぬにはどうしたらよいかというアドバイスをしたそうです。それは、最後の息を吐くときに、「あなたのために私は何ができますか？」と尋ねなさい、というものでした。最期の瞬間に、自分のことは何も心配がない状況を想像してみましょう。どれだけ安らかな気持ちでいられることでしょうか。

他の人のためにお金を使う

　カナダのブリティッシュ・コロンビア大学の心理学者エリザベス・ダンと同僚らは、基本的なニーズが満たされているなら、あとは自分のためにお金を使うよりも、他者のために使う方が、幸せの感覚が高まるということを、サイエンス誌に報告しています。ダンらは、この仮説を、3つの方法（全国規模の調査、利益を還元するボーナスを会社から受け取った人への調査、使うためにお金を渡して一日の終わりに気分を測ること）で探っています。

　全国規模の調査のなかで、632人のアメリカ人に、全般的な幸せ感を評価してもらい、さらに収入と、何にお金を使ったかを示してもらいました。他者のために使ったお金（募金や贈り物）は、感じている幸せの度合いと相関がみられ、自分のために使ったお金（請求書の支払い、必要経費、自分への贈り物など）は、収入の程度とは関係なく、幸せ感とは相関がありませんでした。思いがけない臨時収入があった会社員での研究では、ボーナスからより多くを他者のために使った社員の方が、6〜8週間後により幸せでした。また、受け取ったボーナスの金額そのものよりも、どのようにお金を使ったかの方が、幸せ度をよりよく予測しました。最後に、その日の夕方5時までに自分または他人のために使うようにと伝えられて5ドルから20ドルを渡されると、日にたった5ドルを他者のために手放すだけで、幸せに感じる度合いが大きく高まりま

した。

☼ スピリチュアリティを滋養する

「スピリチュアリティ」という場合、一般的に、私たちの人生の無形の側面を意味します。それはたとえば、神、魂、価値（愛、平和、真実）、神聖なつながりなどです。ほとんどの人にとって、スピリチュアルな実践は、理想的で超越的な存在に近づこうとする取り組みであり、その過程で利己的な欲望や個人的な限界が減っていくことを望んでいます。それがスピリチュアリティに対するトップダウンのアプローチです。一方、ボトムアップのアプローチを取って、日常生活の奇跡（目の前で起きている完璧ではない現実）とじっくりと関わろうとする人もいます。スピリチュアルな心を大切にする人のほとんどは、人生にはトップダウンとボトムアップの**両方**のアプローチが必要だと考えています。すなわち、超越的な理想によって気持ちを高めてもらいながらも、日々の現実もしっかりと感じ続けるのです。

この２つのアプローチには、ある意味で「自分をもっと軽く受け止める」という共通のプロセスがあります。神を慈しむことによって、そして同時にこの世のあらゆるものに束の間だけ存在する尊い性質に深く感謝することで、「自己」の重みがいくらか減ります。その結果、この世界で守るべき、そしてアピールするべき「自己」が軽くなるのです。それは、私たち自身にとっても、他の人たちにとっても、救済のように機能します。スピリチュアルなセルフケアの根底にある原則は、価値にコミットすることです。すなわち「自己についてあれこれ考えること」をやめるのです。

自分自身をケアするのは自らの宗教に反する、と考える人がいます。ほとんどの伝統的宗教では、**他者**のためのコンパッションの重要性を強調しています。「隣人を自分のように愛しなさい」と。しかし、その言葉を語った人でさえ、群衆が大きくなりすぎると、山へと逃れました。『箴言』11 章 17節には、「慈しみある者は自分に善を為し、残忍な者は自分を傷つける」とあります。

ほとんどの宗教で示唆されているのは、私たちが**すでに**自分自身を愛しているということです。ブッダは以下のように言っています。

> どの方向に心を向けて探しても、
> 自分よりも愛おしい人などどこにも見えず、
> そのように、誰にとってもそれぞれの自己が最も愛おしい。
> ゆえに、自分を慈しむ人は他人を傷つけてはならない。

　実際に、自分を愛することは、他者を慈しむことの**例**として、よく挙げられます。それが基準なのです。「そのように、夫も自分の身体を慈しむように妻を慈しまなければならない。妻を慈しむ夫は、自分も慈しむ」(『エフェソの信徒への手紙』5章28節)

　しかしながら、私たち現代人は、自分自身に対してアンビバレントな感情を抱いています。自分を愛していることが、もう前提にできなくなっています。本書は、そのギャップを埋めるために書かれました。もしかしたら、自然発生的で無条件の慈しみの例としては、愛するペットや無邪気な子どもに向けて自然に感じる気持ちの方が、わかりやすいかもしれません。その気持ちを追うことで、自分自身をよりよく愛せるようになるでしょう。自分を慈しむことを学び直すことができれば、その気持ちを他者へとさらに広げることができます。

　スピリチュアルなセルフケアとは、通常、自分が大切にしている価値を育むために時間をかけることを意味します。自らが大切にしている価値に目を向けなければ、快楽主義、物質主義といった消費文化の価値観を無意識のうちに吸収してしまいます。あなたは、同じ信仰を持つ人と、定期的に会っていますか？　自然とつながり合うのが好きであれば、週に一度は屋外に出かけていますか？　宗教的な実践をするときには、義務的な感じではなく、ご自身が滋養されるような感覚

> ご自分を気遣うために、スピリチュアルな面では何をしていますか？
>
> スピリチュアルな側面にこれまで目を向けてこなかったのであれば、これからは忘れずにしたいと思うことはありますか？

がありますか？　自分自身とも、そして他の人たちとも、もっと優しく楽に関われるようになってきているでしょうか？

　親が子どもの人生のあらゆる側面（身体、頭、感情、人間関係、スピリチュアリティ）に気を配ろうとするのと同じように、私たちは自分のためにもそういったスキルを養うことができます。もし、そのようなケアをこれまでに受けた体験がなかったり、たとえそのようなスキルを学んでも大人になってから使わなくなっていたりしても、今、学び直すことができます。ウィリングネスといくらかの創造性があれば大丈夫です。

傷つけないこと

　最も基本的なレベルで言えば、セルフ・コンパッションとは、自分自身を傷つけないことです。たいていは、自分を傷つけていることに気づく方が、自分に親切にする方法を発見するよりも簡単です。次の例を考えてみましょう。

- どのように歯を磨いていますか？　穏やかに？　乱暴に？
- 朝は忙しく走り回っていますか？
- 運動不足のせいで、身体に緊張や凝りを感じますか？
- 疲れていますか？
- 食べすぎていますか？
- コンピュータの前から離れられなくなりますか？
- **義務感**からセックスをしていますか？
- 社交的なイベントが多すぎて嘆いていませんか？
- テレビに出演する政治家に対して怒っていますか？
- 休暇の際、お金を使いすぎますか？
- **毎週**日曜日には、母親と話をしないといけませんか？

　悪魔は細部に宿ります。私たちが自分自身に対して行っている有害なこと

のほとんどは、無意識上の行動的な習慣です。私たちは普段、その行動によって自分が何を得たいのか、その行動には正当な理由があるのかを、立ち止まって自問することはありません。そこで、セルフ・コンパッションを実践し始める際に最初に問うべきは、「このような振る舞いは、自分を傷つけるだろうか？」ということです。もし答えが「そうだ」ということであれば、その行動をやめましょう。「気持ちが良い」と感じることがどういうことかを知っていて、自分がそうした気持ちになるに値すると思うのであれば、自分を傷つけているときには警戒信号が点灯し、そのときにしている行動をやめることになるはずです。

　私たちはさらに、これもまたほとんど無意識のうちに、トラブルを引き起こす心の習慣を持っています。たとえば、一つのことから別のことに注意が野放しに飛び回っている状態では、心が苛立つ感じがして苦しくなるでしょう。また、心がつらい感情に囚われてしまう（過去についてくよくよ考え、未来について心配する）と、申し分のないはずだった一日が台無しになってしまいます。マインドフルネス瞑想のような気づきの実践は、こうした一般的な心の苦しみに対する有効な解毒剤になります。

　私たちの人生に大きな混乱をもたらしかねない心の習慣のひとつに、**自己批判**があります。何かがうまくいかなくなったときに、10分間ほど自分の心を観察してみましょう。自分自身を批判していることにおそらく気づくでしょう。何が良くなかったのかを知り、間違いを正すのが有益であることは間違いありませんが、だいたいにおいて、私たちはさらに踏み込んで自分を批判してしまいます。そのような自己批判には、どうするとよいのでしょうか？　「自分を批判しないようにする」と決めるだけではうまくいきません。なぜなら、ほとんどの場合、自己批判した自分をさらに批判するようになるからです（「抵抗すればかえってそれは続く」ということを思い出しましょう）。最良の解決策は、心に生じる批判をただ「観察」し、来ては去るままにすることです。

　　　自己批判を数える

　ありふれた日のどこかで 15 分の時間を取りましょう。車を運転してい
るときや、独りで食事をしているときなど、心がさまよいそうな時間を選
ぶとよいでしょう。自分に語りかけます。「今から 15 分の間、自己批判
的な思考が生じているかどうかを、だいたい 1 分ごとに確かめよう」。音
が鳴る電子機器があれば、1 分ごとに鳴るように設定するのもよいでしょ
う。思考の**内容**を覚えている必要はありません。心の中か、または指を
使って、15 分間に何回自分を批判するかを数えてみましょう。

　自己批判的な思考はあまりにも素早く生じるため、気づくのが簡単ではあ
りません。時には、身体に注意を向けると思考に気づきやすくなる場合があ
ります。もし、胃の辺りに緊張を感じるようであれば、たった今、批判的な
思考が浮かんでいたかもしれません。身体的な緊張を感じる一瞬前に何を考
えていたかを、数秒ほどさかのぼって思い出してみてもよいでしょう。矛盾
するようですが、自己批判する習慣に気づこうと**意図的**になると、たとえ心
の中で起きていることのほとんどを見落としたとしても、そのような習慣が
消え始めます。

味わう

　味わうとは、「人生のポジティブな体験に注意を向け、感謝し、それを広
げていく力」を指します。味わうことは、自分への優しさでもあります。ち
なみに「味わう」の反対は、「水を差す」です。次の問いについて考えてみ
ましょう。

- 褒められたときに、素直に喜べますか？
- 最近、美味しい食事をゆっくりと堪能しましたか？
- 特定の人に向けて感じる愛情に、しみじみと浸ることはできますか？

- 秋の新鮮な空気を、胸いっぱいに深く吸い込んでいますか？
- 嬉しいことがあったら、声に出して笑うがままにしていますか？
- 何かを成し遂げたとき、素直に誇らしさを感じられますか？
- 素晴らしい時間を覚えておくために、写真を撮りますか？
- 心から楽しむことを知っている友達がいますか？

　とはいえ、ポジティブな体験にあまり強くしがみつくべきではありません。なぜなら、その体験が消えたときに苦しみが引き起こされるからです。かといって、失うことを恐れて、幸せな瞬間を**避ける**ことを望むわけでもありません。ポジティブな体験を味わうには、勇気が必要です。

　詩人のエミリー・ディキンソンが書いています。

　　　悲嘆なら、耐えられる。
　　　海ほど押し寄せたって構わない。
　　　それには慣れているから。
　　　でも、喜びだと、ほんの少し押されただけで、
　　　足元が乱れてしまう。
　　　そして、傾く。酔いが回って。

　ポジティブとネガティブの**両方**の体験に向かって、心の扉を開く準備はできていますか？

　味わうことは、マインドフルネスのバリエーションです。味わうときには、体験にしがみついたり体験を引きずったりするのではなく、その体験に**完全に入り込もう**という意図があります。マインドフルネスの目的は、ポジティブまたはネガティブな体験に「囚われ」ないことです。物事を丸ごと完全に、ありのままにするのです。心の状態が十分にマインドフルになると、悲嘆や悲しみも味わうことができるようになります。研究により、心地よい体験を味わうことは習慣にすることができ、実際にそのような習慣が身につくと、日々の幸福度（happiness）の基準値が上がることが示されています。

　個人的な特性を味わうこともできます。自分が得意とする何かから喜びを

得ても、必ずしもそれを自慢していることにはなりません。よろしければ、あなたの「持ち前の強み」を、科学的に有効な方法で棚卸ししてみてはいかがでしょう。www.authentichappiness.sas.upenn.edu/Default.aspx にアクセスし、「VIA 持ち前の強み質問票（VIA Signature Strengths Questionnaire)」をクリックしましょう。無料ですし、強みの項目はあなたの得点のなかで相対的にランクづけされるだけですので、どのような結果が出ても心配はいりません。

　ご自分の強みを見つけたら、それを日常生活で意図的に活用してみるとよいでしょう。たとえば、あなたの「好奇心」が旺盛であるのなら、新たなことを学ぶ機会を生活のなかで作るとよいでしょう。「ユーモア」があなたの強みならば、ユーモアで自分を楽しませてください。また、つらいときには、ご自身の強みを思い出すとよいでしょう。「勇敢さ」が強みであれば、いざというときにその特別な特性を活用しましょう。「謙虚さ」が強みであれば、謙虚に自分の道を切り拓く方法を探しましょう。

幸せのための介入

　ポジティブ心理学の父マーティン・セリグマンとその同僚らは、幸せを高めるための異なる5つの戦略について、有効性を検証しました。577人のボランティアがインターネット上で参加し、エクササイズを1週間実施しました。参加者たちは、比較のための1グループも含めて全部で6つのグループに分けられ、それぞれのグループが異なる課題を割り振られました。このうち2つの課題で、幸せ（happiness）の度合いが大きく高まり、抑うつの度合いが大きく減りました。2つの課題の内容は以下のとおりです。

• **持ち前の強みを新しい方法で使う。** 参加者はオンラインのテストを受け、自分の個人的な強み（「持ち前の強み」）を上から5つ知りました。それはたとえば、「謙虚さ」「陽気さ」「学習に対して喜びを感じ

る」などです。参加者たちは、次に、5つの持ち前の強みのなかから1つを選び、次の一週間のあいだ、毎日違った新しい方法でその強みを使うように伝えられました。

- **生活のなかであった良いことを3つ書き出す。** 参加者たちは、一週間にわたって毎晩、その日にあった良いことを3つ書き出し、なぜそれが起きたと思うかも書き出すように言われました。

興味深いことに、**当初に幸せの度合いがいちばん高まったのは**、また別の「感謝の手紙」と呼ばれる戦略でした。この戦略では、参加者たちは、とりわけ親切にしてもらった（そしてお礼を言っていなかった）誰かに宛てて手紙を書き、届けました。ところが、この感情の高まりは、3カ月たつと消えました。一方、上記の2つの技法は、6カ月が経過した時点でもポジティブな影響が残っていました。参加者たちに幸せのための介入を行ってもらったのは1週間のみのはずでしたが、多くの参加者はその期間を過ぎても自分でエクササイズを続けました。その結果、続けていた人たちが、参加者全員のなかでいちばん幸せだと評価されました。

ポジティブな感情を育む

私たちの感情の風景は、私たちを幸せにしてくれるポジティブな感情と、私たちを苦しめるネガティブな感情で構成されています。ポジティブな感情を育むことは、自分のためにコンパッションを向けることでもあります。ただ、その際はマインドフルに取り組みたいものです。すなわち、ネガティブな感情を押しやったり、ポジティブな感情にしがみついたりはしません。本書を読み進めればおわかりになると思いますが、ポジティブな感情の価値を理解し、それを楽しめるようになるとよいでしょう。

☼ ポジティブな感情とは？

　ポジティブな感情には、少なくとも**2つ**の特筆すべき性質があります。それは気持ちの良いものだということと、個人を超えて作用するということです。ポジティブな感情とはたとえば、愛情、朗らか、熱心、希望、驚き、畏敬の念などがあります。幸せな人は周囲の環境とつながり合っていると感じ、不幸せな人は周囲の環境から切り離されているように感じます。ほとんどのポジティブな感情には、他者へのまなざしが含まれているからです。たとえば、コンパッションに基づく感情は、人とのつながりを保つのが難しいときでさえ、他者と触れたままにしてくれます。

　一方、ネガティブな感情は、気分が悪く、他者から切り離されます。たとえば、憎しみ、怒り、嫌悪、罪悪感、悲しみ、恥、不安、憐憫などです。怒りは追いやるようにして他者を遠ざけ、悲しみは自分のなかに閉じこもって他者とのつながりを断ち切ります。たとえば、憐憫について考えてみましょう。憐憫は、コンパッションと比べると、ポジティブさが**いささか**低い感情だと言えます。なぜなら、憐憫は、苦しんでいる当事者から切り離された感じを含む感情だからです。私たちは誰かを「憐れむ」とき、助けようという気持ちに動かされていますが、相手を同等の立場だとはおそらく感じていません。目線の高さが同じではないのです。

　悲しみは「柔らかい」感情です。他者に向けて開かれているかもしれませんし、助けを受け入れる用意があるかもしれません。それに対して、怒りや憎悪は、「硬い」感情で、他者を真っ向から拒絶します。悲しみ、罪悪感、拒絶される感じ、恥ずかしさといった柔らかい感情は、私たちがそれと仲良くなり、それが自然に過ぎ去るのを、最後まで体験し続けることが求められます。怒りのような硬い感情には、また別の対応が必要です。怒りや憎悪は、それを「手放す」か「捨て去る」ようになる必要があるのに対し、柔らかい感情については、それを「**最後まで体験する**」ことで対応できるようになります。硬い感情を手放すと、その下にある柔らかい感情を発見することになります。たとえば、怒りの下にしばしば隠れているのは、つながりへの切望、恐怖、悲しみ、喪失感などです。

ネガティブな感情には、問題を知らせるという有用な機能があります。ネガティブな感情が生じたときには、私たちの感情や身体の健康（ウェルビーイング）が危険にさらされている可能性があるので、気に留める必要があります。たとえば、ボディガードは、襲撃から身を守るためには、空手の黒帯よりも恐怖感の方が役立つことを知っています。恐怖は、どこに行ってはいけないか、いつ逃げればよいのかを教えてくれます。同様に、悲しみは、人間関係における断絶で、気がつかないままでいると家族のウェルビーイングを損なうかもしれないことに注意を喚起してくれているのかもしれません。つまり、私たちはネガティブな感情を**排除**したいのではなく、それに囚われたくないだけなのです。

感情脳

　感情は、中脳の大脳辺縁系から発生してきます。

　子どもとの絆を築き、集団で協力し、互いに込み入った方法でコミュニケーションをする必要があった哺乳類で、大脳辺縁系が発達してきました。それを、主に恐怖と食欲と生殖に頼って生存するワニの感情表出と比べてみましょう。爬虫類には、未発達な大脳辺縁系の構造がみられますが、本能的な衝動に感情を添えるには足りません。哺乳類のなかでも、人間の脳はいちばん綿密にできています。脳全体を覆う神経細胞の層（新皮質）があり、論理的に考えることができ、意識を体験できます。

　感情脳から送り出されたシグナルは新皮質で分析され、次に新皮質は感情中枢へ分析結果を戻します。たとえば、道にロープの切れ端が落ちていたら、脳の奥深くの中心部にあるアーモンド型をした構造の扁桃体（大脳辺縁系の一部）は、「危険なヘビだ」とひとまず素早く分析するかもしれません。扁桃体は、身体に対しては逃げるように伝えるシグナルを出し、同時に新皮質にもメッセージを送って、さらに詳しく分析してくれるようにと伝えます。ヘビだと思ったものはロープにすぎないと新

皮質が判断すると、新皮質は扁桃体へ警戒を解くように伝え返します。このようにして、私たちの論理的な心は、感情の反応性をコントロールできるのです。

　人間は、喜びを感じるようにではなく、生存できるようにつくられています。情報を伝えない大脳辺縁系を持っていた人たちは、おそらく一日として生き延びることはできなかったでしょう。物理的な不快さがあると、大脳辺縁系は必ずシグナルを出し、抵抗して回避するようにと伝えてきます。困ったことに、心の中に感情的な不快さがあった場合にも、大脳辺縁系は同じように反応します。そこで、私たちはそれを理屈で（新皮質を活性化して）実質的に覆し、感情の痛みに抵抗しても生産的ではないということを大脳辺縁系に教える必要があります。

　2500年前に、ブッダはこの困難に直面しました。痛みに抵抗すると問題が大きくなると説いたときに、ブッダは、人類が進化のプロセスで500万年かけて身につけてきた習性を克服しようとしていました。ブッダは、人生をかけて、人間を苦悩から解放してくれる実践的な心理学を見つけようとしていました。仏教心理学も、マインドフルネスとアクセプタンスを基盤にした心理療法の科学も、感情の心地悪さを盲目的に排除しようとするのではなく、感情の心地悪さの「アドバイスを聞いて検討してみる」ように、新皮質を方向づけます。また、サラ・ラザー、リチャード・デビッドソン、ノーマン・ファーブ、およびその同僚らによる神経科学的研究では、マインドフルネスとコンパッションの瞑想が大脳辺縁系の機能と構造を変えられる様子が示されています。

ポジティブな感情に餌を与える

　ポジティブな感情には、利点がたっぷりとあるようです。225件を超える論文をレビューした研究からは、ポジティブな感情が幸せ（happiness）と関連し、幸せな人の方が人生がうまくいっており、不運に直面してもしなやかに回復することが示されました。また、幸せな人の方が、より創造的で、

人種的偏見が少なく、仕事がうまくいき、より満足のいく人間関係が多いということでした。

　同じ研究から、ポジティブな感情によって、物事の全体像を眺められるようになることも示されています。その場合、生存のための利己主義によって視野が狭くなるようなことがありません。このことから示唆されるのは、私たちが気づきの場に生じる全てのことにマインドフルであろうとするのなら、最低限ある程度は幸せを感じている必要があるということです。瞑想の講師たちはそのことを知っているので、生徒を瞑想に送り出す前の個人面接のなかで、慈しみとサポートを提供します。心理療法も同様に、人を少し幸せにして、人生の問題を探求し、克服する勇気「courage」（フランス語で「心」を意味する「coeur」に由来する単語です）を与えます。

　では、感情のバランスをポジティブな方向にマインドフルに持っていくには、どうするとよいのでしょうか？　それを伝える物語があります。

　　　ある晩、チェロキー族の老人が、人々の内面で起きている闘いについて孫息子に語りました。「孫よ、誰の心にも2匹の『オオカミ』がいて、闘っているのだよ。

　　　一匹は邪悪だ。怒り、ねたみ、嫉妬、悲しみ、後悔、欲望、傲慢、自己憐憫、罪悪感、恨み、劣等感、嘘、偽りの誇り、優越感、自我だ。

　　　もう一匹は善良だ。喜び、平和、慈しみ、希望、平静、謙虚さ、優しさ、情け深さ、共感、寛大さ、真実、思いやり、信仰だ」

　　　孫息子は、1分間考えてから祖父に聞きました——「どっちのオオカミが勝つの？」

　　　「餌を与える方さ」と年老いたチェロキー族は答えました。

　私たちはどのようにして感情に餌を与えるのでしょうか？　感情とは、本来、私たちが強めたり弱めたりすることができる習慣のようなものです。感情は「モノ」や「物質」ではありません。たとえば、怒りを吐き出すと、まるで水が抜けていくかのように怒りの水位が下がるといった水力学的なモデ

ルは、単純にデータと一致しません。研究からは、怒りを表すと、実際には
怒りを再度感じる可能性がむしろ**高まる**ことが示されています。怒りを減ら
す唯一の方法は、それを実践するのをやめること、すなわち怒りという感情
の習慣に餌を与えるのをやめることです。

　では私たちはどのようにして、怒りのようなネガティブな感情に対し、そ
のつもりもないのに餌を与えてしまっているのでしょうか？　なぜあんなこ
とやこんなことが起きたのか、それに対してどうするか、といったことを強
迫的に考えて怒りと苦闘しているときに、私たちは餌を与えています。否認
して目を背けるものの、心のどこかで引っかかっている場合も、私たちはそ
れに餌を与えています。私たちが怒りにしがみつくのは、それが自分を強く
確かなものに感じさせてくれるからで、それも怒りに餌を与えているような
ものです。まとめると、抵抗することがネガティブな感情に餌を与えるよう
になります。ネガティブな感情は、心の中でそれらを反復することをやめ
て、マインドフルでコンパッションのある態度を維持すると、弱くなってい
きます。

　それでは、**ポジティブ**な感情にはどのようにして餌を与えることができる
でしょうか？　ポジティブな感情は、一瞬一瞬の体験を丸ごと完全に抱きし
めるときに、自然に湧き起こります。怒りでさえ、抵抗しないでいると、何
かポジティブなものに変容していきます。なぜなら怒りは、私たちの周囲の
世界について重要な情報を伝えてくれているからです。マインドフルネスと
コンパッションでもって**全て**の体験と関わる習慣こそ、喜び、平和、寛大
さ、慈しみといったポジティブな感情（つまりそれは感情的な習慣です）の
土台になります。

微笑み続けて幸せになる

　心理学者のリーアン・ハーカーとダッハー・ケルトナーは、感情の違
いにより人生の帰結が違ってくるかどうかについて考えました。二人
は、1958 年と 1960 年に 21 歳だった女性たちの笑顔の強さを、当時の

大学の在校生アルバムの写真を使って測定しました。強い笑顔は、目じりに皺ができ、唇の両端が上に向いています。女性たちは、後に27歳、43歳、52歳のときに、健康とウェルビーイングについて質問をされました。大学のアルバムに強い笑顔で写っていた女性たちは、どの年齢の時点でもより幸せ（happy）でした（幸せ〔happiness〕と関連づけられる容姿の魅力による効果は、データ分析の段階で調整されました）。分析の結果、より強い笑顔だった女性は、「より秩序立っていて、心を集中でき、何かを成し遂げることを指向し、またネガティブな情動を繰り返し長く体験してもそれほど影響を受けやすくありませんでした」。また、そうした女性は27歳までに結婚している見込みと、30年後にも結婚生活に満足している見込みが高いという結果になりました。

　また実に印象深い別の研究では、ケンタッキー大学のデボラ・ダナーと同僚らが、カトリックの修道女180人について、彼女たちが1930年代後半から1940年代前半にかけて22歳ごろに修道院に入るにあたって自らを振り返って書いた文章を、さかのぼって調べました。手書きされた人生の描写は、ポジティブまたはネガティブな感情の内容にしたがってコーディングされました。それはたとえば次のような文章でした。

- **シスター1（ポジティブな感情が低い）**：「私は1909年の9月26日に、女の子5人、男の子2人の7人兄弟姉妹のいちばん上として生まれました。……修道女見習いの年には、修道院本部のノートルダム研究所で化学と2年目にはラテン語を教えました。神様のご加護のもと、教団のために、布教のために、また私自身が満たされるために、最善を尽くそうと思います」
- **シスター2（ポジティブな感情が高い）**：「神様ははじめからこの上なく貴重な価値を授けてくださったため、満ち足りた子ども時代を過ごしました。……この一年は、修道女見習いとして、ノートルダムカレッジで幸せに勉学に励んできました。今は、聖母の神聖な習慣を引き受けて、慈しみ深い神と一つになる人生に向けて、喜びに胸が膨らんでいます」

それから 60 年後を研究者たちが調べると、自らについて記した文章にポジティブな感情を示す文章が比較的少なかった修道女では 54% が亡くなっていたのに対して、ほとんどがポジティブな感情を示す文章だった修道女たちで亡くなっていたのは 24% でした。成人したばかりの時期にどれほどポジティブな感情を感じているかは、寿命と強く関連づけられるようです。

⦂ 無私の知恵

　ポジティブな気持ちを育むためには、柔軟な自己感覚が必要です。守るべき「自己」が少ないほど、寛容さ、寛大さ、アクセプタンスといった社会的にポジティブな感情が生じやすくなります。逆に、固定された自己イメージや特定の主義と同一化すると、心理的な存亡をかけて絶え間なく闘う必要性を感じてしまうかもしれません。

　知恵とは、自分自身を含め、全てが変化していくことを直接的に実感することです。現代インドの賢人のニサルガダッタ・マハラジがこう書いています。

　　　　慈しみは「わたしは全てだ」と言う。
　　　　知恵は「わたしは何者でもない」と言う。
　　　　二つの間を、私の人生は流れる。

　自分自身を「移ろいゆく出来事」として、名詞ではなく動詞のように見るようにシフトすれば、一歩下がって、流れ続けるままでいられるようになります。それまで人生の状況をコントロールするためにしていた努力は、個々の短い瞬間と心から完全に向き合えるようになるための努力へと変わります。

脳と、自己についてあれこれ考えること

　個人的な体験と付き合うには、神経学的に区別される2つの方法があるようです。(1) 刻々とした、または「体験的」な方法と、(2)「自己」としての、または「ナラティブ」による方法です。トロント大学のノーマン・ファーブと同僚らは、2つのモードをそれぞれ引き出す課題をしてもらう間、参加者の脳を機能的磁気共鳴画像装置（fMRI）でスキャンしました。参加者たちは、「自信がある」「憂鬱」などの単語を見せられ、(1) 身体と心の中で起きていることを感じるように、または、(2) その特性が自分に当てはまるかどうかを判断するように、のどちらかを伝えられました。

　予想されるように、「自己」を指向する後者の課題では、「デフォルト・ネットワーク」やさまよっていく心と関連づけられる脳領域が活性化されました（第2章参照）。それに対し、前者の課題の「今、この瞬間」の気づきは、デフォルト・ネットワークと関わる内側前頭前野（過去を未来につなげ、「自己」に一貫した感じを添える領域）を**切り離し**やすくし、代わりに島と脳の外側領域（身体の気づきとより密接に関連する領域）を**引き入れ**やすくしました。特に興味深かったのは、マインドフルネス瞑想のトレーニングをすでに受けていた人たちでは、トレーニングを新しく始めたばかりの人たちと比べて、この切り離しをより簡単にできた点です。この研究から、脳をトレーニングすると、ナラティブな思考（日常的な出来事がどのように「自己」に影響を及ぼすかについて考えること）にそれほど没頭せず、代わりに刻々とした気づきがもたらす感情の自由さを体験できるようになることが示唆されます。

幼少期の期限

幸福のレベル（happiness level）を上げることは実際に可能でしょうか？

感情のパターンは、子ども時代に、あるいは強力すぎて克服が不可能な家系的な遺伝子によって決められているのではないでしょうか？　子どもは、自分に優しくすることをどのようにして学ぶのでしょうか？

⬡ 私たちは変われるのか？

心理学者のソニア・リュボミアスキーと同僚らによる新しい研究からは、私たちの全般的な幸福のレベルは、遺伝子と、状況と、意図的な活動によって決まると示されています。「幸せ遺伝子（happy genes）」が、私たちの幸せの半分（50％）ほどを説明します。「状況」、すなわち子ども時代の条件と、結婚の有無、収入の高低、健康などの現在の条件は、10％にすぎません。最も興味深いのは、40％を説明する「意図的な活動」、つまり私たちの活動や見通しに関連するカテゴリーです。それは、運動や友人と過ごすなどの「行動」、感謝や優しさを育むことについての「考え方」、そして自らの興味や価値観にどれほど「関与」しているか、といったことです。

これは、多くの人が信じているのとは異なり、宝くじに当たっても（状況）、一生幸せになれるわけではないことを意味します。そのお金でマンドリンを習ったり、教会やお寺やモスクでボランティアをしたりするなど、自分の好きなこと（意図的な活動）を**しなければ**、おそらく以前の（遺伝子と他の状況によって決まる）幸せの設定値に戻ってしまうでしょう。もしあなたが、はっきりとより幸せになりたいのであれば、BMW や新しい配偶者のような特定の物や状況を単に手に入れるのではなく、「意図的な活動」、つまり時間の使い方や考え方に投資するべきです。もし BMW や新しい配偶者を手に入れるのであれば、それらをより長きにわたって味わうことを学び、幸福度を高めるとよいでしょう。意図的な活動を育むのは、第1章で紹介した「ヘドニック・トレッドミル」への解毒剤になります。

○ 自分自身と関われるようになる

　セルフ・コンパッションの実践は「意図的な活動」であり、子ども時代の初期の体験と密接に結びついています。私たちが自分自身をどのように扱うかは、部分的ではあれ、親からどのように扱われたかによります。そのため、幼少期の状況が、セルフ・コンパッションの力を十分に発揮できるかどうかの私たちの能力に影響を及ぼします。

　子どもが養育者に適応する様子についての科学的研究は「アタッチメント理論」として知られ、ジョン・ボウルビィ、メアリー・エインズワース、メアリー・メインによって提唱されました。たとえば、主な養育者が感情面でよく反応し、子どもの感情を上手に「映し返し」できれば（「ええ、わかるわ。悲しい気持ちなのよね」）、子どもは、さまざまな気持ち（悲しい、怒っている、怖い、興奮している、喜んでいる、疲れている）になることの意味を学び、また幅広くさまざまな気持ちを感じても**よい**のだ、ということを知るようになります。逆に、子どもが怒るたびに養育者が激怒すると、親との絆が脅かされるため、子どもは怒りを押し隠すようになります。そういった子どもが大人になると、怒りを感じた自分に対して優しく反応するのではなく、怒りの感情を抱いた自分を批判するようになります。

　子どもがネガティブな感情を表しているときに親がそれを忍耐強く認めてあげると、子どもは危険を感じることなく自己に対する気づきのなかで成長することができます。そのような子どもは、他者と一緒にいるときに安心していられます。たとえば、安定型のアタッチメントを有する幼い子どもは、玩具がたくさんある部屋を探索しますが、親がその部屋から出ていってしまうと苦痛を表すことでしょう。親が部屋に戻ってくると、子どもは親に身体的な接触を求め、落ち着いたら遊びに戻ります。このような子どもは、他者とつながり合うことを楽しめるようになります。

　親が部屋から去っても苦痛を全く示さず、親が戻ってきても接触を求めない子どもは、成人したときに、孤立したり人間関係に無関心になったりするかもしれません。親が部屋から去ることに対して過度に心配な様子を示し、周囲を探索できず、親が戻ってきても慰めを得られない子どもは、成人した

ときに、怒りが強かったり、受け身的であったり、あるいは恐怖を強く感じたりするようになる可能性があり、自分一人で落ち着いたり、自分を慰めたりするのが困難になるかもしれません。このような非言語的な感情の習慣は、子ども時代から大人へとそのまま持ち越されます。

　また、私たちは、幼い頃に自分にとって重要だった養育者のイメージを**内在化**します。もし、ある女の子の母親が、忍耐強く、そして興味関心を持って子どもに接していたら、その女の子はそのような役割モデルを内的に持つようになり、自分自身や周囲の人に同じように接するようになるでしょう。一貫性がなかったり虐待的であったりする親だと、その子どもは自分自身に優しくする術を知ることができません。さらには、良い気分でいることが感情状態として許されるということを、知ることすらできないかもしれません。子どもの頃に虐待されて、骨身を削って働かないと「怠け者」「悪い」などと言われるのではないかと恐れている大人たちを、私は知っています。そのような人は、自分をロボットのように感じており、自分よりもはるかに働いていないのに自らを「それでよし」と感じている人たちに対して、憤りを抱いています。私たちは、このようにして内在化された養育者のイメージと、それに関連する思考と行動とを、大人になってからも長く心の中に持ち続けます。以前に私のクライアントだったアンドリューもそうでした。

　冬のある晩、アンドリューが打ちひしがれた様子で電話をかけてきました。小雨が降って道路が凍結し始めた頃、彼は仕事の帰りにトラックを運転していました。アンドリューが赤信号のためにスピードを落とそうとしたところ、トラックはそのままスリップして、前に停まっていた車に突っ込みました。誰も怪我はしませんでしたが、前の車のトランクがぐしゃぐしゃに壊れてしまいました。この事故は、アンドリューが妻を説得して、車両保険の免責額を1000ドルに引き上げた一週間後に起こりました。この事故でアンドリューは動揺しましたが、それはお金のことよりも、不運な事故それ自体によるものでした。

　幼い頃、アンドリューは、自分が望まれていないと感じることがよくありました。大学時代には、休暇の際、「お金がかかりすぎるから」という嘘の理由で、帰省することを両親に拒まれたという記憶があります。もし許され

たのであれば、アンドリューは 12 時間もかかるバス旅行だって厭^{いと}わずに帰省していたことでしょう。

　そんなアンドリューが、事故の際に私に電話をかけてくるというのは重要な一歩でした。物事がうまくいかないとき、アンドリューは普通、孤立と自己批判で対応していたからです。でもそういった対応は自分を傷つけることだと彼は学び始めており、これ以上繰り返したくないと思っていました。私と電話で対話しながら、アンドリューは、友人が似たような問題に巻き込まれたらどのように声をかけるだろうか、ということを想像してみました。氷の上を運転するとはなんてまぬけなんだろう、と言ったりするでしょうか？ **いいえ、そんなことは絶対に言いません！**　アンドリューは、自分の車の問題が誰にでも起こりうることがわかっていました。これは単に車の問題でしかないのです。

　私との電話を切る前に、アンドリューは、昔、母親を煩わせたときに、必ず言葉で虐待されたことを思い出しました。それはたとえば、自転車を縁石にぶつけて車輪の縁が曲がってしまったときなどです。彼はそのことを思い出しながら、次第に感情的になってきて、母親にそのように扱われたときのことを再体験しているようでした。アンドリューは、このような困難が再び起こったときには、今度は必ず、まず「先にコンパッション」で対応しようと心に誓いました。

　この例のなかで、アンドリューは、子ども時代に身についた感情の習慣に対して、セルフ・コンパッションという新たな意図によって向き合えるようになろうとしていました。私たちは、たとえ養育者がその方法を教えてくれなかったとしても、「今、この瞬間」に起こるどんなことにも対処できるようになります。遺伝と幼少期の困難な体験による影響は、私たちがよりマインドフルになって優しい姿勢で「今、この瞬間」の体験に関わることで、和らげることができます。

　ここまでで、セルフ・コンパッションをどのように人生に統合することができるのか、そしてそれがなぜ重要なのかということについて、大まかな概要をご理解いただけたことと思います。しかし、セルフ・コンパッションに

ついて読むだけでは、料理のレシピにただ目を通すようなものです。食欲がそそられるかもしれませんが、空腹が満たされることはありません。次の2つの章では、慈悲の実践に焦点を当てます。これは昔から行われている、心の非常に深いレベルでコンパッションを育む方法です。これまでにお伝えしてきたマインドフルネスとセルフ・コンパッションの原則の全てが、この一つの実践のなかに集約されていることが、おわかりいただけることでしょう。慈悲があなたの心と身体にどのように作用するのかを**感じる**ために、計画を立て、いくらかの時間を取って、**実際に取り組んで**みてください。あなたは慈悲に値するのです。

第 I 部

第 5 章

セルフ・コンパッションへの道筋

147

第 II 部

慈悲を実践する

第 *6* 章

自分をケアする

*種があれば、必ず植物が生えてくる。そこに種があると確信させて
くれたら、素晴らしいことがどんどん起きるのが目に見えるようだ。*

――ヘンリー・デイヴィッド・ソロー（作家・ナチュラリスト）

「種があれば、必ず植物が生えてくる」と 1860 年代初期にヘンリー・デイ
ヴィッド・ソローが書いたとき、種も根もないところからでも多くの植物が
成長してくると一般には考えられていました。しかし、自然を注意深く観察
していたソローは、そうではないことを知っていました。人間の行動を鋭く
見ている人もまた、セルフ・コンパッションのある人たちが、自分への優し
さの種を植えていることを理解しています。種を植え、柔らかい苗を育て
て、雑草を抜き、望まない競争が起きないようにし続けています。

　第Ⅱ部では、**慈悲の瞑想**を紹介します。この実践には、自分の世界の見え
方と、その世界との付き合い方を変容する力があります。集中的に座ってす
るフォーマルな瞑想としても実践できますし、一日を通じてインフォーマル
な形でも実践できます。本章では、自己批判、自己疑念、自己孤立の代わり
に慈悲の種を植える方法を学びましょう。次の章では、他の人たちとの関係
に注目していきます。

　慈悲の瞑想は本書で中心となる実践です。この第 6 章だけでじっくりと一
週間ほど時間をかけて実践をしてみるとよいでしょう。節と節の間で立ち止
まり、読んだ内容がご自分の体験と一致するかを毎回吟味しましょう。

慈悲の小史

　慈悲は、パーリ語の**メッタ**（metta）の訳語です（パーリ語は、ブッダの死後 400 年ごろの紀元前 1 世紀に、その言葉が最初に記録されたときの言語です）。**メッタ**は他にも、「親睦」「慈しみ」「情け深さ」「親切」なども意味します。それが最大限に発揮されると、「普遍的で、利己性のない、あらゆるものを包み込む慈しみ」になります。本書では、**メッタ**と**慈悲**の用語を同じ意味で使っています。

　慈悲を育む方法を最初に詳しく紹介したのは、仏教僧のブッダゴーサで、5 世紀に『ヴィスッディ・マッガ（清浄道論）』のなかに記しています。知られる限り、ブッダは、慈悲（**メッタ**）の瞑想についてはごく短い指示しか出していません。今日私たちがメッタを実践する方法は、基本的に、ブッダが森に住むことを恐れる僧侶の集団と交わした対話を、ブッダゴーサが精緻にしたものです。対話からの引用を以下に示しましょう。

> あらゆる存在が幸せで安心していられますように。心が健やかでありますように！

> 生けるもの全て、弱きも強きも、背の高いものも、がっしりした体格のものも中堅も、背が低い者も、小柄も大柄も、一つも例外はない。見られている者も、隠れている者も、近くの者も遠くにある者も、生まれている者も、これから生まれてくる者も……あらゆる存在が幸せでありますように！

> 他者を欺く者がありませんように。また、いかなる場所でも他者を軽蔑しませんように。

> 怒りや悪意から、他者が傷つくことを願うようなことがありませんように。

母親が命を懸けてたった一人の我が子を守ろうとするのと同じように、あらゆる存在に対する限りない心を育めますように。

境界のない慈しみの思いが世界のすみずみまで広がりますように。上も、下も、見渡す限り、何一つ妨げるものがなく、いかなる嫌悪もなく、恨みのかけらもなく、その思いが行き渡りますように。

立っていても、歩いていても、座っていても、横になっていても、目が覚めている限り、マインドフルネスを育むことができる。これこそが、この森での最も崇高な生き方であるという。

　ブッダは、本来、恐怖に対する解毒剤として慈悲を処方しました。そして、慈悲の資質を育む手段として、この対話を覚えておくようにと僧侶たちに奨励しています。

　ブッダが神ではなく、人間だったことを覚えておくとよいでしょう。「神なのか？」と訊かれたとき、ブッダは「私は気づいているだけだ」と答えました（**ブッダ**は「気づき」を意味します）。ブッダは紀元前563年に王子として生まれました。しかし、29歳のときに快適な家を出て、苦しみを克服する方法を見つけるための旅を始めました。特に、病と老齢と死とに関連した悲惨さを克服したいと思っていました。その6年後、樹木の下に座って瞑想しているときに、ブッダは「悟りを開き」ました。人間が自らの心に苦しみを生み出す様子を理解し、それをどのようにして取り除くことができるかも理解しました。ブッダは、その教えを広めることにその後の45年の人生を捧げました。

　ブッダは、生徒たちに対して、ブッダが話したことは必ず直接体験して検証するよう、すなわち「ここに来て、自分で見てごらん」と伝えました。初期の仏典を読むと、ブッダが宗教的指導者というよりも、心理学者に近かったことに気がつくでしょう。ブッダは、心の詳細な地図を提供しました。彼のアプローチは、内面を客観的に観察することに基づいていました。そして彼の言葉を背後で動機づけているのは、感情的な苦痛を和らげたいという思

いでした。現代心理学が 2500 年も前のブッダの洞察を慎重に研究するのも、もっともなことだと言えましょう。

　1960 年代から 1970 年代にかけてベビーブーマー世代が成人すると、そのなかから西洋の勇敢な探索者が、新しい知恵を求めてインドや南アジアの一部地域まで遠征しました。そうした巡礼者のなかのシャロン・サルツバーグとジョセフ・ゴールドスタインが、インドでマインドフルネス瞑想を発見しました。二人は故郷のアメリカに戻ると、タイで僧侶をしていた友人のジャック・コーンフィールドと共に、マサチューセッツ州の田舎に瞑想センターを設立しました。彼らのビジョンは大成功でした。シャロンは、著書 *Loving-kindness: The Revolutionary Art of Happiness* のなかで、初めて西洋のまとまった読者層にメッタの瞑想を紹介しました。古典となったこの本は、慈悲（loving-kindness）についてさらに学びたいと関心を持つ人には重要なリソースとなっています。西洋の仏教徒の視点から書かれ、洞察に満ちており、実践のための貴重な提案も含まれています。

　メッタを実践するには**自分への**優しさが重要となることを最初に強調したのはブッダゴーサでした。ただし、ブッダゴーサは慎重で、自分に優しくするのはあくまでも、全ての人に共通してある「幸せになりたい」という願いとつながるためだ、ということを指摘しています。「自己」を強くするためではないのです。そういった目的で自分に優しくしようとするのは、かえって自分を惨めにするだけです。そうではなく、人間が自分自身のなかに自分をケアする本能を認識すると、他者のなかにも同じ本能があることが理解しやすくなり、他者の福祉のための取り組みにも着手しやすくなるのです。

　この小史からのメッセージは、ご自分のニーズに合わせて自由に実践してよいということです。ブッダは、慈悲を育むための決まった構造や言語を提示していません。また、そんなものに盲目的に従ってほしいとも思っていなかったことでしょう。本章では、慈悲の瞑想の基本原理を学んでいただきます。その結果、実践から最大の利益を引き出せるようになるでしょう。

マインドフルネスとメッタを組み合わせる

　メッタの実践はマインドフルネスが土台となっています。マインドフルネスが、「今、この瞬間」に起きていることへの気づきだったことを思い出しましょう。動揺すると、私たちはたいていマインド**レス**になって、個人的な物語（「ジェニーが私に**こういうこと**を言ったり、**ああいうこと**をしたりしたから、私は怒っているのだ！」）に心を奪われ、単に「心が不快になっているな」「このように感じると**心が痛むな**」などと気づくことができません。一方、マインドフルネスとは、物事のドラマに巻き込まれず、痛みをそのまま感じる力のことです。それがメッタの実践の最初のステップです。不快感に気がつき、それにオープンになることができれば、優しさとコンパッションが現れやすくなります。

　痛みがあるなかで、オープンになったままで（抵抗せず、回避せず、巻き込まれずに）いることは容易ではありません。そうしたときに役に立つのは、第3章と第4章で見たように、マインドフルネスの戦略です。マインドフルネスを使うと、私たちは、困難な感情を刻々とした身体の体験（ひきつるような感覚や心臓がドキドキする感じ）へと解体したり、感情にラベル（怒り、恐怖）を付けたりすることができます。また、身体の内側や外側に気づきの方向を向け直すことで、感情の強さを調整することもできます。しかし、人生の極めて困難な時期には、マインドフルネス技法が的外れになる場合もあります。心が粉々になってしまっているときは、まずはそれらを元通りにつなぎ合わせる必要があるのです。メッタはまさにそのために設計されており、特に日常生活のなかで実践すると有効です。

　マインドフルネス瞑想では主に**注意**を使うのに対して、慈悲の瞑想では**つながり**の力を使います。メッタもマインドフルネスも、私たちの人生に起きていることへの関わり方を変えるもので、どちらも「関係」に関わる実践です。ただ、メッタでは、苦しんでいる**人**に特に注目します。強い苦しみがあると、誰かに受け止めてもらったり抱きしめてもらったりする感覚がどうしても必要な場合があります。そのときに抱きしめてくれる「他者」は、この

世界に実在する本物の人間でも構いませんし、自分自身のなかのコンパッションのある部分でも同様に効果的です。もし私たちが自分のなかにある温かさと慈しみを活性化できれば、自分自身と対話をしながら困難な時期をたいていは乗り越えていけるようになります。

　マインドフルネスもメッタも、熱心に実践していると、いずれは似たような心の状態（「慈しみに満ちた気づき」あるいは「マインドフルなコンパッション」）に至ります。禅に、「優しさは気づきの結実であり、ゆえに気づきは優しさの土台である」という格言があります。映画『善き人のためのソナタ』には、他者に丁寧な注意を向けると、優しさが生まれてくることが描かれています。（ネタバレ注意！）この見事な映画では、東ドイツの秘密警察の男性が、盗聴装置をしかけて屋根裏部屋に潜伏します。そうして連日獲物に耳を澄ますうちに、やがて敵に対して共感していることに自分で気がつきます。それが丁寧に注意を向けることのコストなのです。セラピストが毎日一日中人々の問題に耳を傾けていながら、圧倒されてしまわないのはなぜだろうと考えたことはあるでしょうか？　同じ原理が当てはまります。**他者に熱心な注意を向け続けていると、やがて、慈しみとコンパッションの静かなエネルギーが湧いてくるのです。**

　慈悲の瞑想は、1つの対象に集中する（シングルフォーカスの）瞑想のバリエーションです。以下に示すとおり、慈悲の瞑想では注意を戻す錨として、呼吸の代わりに言葉を使います。心が言葉から離れてさまよっていることに気がつくたびに、何が心を連れ去ったのかに注意を向け、言葉に戻るようにします。メッタの瞑想を集中的に実践すると、自分の影の側面（嫉妬、憎悪、恐怖、自己批判）についても多くを発見するはずです。瞑想をしていて感情が強くなりすぎたら、注意の錨を言葉から呼吸に戻しても構いません。

　なかには、慈悲の瞑想の間にマインドフルネス瞑想を挟む人もいます。その場合、瞑想の始めと終わりに、優しさとコンパッションの言葉を使います。そうすることで、マインドフルネスの実践者は、自分に厳しくしないでいることができるようになります。頑張ることを減らし、自分自身をもっと楽しめるようになります。筆者のように慈悲の瞑想を**主に**行っているような

人であれば、はじめに呼吸や身体に注意を向け、注意が安定して心が落ち着いてから、メッタの実践へと進むとよいかもしれません。慈悲の実践とマインドフルネスの実践がいかにしっくりと補い合うかということを、読者の皆さんにもきっと発見していただけることでしょう。

　本章で唯一のエクササイズを次に示します。ぜひ時間を取って実践してみてください。説明をひととおり読んだら、本を置いて、目を閉じて、試してみてください。そうすることで、この章の続きがより有意義なものになるはずです。

試して みよう　慈悲の瞑想

　20分ほど時間を取って、慈しみに満ちた注意を自分自身に向けましょう。楽な姿勢で座り、適度に背筋を伸ばしてリラックスします。目を閉じて、身体の胸の辺りに注意を向けます。では、ゆっくりと、楽に、胸の辺りで3回呼吸をしましょう。

- 座っている自分の姿をイメージします。椅子に座っているときの姿勢を、外側から眺めているかのように注意を向けます。同時に、座っているときの身体の感覚を感じます。
- どの生き物も平和で幸せに生きたいと願っていることを、思い出しましょう。「あらゆる存在が幸せであることと苦しみがないことを願うように、どうか私も幸せで苦しみませんように」。この深い願いとつながりましょう。その慈しみに満ちた意図の温かさを感じるままにします。
- では、椅子に座って心の中に親切な思いを感じている自分をイメージしながら、次のフレーズを、静かに柔らかく繰り返します。

　　私が安全でありますように。
　　私が幸せでありますように。
　　私が健やかでありますように。

私が楽でありますように。

- それぞれのフレーズは、そのままの意味で受け止めます。必要であれば、より明確になるように１つのフレーズを何度か繰り返しましょう。言葉の意味をさらに明確に体験するために、フレーズに含まれる１つの単語だけを繰り返しても構いません。「安全……安全……安全」というように。

- 十分に時間をかけましょう。心の目に、自分自身の姿をイメージし続けます。慈しみ深い心を楽しみ、言葉の意味を味わいます。数秒もすると心がさまよってきます。そのことに気づいたら、フレーズを繰り返しましょう。言葉が意味を失ったら、椅子に座っている自分の姿をあらためてイメージし、その自分に向けてフレーズを差し出します。座っている自分のイメージや言葉の両方があいまいにぼやけてきたら、胸の辺りに手を当てて、自分を慈悲で満たそうとしていた意図を思い出しましょう。「あらゆる存在が幸せであることと苦しみがないことを願うように、どうか私も幸せで苦しみませんように」。それからフレーズに戻ります。方向性を見失ったと感じたら、いつでもフレーズに戻ってきましょう。

- 楽にエクササイズに取り組みましょう。頑張りすぎないでください。慈悲はこの世で最も自然なものです。雑念は必ず現れます。雑念に気づいたら、それらを手放して、フレーズに戻りましょう。注意がさまよっていたら、自分自身に慈しみを与えることへと戻ります。自分自身と共に座ることは、具合の悪い友人と一緒に座っているのと似ています。友人の具合の悪さを治すことはできないかもしれませんが、その人が受け取って当然の優しさを差し出しているのです。

- では、ゆっくりと目を開けましょう。

親切と心地よさ

　慈悲はスキルとして獲得されます。天性の才能があるように見える人もいますが、ほとんどの人は、慈悲の瞑想を始めた当初はぎこちなさを感じます。なぜでしょうか？

　困難の主な理由は、どのような気持ちを感じるべきか、ということについて私たちが期待を持ってしまうからです。幸いなことに、シャロン・サルツバーグは、「たとえ何の気持ちも抱かなくても、慈悲の瞑想はちゃんと効果を発揮します」と言ってくれています。慈悲の瞑想は、私たちのなかのいちばん深い動機づけ（親切）に基づいて効果を発揮します。そうした「善き意図」によって気持ちが良くなることもありますが、快適な感情を妨げるたぐいの自己疑念や自己批判が生じる場合もあります。時として何の気持ちも湧かない場合もあるでしょう。

　慈悲の実践は、私たちの気持ちを**直接**変えることはありませんが、慈悲を実践すると自分自身を優しく抱きしめられるようになり、その結果、感情が自然に変化します。本書の冒頭のミシェルの物語を覚えているでしょうか？ミシェルの治療上の課題は、自分が恥ずかしさを感じていることを他者に隠したいという願いを手放すことでした。ミシェルの回復には慈悲の瞑想が有用でした。まず自らにコンパッションを与えることで、ミシェルは赤面をコントロールしなければならないとの思いを手放せるようになりました。そして、恥ずかしがり屋だと思われても構わない、とまで思えるぐらいまで自分のことを肯定的に受け止められるようになりました。

　慈悲の瞑想をしている間は、自分がどのように感じるべきかについての期待を手放しましょう。メッタの瞑想をしても心地よい気持ちになれずにがっかりしているのであれば、がっかりしている**からこそ**、自分に優しくするようにします。「私が安全でありますように、幸せでありますように、健やかでありますように、楽でありますように」。あなたが欲することから注意を離して、あなたが感じていること、すなわち「良くないこと」へと注意を移します。優しい言葉を一つかけるたびに、あなたは種を植えています。種は

やがて芽吹いて、自然な経過をたどり、心地よさへと成長します。意図が先に来て、気持ちは後に続きます。

　ポジティブな変化は、思いがけないときに起きるものです。たとえば、私の場合は、メッタの瞑想を学んだ後に初めてスピーチをするために演壇に立ったときに、気がつくと自分に向かって「私もここにいる全員も、幸せでありますように、苦しみませんように」と言っていました。驚いたことに、私のなかにあった不安は明らかに軽減されました。メッタのフレーズを何年か使い続けると、前よりもはっきりと幸せになり、物事がうまく進まなくてもそれほど動揺しなくなりました。「はじめに」でお伝えしたように、セルフ・コンパッションは、近くに良い友人がいてくれるような感じで、絶妙なタイミングで私を励ましてくれます。

言葉の力

　言葉は行為よりも強い力を持つことがあります。骨折は数カ月で治るかもしれませんが、きつい言葉は一生癒えない傷をもたらすかもしれません。私たちが耳にする言葉のほとんどは、実は私たちの**内面**で生じているものです。普段から口数が多い人でなくても、私たちの心は常におしゃべりをしています。自分に優しくないこと（「おまえは何の価値もないゴミだ」）を言えば、苦しみます。自分に親切なこと（「今のは**良かったよ**」）を言えば、幸せになります。**言葉が私たちの体験を形作る**のです。それが、慈悲の瞑想で言葉に注意を向けることの根拠です。

　慈悲の４つのフレーズを合わせてみると、私たちの幅広い人生体験に対して優しさで向き合う姿勢になっているのがわかります。たとえば、もし人生で危険に遭遇したら、身の安全を願うでしょう。感情的に動揺したのであれば、満ち足りることを願うはずです。身体に何かの病があれば、健やかであることを願います。日々のニーズが満たされずに苦しんでいるのであれば、問題が少なくなり、もっと楽になることを希望します。メッタのフレーズはこれらの領域全てを網羅しています。

これらのフレーズは絶対的でもなければ、石に硬く刻み込まれたものでもありません。ブッダゴーサが1500年前に指導し始めたときには次のフレーズを使っていました。「私が幸せで、苦しみませんように」「私は、恨みと苦痛と不安がなく、幸せに生きられますように」。慈悲の実践を深く理解するにつれて、読者の皆さんもご自分なりのフレーズを考えたくなることでしょう。以下にいくつか例を挙げましょう。

　　　自分をありのままに慈しめますように。
　　　私が**心から**幸せでありますように。
　　　不確かなこの世界の中で、私が平和でいられますように。
　　　私の幸せが膨らみ続けますように。
　　　幸せと、幸せの元の両方を授かりますように。
　　　執着しすぎず、嫌いすぎもせず、平和に生きられますように。
　　　私が悲しみませんように。
　　　身体の苦しみがありませんように。
　　　自分を楽に気遣えますように。
　　　慈しみ、慈しまれますように。
　　　大切なあなたが、幸せで満ち足りますように。

　これらの言葉は、柔らかく、温かな気持ちを内面に引き出そうとするものです。詩の一節のように荘厳なものでも構いませんし、平凡でありふれたものでも構いません。シンプルで繰り返しやすいフレーズがベストです。
　ミャンマーの圧政に対して抗議運動が起きたとき、仏教の僧侶たちが2007年9月22日にアウン・サン・スー・チーの自宅の前に集まって唱えました。

　　　私たちに危険が一切及びませんように。
　　　私たちにどのような悲しみもありませんように。
　　　私たちに貧困がありませんように。
　　　私たちの心と頭が平和でありますように。

メッタのフレーズを唱えることで、ひどい状況の真っ只中でも、平和と幸福（ウェルビーイング）の方へ心を向けられるようになります。

メッタのフレーズは、自分の人生で日々遭遇する困難に合わせてアレンジすることができます。たとえば、恥の感覚に囚われている人は、「ありのままの自分を受け入れることができますように」と繰り返すことができます。怒りを感じる場合は、「安全でありますように、怒りがなくなりますように」などがよいかもしれません。あまりにも具体的な願いは避けましょう。それはたとえば「第一志望の大学に合格しますように！」といったものです。願いが、特定の結果の実現を要請するものになってしまうからです。慈悲は心の方向性のようなもので、思考で環境を操作しようとしているのではありません。

フォーマルな瞑想を実践するとき（慈悲を育むために**あえて時間を取って**座る場合）は、**同じ**メッタのフレーズを繰り返し使いましょう。メッタの瞑想は注意を集中する実践ですので、繰り返すだけで心が落ち着いてきます。慈しみに満ちた状態に身を置くと、メッタの新たなフレーズが次々と内面を流れてくるかもしれません。それはそれで素晴らしい体験となるでしょう。しかし普段の心境に戻ったら、いつものフレーズを使うようにしてください。

慈悲の瞑想には、注意を集中することの他に、思考を深める要素もあります。熟考する瞑想は、考え方や想念のより深い意味を探る方法です。たとえば、神聖な経典からの一節を読んでから、隠された意味の層が明らかになるまで何度も心の中で読み返す感じです。慎重に選ばれたメッタのフレーズも同じように作用します。同じ言葉を何度も繰り返し熟考すると、その意味を直接的で直感的な感覚としてつかめるようになってきます。ただ、これには時間がかかります。春にチューリップが芽を出すのを待っているように、何も見えない時期がかなり長いかもしれません。でも、待つだけの価値があります。

瞑想中に、メッタのフレーズとその意味がつながると、その瞬間に静かな喜びが訪れます。それと同じものを、一日のうちの思いがけない瞬間に発見して、「ああ、**これ**が『幸せ』なんだ！」と思っていることに気がつくかも

しれません。私の場合であれば、セラピーをしながら、もしかしたら涙が頬を伝わるままにしたときに、「ああ、これが**コンパッション**なんだ」と気がつくのかもしれません。そこにはプライドも恥ずかしさもありません。素朴な体験があるだけです。慈悲のフレーズと体験は徐々に一緒になっていきます。

　最も大切なのは、フレーズの背後にある**態度**です。言葉は、私たちの本当の気持ちを反映しているかもしれませんし、していないかもしれません。私たちは、偽りの言葉を使って現実を歪（ゆが）めようとすることもできます。友人の一人はかつて、慈悲の瞑想はペットの犬に話しかけるのに似ている、と言いました。私たちは慈しみを込めて「惨めで哀れな奴め」と犬を呼び続けることもできますし、逆に「好きだよ」と言いながらしかめ面でテーブルの下へと犬を追いやることもできます。犬は、言葉で私たちを評価していません。犬は私たちの意図とつながっています。車のバンパーに、「飼い犬が信じているとおりの人間になりたい！」と書かれたシールが貼ってあるのを見たことがあります。犬はどうしてか、私たちの**最も深い**意図を理解し、私たちの気分を許してくれます。メッタの瞑想をするときは、その中心にある動機づけ（幸せになりたい、苦しみたくない）から離れないようにして、言葉に囚われないようにしましょう。心が慈悲に向かえば向かうほど、脳はそのような習慣をますます実行するようになります。

コンパッション瞑想と脳

　リチャード・デビッドソンと同僚らの研究のなかで、「非指示的なコンパッション瞑想（non-referential compassion meditation）」（生き物に対していつでも無制限に助ける用意ができている状態になる瞑想）で1万時間から5万時間の実践を積んだ僧侶と、1週間のトレーニングしか受けていない初心者とを比較しています。両グループともに、128個の脳波測定電極が付いた網を頭にかぶった状態で瞑想を始めてもらいました。すると、僧侶のグループで、極端に強いγ（ガンマ）波（注意が

強く集中した気づきの指標）が観察されました。初心者の瞑想者よりも30倍の強さで、脳波パターンは脳の極めて広範囲にみられ、同期していました。経験を積んだ瞑想者は、通常とは異なるこの脳の状態へと素早く切り替えることができ、休息している時間にも「デフォルト・モード」に戻るよりも、むしろ脳波パターンが持続する傾向がありました。また、最も経験を積んだ僧侶で最も強いレベルの γ 波が観察されました。デビッドソンの研究からは、集中的に実践することで、脳の活動を驚くほどコントロールできるようになり、対象や状況によらず、意図するままに慈しみの気持ちを呼び出せるようになることが示されています。

　デビッドソンの研究室では、感情を検知する脳の回路を瞑想によって強められるかどうかを調べる研究もしています。「非指示的なコンパッション瞑想」の実践が1万時間を超える僧侶16人が、2週間のトレーニングを受けた初心者16人と比較されました。瞑想をしている間の被験者の脳画像がfMRIを使って撮影され、音（苦しんでいる女性、笑っている赤ちゃん、レストランの背景雑音）に反応する様子が観察されました。初心者と比べ、僧侶たちの方が、苦しんでいる女性の音を聞いたときに島（共感と身体に対する気づきを司る）と側頭頭頂接合部（特に他者の感情を知覚する部位）で活動が高まりました。また、僧侶の方があらゆる感情（ポジティブ、ネガティブ、中立）に関連する**どの音にも**より強く反応しました。このことから、コンパッション瞑想をすると、脳が苦しみだけでなく、あらゆる種類の感情刺激を処理するように調節されることが示唆されます。

自分自身への道を見つける

　慈悲の瞑想をしていて、自分に注意を向けることが難しいと感じる人がいるかもしれません。それには、もともと心がさまよいやすいからという理由

もあるでしょう。でもむしろ、慈悲の瞑想自体の有するアンビバレントな性質によるかもしれません。自分を慈しもうとすると、ほとんどの人が違和感や困難を覚えます。

　何年も実践してきた私自身でさえ、自分に直接メッタを向けると、罪悪感（「これは自己中心的すぎる」）を抱くことが時にあります。それは私の子ども時代と私たちの文化に由来しています。しかしながら、私は、自分に慈悲を向けることで自分がよりよい人間になれることを知っています。そこで自分自身にこう思い出させるのです。「必要なだけ自分に注目しよう。そうすると、他者からそれほど注目されなくてもよくなるのだ！」。『ヴィスッディ・マッガ（清浄道論）』にもこのように書かれています。「私が幸福でありたいと願い、苦痛を恐れ、生きたいと願い、死にたくないと願うように、他の存在もそう感じている」。慈悲を向ける対象から自分自身を**排除する**必要は全くありません。慈悲を自分に直接向けることに罪の意識を感じるのであれば、自分に問いかけてみましょう。自分に注目するのがいけないことだと言ったのは、誰だったでしょうか？　生まれ育った家族のなかで、他者だけをケアするようにということを、どのように教わったのでしょうか？

　前章で述べたように、宗教的な伝統においては、自分を慈しむことは他者にどう接するべきかの一つの**例**として挙げられています。「隣人を自分のように愛しなさい」。「自分への優しさ」はプロセスの終わりではありません。むしろそこから始まるのです。他者をケアする喜びは、自分自身をケアする喜びよりも、深く長く続くものです。なぜなら狭い意味での「自己」の感覚から解放されるからです。また、ダライ・ラマが言うように、私たちにとっては自己よりも他者を慈しむ機会の方がよほど多いのです！　しかしながら、自分自身が苦痛を感じているときは、そして実際に私たちは苦痛を感じることがしばしばあるのですから、私たちは自分自身に慈しみを向ける方法を知らなければなりません。

　自分に優しくできないもう一つの理由は、「自分には優しくしてもらう資格がない」と感じてしまうことです。「自分は価値のない存在だ」という気持ちが、ほとんど全ての人の中に潜んでいます。慈悲を**教える立場の人**の中にさえ、そのような気持ちがあります。

1990年に、インドのダラムサーラで開かれた会議で、西洋の科学者と仏教講師の一団がダライ・ラマに接見しました。瞑想の講師たちを代表して、シャロン・サルツバーグが、無価値さと恥の感覚に苦しむ生徒を助けるにはどうしたらよいかを、ダライ・ラマに尋ねました。

　ダライ・ラマは質問の意味が理解できなかったようで、この話題について通訳としばらく話していました。ようやく質問の意味がわかると、ダライ・ラマは心から驚いた様子を示し、集まっている人たちに、そのような感情を持つのは**本当**なのか、と尋ねました。一団のメンバーは、それは生徒たちだけでなく、**自分たち講師**にとっても当てはまる問題であると答えました。ダライ・ラマはそこで、「あなたもこれを体験するのですか？　あなたもそうなんですか？」と一人ひとりに尋ねていきました。ダライ・ラマにとって、自分を実際に嫌う人がいるということが理解しづらかったようです。

　私は、ダライ・ラマがなぜこの現象についてあれほど驚いたのだろうか、ということをよく考えます。クリスティン・ネフの研究によると、セルフ・コンパッションの欠如は、西洋の生活に固有な性質ではないことが示唆されています。皮肉なことに、私たちが慈しみを最も必要とする瞬間こそ、まさに自分に慈しみを最も差し出しづらいということなのです。

　では、どのように慈悲の瞑想を使うと、自分をケアできるのでしょうか？いくつか提案しましょう。

❖ 痛みに心を開く

　痛みは助けになります。痛みにオープンになると、山の斜面を下る水のようにコンパッションが流れ込んできます。メッタのフレーズには、私たちの気持ちがひどく落ち込んでいるときに慰めてくれる不思議な力があります。気分が**良い**ときに慈悲の実践をすると、多くの人が不満（「感覚的すぎる」「言葉でしかない」）を言います。それでいて、気分が落ち込んでいるときには、フレーズが深くそして心地よく感じられます。メッタの瞑想は、危機が訪れるまでは、いつも一緒にいるのがあまりにも当然な配偶者に似ているかもしれません。幸せなときとそうでないときとで、メッタの瞑想がいかに

違って感じられるかを探るとよいでしょう。

　痛みは、思っているよりもたくさん私たちの周りにあります。身体は一日中、意識的にも無意識的にもストレスを蓄積します。ストレスがあれば自分でわかるというのは俗説で、普段私たちがそれを無視する間にも、ストレスは心と身体を蝕み、私たちの寿命を縮め、毎日をより困難にします。そこでマインドフルネスの出番となります。メッタの瞑想を始める前に、身体を素早くざっと調べて、力が入っている部位を見つけましょう。同時に感情も確認します。「今、自分は、どんな気持ちだろうか？」。心身に不快な感じがあればそれも全て認めます。それから実践を始めます。

　慈悲の瞑想を使って痛みを追い払おうとするのは、よくある間違いです。楽になることへの第一歩は、痛みに気づいて、心を開くことです。「今、この瞬間」において感情的な痛みを感じる（「**本当に傷ついた！**」）と、それに反応して深く共感的な思いが湧いてくるはずです（「なんということだろう、私が苦しみませんように！」）。一方、最初から痛みと闘うと、「止まれ、止まれ、止まれ、痛みよ**止まれ！**」と命じている自分に気がつくことになります。そうなってしまうことは非常によく理解できるのですが、これは大変な作業であるにもかかわらず、ほとんどうまくいかないでしょう。

　忍耐強く実践しましょう。実践が効果を発揮する仕組みを、ユダヤの物語が伝えています。

　　　弟子がラビに尋ねました。「なぜトーラーは、『これらの言葉を心の上に置きなさい』と教えるのですか？　神聖な言葉を心の中に置くようにと教えていないのはなぜですか？」
　　　ラビは答えます。「人間の心が普段は閉じているためだよ。聖なる言葉を心の中には置けないのだ。そこで、心の上に置いておく。そうしておくと、ある日、心がくだけたときに、言葉が中に落ちるのだ」

　心を開くと、痛みは友人になります。

☼ 良い性質を見つける

人間は本来、良い性質に惹かれるものです。たとえば、私たちが最も惹かれる歴史上の人物は、徳の高かった人たちで、軍事や政治に長けていた人たちだとは限りません。同様に、自分の良い点について思い浮かべると、自分と一緒に居続けるのが楽しくなります。自分を悪く思うと、自己イメージに対する内なる脅威から気を逸らそうとして、注意が散漫になります。瞑想を始めるときに、自分の良い性質を1つか2つ思い出してみましょう。家族への忠誠、誠実さ、動物への優しさ、あるいはユーモアのセンス？　そうすると、自分に注意を向けることに価値があると、もっと感じられるようになります。

慈悲はポジティブなリソースを構築する

ノース・カロライナ大学のバーバラ・フレドリクソンと同僚らは、慈悲の瞑想を7週間行った人たちと、待機中のグループの人たちを比べました。その結果、メッタの瞑想により、ポジティブな感情（慈しみ、喜び、感謝、希望、わくわく感、畏怖など）が有意に高まったのみならず、個人的なリソースも、マインドフルネス、問題解決能力、将来を味わうこと、自分の周囲の環境を管理する力、セルフ・アクセプタンス（自己受容）、人生の目的、社会的支援を受けた実績、他者とのポジティブな関係、身体の健康など広範囲にわたり有意に高まりました。さらに、そうした個人的なリソースが増えると、人生により満足することと、抑うつの症状が減ることとが予測されました。研究期間中に、瞑想を行った時間が1時間増えるごとに、慈悲の実践者が体験するポジティブな感情の数も安定して増えました。瞑想をしているときには、ポジティブな感情を生み出すスキルを安定して構築していると言えて、そのおかげで順応し続ける（ヘドニック・トレッドミル）効果があったと言えます。

⬡ 他者とつながる

愛犬のためなら命を捧げられるのに、自分の食事もままならなかった女性を知っています。彼女は犬のために慈悲の瞑想を始めました。「ジンジャーが幸せで満ち足りていますように」。それから、その思考に自分自身を差し込みました。「ジンジャー**と私**が幸せで満ち足りていますように」。やがて彼女は「**私たち**が幸せでありますように……」と言えるようになり、最終的には「**私が**……」と言えるようになりました。優しさを自分に差し出すときは、このように**こっそり**としなければならない場合があります。

他者にコンパッションを差し出すと、自分自身に対してもコンパッションを与える気分になることができます。あなたが好きだと感じる人で、あなたと似た苦しみを抱える人を思い浮かべましょう。その人へと差し出すメッタのフレーズに、徐々に自分を含めていきます。「[**サンドラ**]が安全で、傷つきませんように……」、「[**サンドラ**]**と私**が安全でありますように……」、「**私たち**が……」「**私が**……」。過去にとても愛していた人から始めても構いません。自分の子どもかもしれません。その人が病気だったときとか、苦痛を感じていたときを思い出します。自然に生じるコンパッションを心に抱きながら、そこに自分を混ぜ込んでいきます。

幼い頃の**自分自身**をイメージして、愛情深い心持ちを作る方法もあります。古い写真が助けになるかもしれません。自らを愛おしくイメージしていると、慈しみに満ちた構えができてくるでしょう。子ども時代の自分の写真を机の上に数週間ほど置いたままにして、気軽に眺めたり考えたりするようにします。そして心の準備ができたら、瞑想に自分を引き入れます。私のところにセラピーを受けに来るクライアントの一人は、寂しい子どもとしての自分をイメージしたら、以前には見つけられなかったコンパッションが湧いてきました。

抽象的に始める方が、自分への優しさが生じやすくなる人もいます。「**あらゆる存在**が幸せでありますように」。そこへ自分を含めていきます。「**私とあらゆる存在**が幸せでありますように」。感情的にあえて距離を置いて始めることもできます。たとえば、自分を名前で呼んでもよいでしょう。「**私が**

平和で幸せでありますように」ではなく、「[**サム**]が平和で幸せでありますように」から始めるのです。

　人間関係でトラウマがあり、人に対してアンビバレントな気持ちがあるようならば、たとえば樹木や海など、自然の中で大切に感じる対象について瞑想してもよいでしょう（「**この木**が健やかで強くありますように」。そこから少しずつ、ペットへと移行し（「**ジンジャー**が健やかで強くありますように」）、最後に自分自身へと移行します（「**私が**……」）。その原則はこうです。あなたが自然に笑顔になるような誰かや何かとつながり、そこから始めます。そして自分の心に従って、自分自身もイメージのなかに引き込んでいきます。

　慈悲を差し出す対象よりも重要なのは、そのときの**態度**です。私たちの脳は、その時々に体験していることを最も繰り返しやすい性質を持ちます。ストレスを感じると、ストレスを学んでしまいます。優しい気持ちになっていると、優しさを学びます。あとは枝葉末節です。

３つの要素が調和する慈悲

　メッタの実践には技法的な３つの要素があります。それは、(1) 言葉、(2) 気持ち、(3) イメージです。**イメージ**は目標を与え、**言葉**は私たちのいちばん深い願いを呼び起こします。**気持ち**は、私たちが口にしていることを言葉より前に身体で感じる感覚です。

　どの要素をより実践しやすいと感じるかは、人それぞれです。言語タイプの人であれば、言葉に取り組みやすいでしょう。感じることが得意な人は気持ちの要素にしっくりとくるでしょうし、視覚的な人はイメージを呼び起こしやすいでしょう。自分の傾向を知っておくと役に立ちます。たとえば、私自身は視覚的な人間なので、頭の中にイメージを抱くことが簡単にできます。瞑想中に自分のイメージを新鮮にすると、言葉の意味が深まり、気持ち（優しくする意図への**抵抗**も含めて！）が強くなります。自分が得意な部分を強調することで、実践がより力強くなります。

メッタの実践の3つの要素（言葉、気持ち、イメージ）の全てが一緒に作用している状態が理想です。実践のなかでそれらの要素を**切り替える**ことで、生き生きとした感じがその都度生じます。たとえば、実践をしていて言葉が意味を失い始めたら、イメージに焦点を当てて、実践の目的をあらためて思い出します。気持ちの要素が薄れてきたら、言葉の意味へとつながりましょう。ゆっくりと言葉を繰り返し、味わいます。気持ちから言葉へ、そして再び気持ちへと行ったり来たりしてみます。瞑想をするときは創造的になりましょう。慈悲の態度をできる限り引き出すことが重要です。

⚬ 言葉

あなたの慈しみに満ちた意図が反映されるような声のトーンで、柔らかく、そしてそっとフレーズを口に出してみましょう。フレーズに、キャンドルの温かな光の感覚を与えてみてもよいかもしれません。日常生活でインフォーマルな実践をしているときは、フレーズを声に出すほかにも、詠唱したり、好きな曲に合わせて歌ったりすることができます。ただし、声を大きくするときは、悪い感情を追い払うためではなく、人生で起きていることを**抱きしめる**ためであることに注意を払いましょう。

ゆっくりとフレーズを言いながら、一つずつが共鳴するままにします。詩は急いで読んでも、自分のなかに新しい何かを呼び起こしてはくれません。メッタの実践のなかで時間をかけて、自分の言っていることをじっくりと考えられるようにしましょう。自分に優しくすること以外は、何かを達成しようとしません。

瞑想に深く入っていると、自分で選んだフレーズを完全な形で言うのが面倒に感じられてくるかもしれません。そうしたときは、いくつかのキーワードに簡略化して、「安全、平和、健やか、楽」のようにしても構いませんし、1つの単語を繰り返して「慈しみ、慈しみ、慈しみ」という感じでも構いません。直感を使って、あなたにとっていちばん効果的な言葉を見つけましょう。心地よく、簡単に繰り返せる言葉がよいでしょう。

そのうち、フレーズが空虚に感じられてきたり、機械的になってきたりし

ます。どんな対象も、注意を向けるうちにそうなります。何度も繰り返して
いると、言葉の持つ力が失われるのです。とはいえ、必ずしも言葉を変える
必要はありません。そういうときは、実践における**気持ち**の側面よりも、**願
い**の側面に寄り添うようにしましょう。あなたのなかの中核となる動機づけ
が、実践のエネルギーの中心です。**なぜ**瞑想しているのかを思い出しましょ
う。幸せであるため、そして苦しまないためでしたね。あなた自身もまた、
満ち足りた気持ちで楽に生きたいと願っている存在の一つだということを見
つめます。その洞察の源泉の中へ、個人的なメッタのフレーズ（「私が安全
でありますように」）を入れ込みます。

　人によっては、メッタのフレーズの意味が通じないかもしれない、という
問題もあります。そういう人は、「幸せや安らぎなんて、期待できるわけが
ない。そんなの非現実的だ！　ストレスや苦痛なんて、誰の人生にも付きも
のでしょう？」と言うかもしれません。それはもちろんそのとおりです。
メッタの実践において理解するのが最も難しい原理は、メッタが特定の**結果**
を生み出そうとしているのではない、という点です。優しくしようとする態
度は、それ自体が報いになります。メッタのフレーズが本当に意味するの
は、以下のことです。

- 「たとえ平和と幸せを常に期待するのは現実的でなくても、**可能なとき
  にはそうでありますように**」
- 「**今、この瞬間**に健やかで苦しみませんようにという願いがあるけれど
  も、私には未来のことをコントロールする力はない」

　瞑想で使うフレーズは知的信頼に足り、意味を成すものである必要があり
ます。そうでないと、心が静かに反論して、課題に集中できなくなります。

⬡ 気持ち

　「気持ち」とは、慈悲のフェルトセンスのことです。慈しもうという意図
には、温かい感情を伴う場合もあれば、伴わない場合もあります。「願い」

と「気持ち」は異なります。気持ちは、願いよりもはるかに予測できません。私たちはいつでも「幸せになりたい」という**願い**を持つことができますが、それに対応する気持ちはそれほどあるわけではないでしょう。

慈しみの気持ちがあるときは、それを中核的な動機づけを強めるために使うとよいでしょう。気持ちがそこにある限り、できるだけ長く味わいましょう。慈しみの気持ちがある間は、言葉は部外扱いで構いません。ただし、気持ちが弱くなってきたら、言葉に戻っていきましょう。温かい気持ちは良質な食事に似ています。美味しい食事ができるのに、それを退けて栄養価の少ない食事を選ぶ理由はありません。

「感覚-気持ち」タイプの人は、知的タイプの人よりも、上手に気持ちを味わうことができる人が多いようです。自分の身体により気づいている人ほど、心地よい気持ちをより多く楽しめます。本書ではすでに、「身体感覚のマインドフルネス」（第2章）、「身体の中の感情のマインドフルネス」（第3章）などで、身体と感情に気づくためのエクササイズをいくつか紹介してきました。そういったエクササイズをすると、かなり知的なタイプの人でも、「感覚-気持ち」の側面を育むことができます。

経験豊かな瞑想者たちは、リチャード・デビッドソンの実験に参加した際、考えるだけでコンパッションに満ちた気持ちを生み出すことができました。瞑想の初心者のなかにも、それができる人もいなくはありませんが、かなり稀です。通常は、そのような気持ちが生じるための**条件**を整える必要があります。たとえば、愛する人のことを考えるとメッタが湧いてきます。愛する人が**痛み**に苦しんでいることを思うと、コンパッションが生じます。慈悲の実践における気持ちの側面については、いくらか「方法論的に振る舞う」要素があると言えます。「今、この瞬間」に入り込み、フレーズやイメージが私たちに作用するままにします。慈悲とコンパッションの気持ちは、実践を重ねるほど生じやすくなります。何千時間も実践すれば、それらの気持ちはまるで恩寵のように自然に生じてくるでしょう。

慈しみの気持ちを受け入れやすくなるように、以下のようなシンプルな方法を試してみることができます。

- 瞑想をする前に、ラブソングをかける
- 快適な場所で実践する
- 身体を心地よい状態にする
- 身体をリラックスさせる
- 軽く笑顔になって、目じりにも皺(しわ)を寄せる
- 良い気分でいる自分を視覚的に思い描く
- 膝にペットを乗せておく
- 胸の辺りに手を添える
- 心を込めてフレーズを言う

このような小さな工夫をすることで、今日からの瞑想が、温かくて親しみやすい取り組みになるはずです。もう一度言いますが、慈しみに満ちた気持ちを最初から**期待**しません。そういったことが生じるための条件を作るだけで、あとは自然に任せます。

⚙ イメージ

誰に注意を向けるか、ということによって、実践中に慈悲が生じてくるかどうかが大きく左右されます。実践を始めたばかりのときは、「他者」を通すことで、自分を慈しみやすくなりました。自分に対して自然な優しさを向けられる瞑想の実践者は、一歩先を行っていると言えます。次の章では、ほとんど何の気持ちも感じない人や一緒にいるのが苦痛な人を、慈しみを向ける対象に選ぶとどのようなことが起きるのかを探ります。しかし、そのようなより困難な課題に取り組む前に、自分自身のために上手に慈悲を呼び起こせるようになる必要があります。忍耐強く取り組みましょう。メッタの実践を始めて最初の2〜3年は、自分を慈しむことだけを学ぶ場合も珍しくありません。

自分自身に慈しみを与える準備として、**他者**とつながり合う方法をすでにいくつか提案しました。一般に、イメージするとあなたが自然と笑顔になる人（親しみを育むため）、または心が和らぐ人（コンパッションを育むため）

173

から始めるとよいでしょう。シンプルで、心地よく、複雑ではない関係のある個人を選びましょう。もしその人と性的な関係があると、隠れた愛着が現れて集中を妨げるかもしれません。もしその人がすでに亡くなっているのであれば、喪失感が入り込んでくるかもしれません。その人をイメージするときに、複雑な気持ちが湧かないことを確認しておきましょう。

　イメージが明瞭なほど、強い気持ちが湧いてくるものです。**自分自身**のイメージを生み出すときは、今取っている姿勢のまま、その姿を心の眼に描いて自分の身体を感じます（自己批判が引き出されないのであれば、目を開けて自分の身体を見ても構いません）。顔の表情についても注意を向け、自分のなかの良い性質を思い出します。自分を丸ごと認めましょう。気が向いたら微笑みましょう。自分ではなく他の人をイメージするのであれば、少し時間を取って、全ての感覚を通してその人の存在を感じます。その人について、はっきりとした良いイメージがひとたび描ければ、それがあなたの心に響き、その響きが持続することでしょう。

　慈しみに満ちた気持ちを向けることが世界で最も難しいのは、たいてい自分自身です。イメージしているうちに、長い間忘れていた思考や感情が現れて、不意を打たれることがあるかもしれません。そういえば昔、弟に対して大人げない接し方をしたことがあったでしょうか？　結婚生活において不誠実なエピソードがあったでしょうか？　自分のことを好きだと思えなくても、ありのままの自分と取り組むしかありません。自分を視覚的にイメージして、優しい願いを繰り返して、そのフレーズから心地よさが生じたらそれを味わい、もう一度イメージに注意を向け、さらにフレーズに戻り、必要なときはより取り組みやすい人に対象を移し、再度自分自身に戻る、といった具合です。実践するには柔軟性が必要です。いずれにせよ最終的には、良いときも悪いときも自分自身に対して愛情深くいられるようになります。何度も親切な気持ちを呼び起こすことで、気に障る思考、感情、言葉の背後にある本質的な善良さを見つけることができます。何か大きなことを達成しようとしていると思われるかもしれません。しかし、考えてみれば、ペットはすでに私たちをそのように見てくれているのではないでしょうか？　私たちだって、自分自身に対して同じようにできるはずです。

バックドラフト

　火事が起きた部屋で酸素がなくなると、次に扉が開いて新鮮な空気が流れ込んだときに爆発を起こします。消防士たちは、それを「バックドラフト」と呼んでいます。慈悲の実践を行うと、同じような影響がみられます。私たちの心が苦しみ（自己嫌悪、自己疑念）で熱くなっているときに、慈悲の実践を始めると、共感的な言葉が心の扉を開きます。すると、つらい気持ちの爆発が起こるのです。そのような爆発した気持ちは、メッタの実践によって**生み出される**のではありません。それらの気持ちが扉から飛び出ていくことを私たちが認識し、感じているだけです。これは癒やしのプロセスの一部です。

　この現象はあまりにもよくあることで、私のところや他へ通う患者さんたちは、さまざまなメタファーを使ってこれを表現してくれます。

- 「メッタは、熱したフライパンに冷水を落とすようなものですね。水はジュージューと音を立ててフライパンの中を滑り回ります。良いことなのですが、良いことだと**認識する**までに時間がかかります」
- 「『私が幸せでありますように』というのは、まるで地雷原のようです！」
- 「慈しみの光を当てると、『私は愛されない。私はわがままだ』ということが、かえって浮き上がってきます」
- 「慈しみは諸刃の剣です。現在の痛みを切り捨ててくれるけれど、過去の痛みにも切り込んでいくのです！」

　セラピストは、無価値感や恥の気持ちに苦しむ人たちと一緒に取り組むとき、このプロセスに鋭く気がついています。もしセラピストが、「お父さんに向かってそんなふうに反論できるなんて、とても勇敢でしたね」などと親切で称賛するような言葉をかけたら、自己価値の低さに苦しむ患者は、「馬鹿にされた」「保護者ぶられた」と感じるかもしれません。それはセラピストの不誠実さによるのではなく、優しい言葉がかえって「おまえはただの臆

病者だ！」といった過去の否定的なメッセージを浮かび上がらせるからです。それがバックドラフトです。

　私たちが知っていることの全ては、何か別のものとの対比として理解されています。たとえば、足の指が柔らかいと知っているのは、石が硬いためです。自分自身についてネガティブな思考でいっぱいの人にとって、慈しみに満ちた言葉をかけられると、それと対比的な思考が一気に噴き出してくる場合があります。そうした思考はあまりにも強烈なため、かけてもらった優しい言葉よりも真実に近いように感じられます。このような場合、親切なコメントは、意図的な中傷と誤って解釈されやすくなります。それが瞑想中に起きると、自分自身の誠実さを疑うようになります。

　慈悲の瞑想のなかで自分に良くすると、そうした隠れた気持ちが噴出してくる場合があり、それを扱えるようになる必要があります。第4章で「スキーマ」について考えたことを覚えているでしょうか？　私たちのなかには、根本的に「恥」「孤独」「見捨てられ」「孤立」「剥奪」といったことを感じやすい人がいます。これらの思いは、子ども時代に条件づけられた中核信念で、慈悲の実践をすると必ず現れてきます。そういった古い傷や気持ちに、どうすればうまく取り組むことができるでしょうか？

　第一のルールは、「つらい気持ちが湧くことを予測すること」です。感情のバランスさえ維持できれば、湧いてきた気持ちは実践の妨げには**なりません**。もし、悲しみや悲嘆や自己疑念が生じたら、まさにその瞬間に自分が苦しんでいることを認識し、今までと同じフレーズを使って自分に善意を捧げます。物語の筋書きに没頭しないようにしましょう。痛みを感じているの**だからこそ**、自分に良くしてあげるのです。不快な気持ちを追い払おうとはしません。気持ちではなく、自分自身に注意を向けます。メッタは、自分自身に共感することを教えます。あなたが何を感じていようとも、全ての瞬間がそれを実践する機会となります。

　第二のルールは、「バランスを維持すること」です。生じてくる気持ちが強すぎると感じたとしても、メッタの実践にさらに力を入れる必要はありません。強く不快な気持ちと闘うためにメッタを強める罠にははまらないでください。それは戦闘であって慈悲ではありません。そんなことをすれば気分

はますます悪くなるでしょう。そういうときは、少し後ろに下がって、それほど内観的ではない別の方法で、自分に優しくする必要があるかもしれません。たとえば、友人と夕食をとるとか、ビーチに出かけるといったことです。感情が麻痺した感じがする場合は、やはり一歩下がって別の方法で自分に良くする必要があることを示すサインに間違いありません。第5章で紹介した活動などをするとよいでしょう。

　第三のルールは、「マインドフルネスを適用すること」です。瞑想を続けることが理にかなっており、とはいえフレーズによって生じる気持ちが強すぎるときは、いつでも呼吸や他の錨（音、触覚）に注意を切り替えることができます。ただし、そのときに、マインドフルネスの実践を愛情で満たすことを忘れないようにします。第2章と第3章で紹介したスキルを使いましょう。感情にラベルを付けてみます（「ああ、嫉妬」「ああ、恥ずかしい」「ああ、怒り」）。感情をそのままにし続けると、その**背後**にきつく抱え込まれていた感情が、解放されてくるかもしれません。それはたとえば、罪悪感の背後にある怒りや、怒りの背後にある恐怖といったものです。ラベルを付けるだけでは足りない場合は、その感情が身体のどこにあるのかを、腹部、胸部、喉の辺り、などと突き止めて、その気持ちのトーン（例：「不愉快だ」）を表現します。そして、自分自身にさらにメッタを与えます。

　瞑想をしていて中核信念やスキーマが現れてきたら、それにも「見捨てられ」「不信」「欠陥」「無能」といったラベルを付けましょう。その際、ソフトで優しい調子でラベルを差し出します。瞑想の主たる対象（すなわちフレーズ）と、気づきのなかで切実に迫ってくる対象（すなわちスキーマ）との間を行き来するようにしましょう。禅のメタファーで、炎の中心に蓮の花があるように、自らの体験の中心に座ります。マインドフルな気づきのなかに古い記憶が現れてくるかもしれません。たとえば、あなたが完璧主義であれば、「ありのままでは不十分だ」とどこで最初に聞いたかを思い出すかもしれません。もし慢性的に怒りを感じているのであれば、「間違ったら必ず罰を受けるべきだ」とあなたに語った人について考えていることに気がつくかもしれません。独りきりにされることを恐れているのであれば、あなたのことを過度に心配していた人が心に浮かぶかもしれません。このような出来

事が起きたら、ただそれに注意を向け、そして心の錨へと戻りましょう。

　全般的には、バックドラフトに取り組むときも、注意を逸らす他のあらゆる事柄に取り組むときと同じようにします。起きていることに柔らかくそっと注意を向け、そしてフレーズに戻ります。自分の欠点を取り除こうと頑張りすぎて、自分を苦しめないでください。ある賢者がかつて言いました。「感受性を大切にしなさい。ハンマーを使って花を開くことはできない」

祈る人のように

　慈悲の瞑想と祈りには共通点があります。クライアントの一人に、メッタの実践の調子はどうかと尋ねると、彼は「これは簡単です。元々お祈りの方法を知っていましたから」と答えました。また、「幸せや苦しまないことを願うときに、神に祈ってもよいですか？」と尋ねる人もいます。「もちろん構いません！」というのがその回答です。慈しみに満ちた意図を育むことであれば、どれもメッタの実践となります。ただし、注意点があります。

　肝炎に苦しむポーラという女性がいました。ポーラは、病から解放されるために祈り続けていました。あるときポーラが話してくれました。「失望しかありませんでした。だから、お祈りをやめたのです」。やがて、ポーラはメッタの実践に出会い、熱心に取り組むようになりました。それは主に、自分の人生が変わることを期待する罠にはまることなく、祈りに伴う慈しみを感じることができたからです。メッタを通じて、ポーラは手放すことを学びました。つまり努力の結果をあるがままに任せるのです。伝統的な祈りには、「任せること」（「神の御心のままに」）と「結果を求めること」（「この病を治してください」）の２つのタイプがあります。メッタによってポーラは、要求（「肝炎が治って！」）をせずに、願い（「神様、私が〜**ますように**」）を持つことが可能であることを認識できるようになりました。任せるタイプの祈りは、自分にとって何が最善か、物事はどうあるべきか、といったことを私たちが知っているという前提にはしません。そうした祈りは、私たちの心の方向性のようなものであり、結果をコントロールしたり操作しようとした

りするための努力ではありません。言い換えれば、自分が置かれた状況や願いを、いくらか軽く持っているということです。

メッタは世俗的な祈りです。世の中には、より高次の力（ハイヤーパワー）を信じたいと願いながら、なかなかその域に至ることができない人がいるようです。私のクライアントの一人も、「神のご加護がある人たちがうらやましい！」と言いました。メッタは、神を信じる人にとっても信じない人にとっても同じように、無条件の慈しみを育む機会です。そのためには、自分の心のいちばん深い願いに寄り添い続けることです。詩人ガルウェイ・キネルの言葉に、「つぼみはあらゆるものを意味する……内側から、自らを祝福するなかから花開いてくるあらゆるものを」というのがあります。つぼみは、自分以外に何かにアピールする必要もなく花開きます。花を咲かせるのがつぼみの本質なのです。私たちの最も深いところにある性質もまた、親切と慈悲でたっぷりと養分を与えられると、のびのびと花開きます。

祈りが回避になるとき

ウィチタ州立大学のロバート・ゼトルと同僚らは、痛みをアクセプトすると耐えることが容易になるかどうかを調べたいと考えました。質問紙に答えてもらったスコアを使い、体験を回避する人（「不安な気持ちは良くない」）と回避しない人（「自分の気持ちは怖くない」）のグループに参加者を分けました。その後で、両グループに冷水（4.4℃）を張ったトレイに最長で5分まで一方の手を浸してもらい、参加者が冷水に手を入れたままにできた時間の長さを測定しました。また、参加者に後から質問紙を渡し、実験中に考えていたことを描写してもらいました。

予測されたように、回避する人たちよりも、回避しない人たちの方がずっと長く冷水に耐えられました。痛みに対する感受性はもともと両グループで同じでした。でも、回避的な人たちは、役に立たないメンタル戦略として、たとえば破局視（「これはひどい。ぜったいに良くならないと感じる」）や祈り／願い（「痛まなくなるように祈る」）を使ってい

ました。つまり、痛みの体験をアクセプトできて、消え去るように祈らないでいられた人は、より長時間痛みに耐えられたのです。

クッションの上ではなく

　慈悲の実践は、クッションやカウチの上ではなく、主に日常生活のなかで行われます。フォーマルに座って瞑想する気質や時間が誰にもあるわけではありません。フォーマルかインフォーマルかのどちらかを選ぶ必要があるならば、なるべく頻繁に実践できる方が望ましいので、日常生活を送っている16時間超の間に行う方がよいでしょう。ほとんどの人は、フォーマルに実践しなくても、メッタの瞑想から多くの利益を得られます。どのような姿勢を取っていても、慈悲が湧いてくるその瞬間が、脳のトレーニングになっています。これまでお伝えしてきた原理と実践的な提案はどれも、慈悲の実践を日常生活のなかでするときも、座って行う瞑想をするときと全く同じように当てはまります。

　フォーマルに座って慈悲の実践をしたい場合は、毎日どれほどの時間を割り当てるとよいでしょうか？　通常は、朝に20〜30分の慈悲の瞑想をすれば十分で、その日の残りの時間の調子を維持できます。人によっては10分程度で十分だと感じる人もいます。一般的には、長く1回（30〜45分）座るよりも、短く2回座る方がよいでしょう。なぜなら、長く座っていると神経系が不安定になってきて、自分が神経質になったり短気になったりしてくるのを感じる人がいるためです。ご自分にとっていちばん良い方法を探しましょう。

　覚えておいていただきたいのは、脳はそのときにしていることを習慣化するということです。クッションの上に座っているときにストレスがかかると、脳は、「座るとストレスを感じる」という習慣を育みます。慈悲を生み出せば、脳は慈しみを体験するようにトレーニングされます。私たちがメッタの瞑想の実践をするときは、たいていの場合、慈しみとコンパッションを

持とうとする**意図**を強化しています。

　フレーズには、昼夜を問わずいつでも取り組むことができます。私はメッタのフレーズを数分ほどインフォーマルに繰り返してからベッドに入るのが好きです。また、朝起きたときにも同じことをします。古代の経典『ヴィスッディ・マッガ（清浄道論）』に、メッタを実践すると眠りが安らかになり、良い夢を見るようになり、実践者は他者から大切にされるようになる、と書かれています。それは理解しがたいことではありません。恐怖や怒りがない状態で眠りにつく方がより平和な夢を見そうです。また、私たちが相手を心から受け入れているときに、その人が私たちを嫌うのは（不可能ではないにしても）難しいでしょう。

　気持ちが大きく落ち込んでいるときこそ、セルフ・コンパッションを発見するには良いタイミングです。ネオミ・シーハブ・ナイによる詩「優しさ」の最後の2つの節を引用しましょう。

　心でいちばん深いものとしての優しさを知る前に
　もう一つのいちばん深いものの悲しみを知っていなければならない。
　悲しみに寄り添って目覚める。
　悲しみに話しかけ続ける。
　そうしていると、やがてあらゆる悲しみの糸がつかめて、あなたの声
　に表れてくる。
　そして、織物の大きさがわかる。

　あとはもう、優しさしか意味がなくなる。
　靴紐を縛るときも優しさから。
　今日も出かけて、手紙を投函し、パンを買って帰ってくるのも優しさ
　から。
　この世の人ごみの中からこちらを見て、
　君が探してきたのは私だよと言っている優しさ。
　見つけてしまえば、あなたにどこまでもついてまわり、
　まるで影か、あるいは友人のようになる。

悲しみに心を開くのは、恐ろしそうに感じられるかもしれません。しかし、慈しみに満ちたコンパッション（苦しい時期にも確かな手応えのある存在）が、仲間として絶えず寄り添ってくれています。もし傷ついていることに気がついたのであれば、そこには、失敗や失望や拒絶の体験があったのかもしれません。そんなときは自分に向かって柔らかく言いましょう。「私が安全でありますように、私が幸せでありますように、私が健やかでありますように、私が楽でありますように」

　セルフ・コンパッションと**自分に対する寛大さ**は密接に関連しています。人生で寛大さは本質的に重要です。なぜなら、私たちは絶えず過ちを犯すからです。どれほど正しく振る舞っても誰かが傷つくことが避けられない状況も起きます。たとえば、上司としての立場上、志気が低い部下を解雇せざるを得ないかもしれません。または、薬物依存に苦しむ息子に、お金をそれ以上渡せない母親の状況もあるでしょう。知ってか知らずかはともかく、他者に痛みを感じさせてしまったときに、どのように自分に寛大になれるでしょうか？　まず、心を開いたままにし、心にある自責の念を受け入れ、怒りや自己正当化などで注意を逸らしたりはしません。次に、言葉または行為で、自分に対してコンパッションに満ちた態度で反応します。

　第1章では、不快さに抵抗することが別の問題の原因になる例（腰痛、不眠、人前で話すことへの不安、人間関係の対立）を紹介しました。よくあるこうした状況も、慈悲を実践するには絶好の機会です。メッタの瞑想をすると、苦しんでいる**人**はいくらか楽になります。その結果、抱えている問題との付き合い方が変化します。瞑想が見る人の視点に影響を及ぼすからです。たとえば、私が腰痛に苦しんでいるとしましょう。自分に向けて、「私が安全でありますように、私が平和でありますように、私が強くありますように、私が楽でありますように」と言うと、自分に癒やしがもたらされて、痛みが走るたびに感じる不安が減ります。慈悲を実践することで、「不安な注目」から「慈しみに満ちた注目」へ、つまり最も抵抗が少ない道筋へと視点が変化するのです。

　不眠症で横になったまま翌日のことを心配しているのであれば、眠れないことで不幸せなの**ですから**、そういう自分に慈悲を差し出してみましょう。

眠ることに向けていた注意を、むしろ悲しく恐れている気持ちに向けて、メッタのフレーズを自分のために繰り返し唱えます。眠れない状況は、役に立つこと（すなわち、セルフ・コンパッション）を習得するために脳をトレーニングするには絶好の機会です。それは、横になって行う瞑想なのです。

　人間関係のなかで苦しんでいることに自分で気づいたら、いったん少し離れて、何がそれほどつらいのかを自分に尋ねましょう。それは、「わかってもらえない」「話を聞いてもらえない」という感じでしょうか？　それとも、尊重されていないように感じますか？　あなたは、幸せであること、そして苦しまないことに値することを知っておきましょう。心の中にある気持ちに名前を付けることはできますか？　あなたが必要としている慈しみとつながりを、まさにその場で、そしてその瞬間に、メッタのフレーズを使って自分に与えましょう。少し気分が良くなったら、パートナーと向き合って対話をしましょう。

　人前で話すことの不安で苦しんでいるのであれば、ステージに立つとき、あるいは実際に立つ直前にこれからステージに立つことを**考えている**ときに、あなた自身と聴衆の両方に慈悲を与えましょう（「私たち**全員**が幸せで、苦しみませんように」）。そのような心構えでスピーチするだけで、聴衆はあなたのコンパッションの有り様に反応してくれるかもしれません！　不安を感じている自分自身をそのままにしておくと、不安だったこと自体を忘れてしまうかもしれません。トマス・マートンが、道教の賢人荘子の言葉を解釈してこう書いています。

　　日く、靴が合っているときに、
　　足のことは考えない。
　　帯が合っているときに、
　　腰のことは考えない。
　　心が周囲と調和しているときに、
　　「是」か「非」かはどうでもよくなる。

デューク大学医学部のジェームズ・カーソンと同僚らは、慈悲の瞑想を治療戦略として使えないかを調べるパイロット研究で、腰痛に対して瞑想を適用してみました。実験の参加者は、90分のグループミーティングによるトレーニングを週に一度、8回にわたって受けました。また、自宅ではオーディオテープを聴きながらメッタの瞑想を行いました。研究から、メッタの瞑想で腰痛が減り、参加者が実践する時間が（1日当たり10〜25分から始まり）長いほど瞑想セッションが終わるときの痛みのレベルが低くなっていることが示されました。また、瞑想時間がより長いほど、翌日に怒りがより少ないことが予測されました。研究に参加した一人で、衰弱した老齢の母親に対して感情を抑えられなくなりがちだった女性は、「今では、母の部屋に入ると、自分が柔らかくなるのがわかります」と話しました。また、ビジネスマンは、「こんな広がりを、自分の心の中に他者のために持つことが可能だとは、全く知りませんでした」と言いました。

メッタではないもの

慈悲の実践について大体理解できたところで、慈悲の実践**ではない**ものについて、ざっと確認しておきましょう。そうすれば、実践を必要以上に複雑にしないで済むでしょう。以下に挙げることは、慈悲の実践ではありません。

- **利己性**。自分自身を慈しむことは、他者を慈しむ方向への第一歩です。私たちが自分自身に見出す欠点は、他者のなかにも見出されます。メッタは、何が起きても自分に優しくすることを教えます。私たちが自分の行動をよりよく形成しようとするときでさえも、自分に優しくするので

す。

- **自己満足**。メッタは、「善い意思」の力を使って、恐れや怒りといった本能的な傾向を乗り越えようとします。メッタによって、古い習慣から自由になります。また、痛みから学び、上手に対応できるようになります。これらは単なる自己満足ではありません。

- **ポジティブなアファメーション**。アファメーション（肯定化）とは、自分でも信じていないかもしれないことを言って自分を励まそうとする努力のことです。それはたとえば、「私は毎日どんどん強くなっている！」といったフレーズです。メッタは、自分を騙して実際よりも良い状況だと思い込むことではありません。メッタの瞑想がうまくいくためには、使われるフレーズの意味を心から信用できる必要があります。

- **ただのマントラ**。メッタのフレーズはマントラのように繰り返し唱えられますが、それだけにとどまりません。**注意**の力を使うことに加えて、メッタは、**つながり**、**意図**、**感情**とも、共に作用します（次章でさらに詳しく見ていきます）。メッタでは、慈しみに満ちた姿勢を育むために、できることは何でもします。

- **甘く見せかけて受け入れやすくすること（砂糖でコーティングするかのように）**。甘い調子で考えたり話したりすることで、人生の現実がさほど厳しくなく見えるようにするのではありません。むしろ、悲劇的なことを含め、人間としての体験の深さに対して心を完全に開こうとしています。これは、痛みに対してコンパッションに満ちた反応ができて初めて可能になります。

- **慰め会**。痛みに心を開くのは、自分を甘やかしていることではありません。私たちは、不快感に打ちひしがれているのでも、愚痴をこぼしているのでも、過度に泣き言を言っているのでもありません。むしろその逆で、コンパッションを通じて痛みに心を開くと、人生で使い古された物語の筋書きから離れられるようになります。

- **心地よさ**。メッタでは、心地よい気持ちではなく、親切にしようとする意志を主に育みます。気持ちは来ては去りますが、私たちの存在の基盤には、「幸せになりたい、苦しみたくない」という普遍的な願いがあり

ます。メッタを実践するとき、そこに信頼を置くのです。

- **疲弊すること**。疲れ果ててしまうのは、囚われている（ああではなく、必ずこうであってほしいと考える）ためです。慈悲とコンパッションは、現実をコントロールしようとしてあれこれ画策するたぐいの行動は取りません。そのため、苦しむのではなく、楽になるのです。
- **要求すること**。メッタはいつも結果の側ではなく、**願い**の側に立ちます。時間がたてば良い結果は必ず訪れますが、私たちはむしろ、自分や他者に何が起きてもそれを優しく受け止める態度に注目して、それを育みます。願いから離れず、結果には囚われないのが、無条件の慈しみです。

慈悲の実践をあなたの日課に自然に組み込む方法が見つかることを願っています。実践は案外シンプルですが、好奇心と柔軟性をもって向き合うことが大切です。ここに示した指針は出発点にすぎません。あなたの心に従いつつ、シャロン・サルツバーグが言うように、「どうなるかを見てみましょう」。

次に私たちは他者に目を向けます。特に、予想もしておらず望んでもいないときに限って、私たちの心に入り込んで居座る、私たちをイライラさせる人たちについてです。

第 **7** 章

他者をケアする

コンパッションに満ちているのは、自己によく関心が
向いている状態にほかならない。

——テンジン・ギャツォ（ダライ・ラマ 14 世）

　本章では、自分をケアする方法としてこれまでに学んできたことを、人生
の苦しみと喜びの源である他の人間関係に当てはめていきます。あまり認識
されていないものの、健全な人間関係を維持するためには、セルフ・コン
パッションが不可欠な要素だということが理解できるでしょう。

　皆さんのなかには、イメージすると自然に笑顔になるような愛する人に対
しては、すでに慈悲の瞑想を実践している人もいることでしょう。しかし、
人生で出会う大変な人たちに対してはどうしたらよいでしょうか？　そうし
た人たちのためにマインドフルネスとセルフ・コンパッションを実践しよう
とすると、大きな困難を感じるかもしれません。でも、同時に、それはそれ
らの実践を深める機会にもなります。本章では、自分自身への尊重とケアを
基盤に、そこから他者との人間関係を系統的に変容していく方法を学びま
す。

　ほとんどの人は、自分を慈しむよりも、他者に優しさを差し出す方がすん
なりと簡単にできると思っています。読者のなかには、いまだに、特別な許
可をもらわないと自らの感情的なニーズに焦点を当てられない人がいるかも
しれません。もしあなたもその一人であれば、「他者をケアする」というこ
とがテーマの本章は、大盤振る舞いをしているように感じられるかもしれま

せん。でも、心配しないでください。他者からの強い要求があって、それが
あなた自身のニーズと対立するような場合でも、自分を見失わないでいられ
るようになる方法を学ぶことができます。

　「だったら、気に障る人たちだけを**避ける**だけでよいのではありません
か？」。問題になる人たちに近づかないというのは、おおむね良い考えです
が、有効な戦略としていつでも使えるわけではありません。隠遁者でもない
限り、困難な人とは、道端で、タクシーで、スーパーで、職場で、親戚の集
まりで、つまりあらゆるところで関わることになるからです。イギリスの作
家ダグラス・アダムスの名言によると、「人間が問題なのだ」ということに
なります。

　また、残念ながら、私たちの頭の中にも人々が住んでいます。山の頂に独
りで立っていても、頭の中では誰かとおしゃべりしているはずです。義理の
母親と、継父と、妹と、友人と、どのような会話をしているでしょうか？
どんな気持ちになりますか？　自らのネガティブな感情の痛みを最初に感じ
るのは自分自身です。そのことを中国の格言では「嫌悪は自らが貯蔵される
容器を蝕む」と伝えています。

　まずは頭の中の人間関係を変えることが、そうした人たちと現実の世界で
一緒に取り組むための第一歩になります。あるとき私は、頭の中に、近所の
コンビニでいつも不機嫌な表情でレジを打つ中年店員のラジブを思い浮かべ
ながら、慈悲の瞑想を３日間実践しました。その後、牛乳を買いに深夜に
コンビニまで出かけました。店のドアをくぐるとラジブの姿が目に入り、私は
自然と笑顔になりました。瞑想をする前の私は、会計を済ませてそそくさと
立ち去るのが習慣でした。ところが、今回は立ち止まって、おしゃべりを少
ししました。そして、自宅に戻って初めて、何が起きたのかを理解しまし
た。祖国から遠く離れて暮らし、夜遅くまで店に立って不幸せな人たちに宝
くじの抽選券を売っているこの男性の苦労について瞑想したことで、私の中
にあった「彼を避けたい」という思いは、好奇心と気遣いに静かに変化して
いました。私のこのような努力について、ラジブは知りようがありません。
他者との関係を変える取り組みは、私たち自身の内面から始まります。

　こういった体験を重ねるうちに、人生のなかで、より困難な人たちと取り

組む自信がつきました。ある人は私に罪悪感を与え、ある人は私を怒らせ、ある人は後悔や切望を私に感じさせます。一人、また一人と、内なる優しさの力で、その人との関係が変化していきました。「私が幸せになりたくて、苦しみたくないのと全く同じで、_____もまた幸せになりたいし、苦しみたくないのだ」。他者に対するネガティブな気持ちは、私たちを自分自身からも他者からも引き離しがちにしてしまいます。そのような気持ちは嫌悪の引き金となります。私は、他者のために慈悲を実践することで、ゆっくりと、それほど孤独を感じなくなり、命全般ともっと強くつながっていると感じるようになりました。

　ブッダの言葉があります。

　　　　自分の面倒を見ることで、他者の面倒を見る。
　　　　他者の面倒を見ることで、自分の面倒を見る。

　他者に対して考え、感じ、行うことが、私たちの内面の感じ方を形成します。

　気をつけていただきたいことが一点あります。本章を一度に読み切ろうとはしないでください。本章の第1節では、他者に慈悲を向けることが大切な理由と、その実践の仕方について説明します。第2節では、実践をしているなかで生じるかもしれない心配事を扱います。そして第3節では、日常生活に実践を取り入れる方法を見ていきます。皆さんには「生徒－実践者」の態度で取り組んでいただくとよいでしょう。一つの節を読んだら、実践してみます。そしてその週の残りは、実践と、少しずつ読み進める作業とを交互に行うとよいでしょう。ゆっくりと進みましょう。マインドフル・セルフ・コンパッションは、徐々に構築されます。本章と次章で見ていくフルコースの慈悲の瞑想は、4週間から6週間かけて、リラックスしたリトリート環境で教えるのが最も適しています。

つながり合う方法

　慈悲の瞑想は、**意図、注意、感情、つながり**という4つの癒やしの要素があります。私たちの中核にある意図（「あらゆる存在が幸せでありますように」）を高めると、人生にエネルギーと意味がもたらされます。注意を集中する（「繰り返し何度でもフレーズに戻る」）と、心が落ち着きます。ポジティブな感情（コンパッション、慈しみ、優しさ）があると、幸せになります。つながり合うことで、平和で安心した気持ち（ひとりじゃない、怖くない、共通の人間性の感覚）が深まります。これまでの章では、「自分から自分へ」つながる方法を紹介してきましたが、本章では、「自分から他者へ」つながる実践の方法を学びましょう。慈悲の実践におけるつながりの要素は、私たちが他者に注意を向けるときに、特に明確になります。切り離されていることによる苦痛が和らぐのです。

切り離されていることと文化

　約6千万人のアメリカ人（国の人口の20%）が寂しさに苦しんでいます。つながり合っていると感じる度合いは、文化によっても違います。カナダのヨーク大学のエイミー・ロカチが行った調査では、北米の男性も女性も、スペインの男性と女性よりもそれぞれ寂しさをより強く感じていることを発見しました。有意差がみられた具体的な項目は、感情的苦痛、社会的力不足と疎外、成長と発見、人間関係での孤立、自己疎外でした。

　他者を信頼できるとアメリカ人が感じる度合いも落ちているようで、これも寂しさの別な指標と言えます。研究者のウェンディ・ラーンとジョン・トランスーは、高校生が抱く社会的信頼が1976年から1995年にかけて低下していることを示しました。たとえば、1976年には生徒の32%が「人は一般に信頼できる」と感じていたのに対して、1995年

にはその割合が 17% に落ちました。同じ期間中に、こうした若者は他人のことを一般に、より助けにならず、より不公平だと捉える方向へ変化しました。孤立と信頼のなさは、社会的つながりが蝕まれていることを反映しています。

コーネル大学のアラン・ヘッジは、アメリカ社会において仕事が不安定で、健康保険、年金、教育などの社会的プログラムが相対的に欠如している点が影響して、アメリカ人が「トレッドミルの上で遊牧民的社会を生きる」ようになっているのではないかと推測しています。個人的つながりよりも、仕事や物質的安全を強調する必要に迫られているのです。

ほとんどの人は、人生でつながりが果たす役割について認識していません。それは目に見えないものです。友人で同僚のジャン・サーレーは、つながりは満ち引きするかのように、絶えずつながったり切れたりしているのですが、私たちは普段、家族や仕事、その他の責任に気を取られていて、そのことに気づかないと説明しています。しかし、気づかないからといって感じないわけではありません。**切り離されると、痛むのです**。切り離しには、パートナーが自分より先に寝てしまったといった軽微なものもあれば、不倫や虐待のように破滅的な影響を及ぼすようなものもあります。

切り離しが起きていても、通常は気がつきません。それは、イライラ、自己疑念、心配、悲しみとして表れるかもしれません。寂しく、切り離された気持ちになっていると、職場の同僚と二人で夜遅くまでオフィスで残業をしているときなどに、その同僚が異性としてたまらなく魅力的に見えるかもしれません。他にも、食べすぎる、買い物に膨大な時間を費やす、ネットサーフィンをして出会いを探す、酒を飲みすぎるといったことになるかもしれません。そういうときは、元アメリカ大統領のジミー・カーターのアドバイスに従って、「見えないもの」を探すとよいでしょう。あなたが不安、怒り、悲しみを感じるのは、他者から切り離されているからではないでしょうか？誰かに性的に惹かれるのもそうですか？　配偶者が出張から戻ると、昔のあ

なたのように喜びを感じますか？　それとも、パートナーと一緒にいるとかえって切り離されていると感じるので、気分が**悪く**なるのでしょうか？

　どれほど良い人間関係であっても、切り離しがあることは避けられません。私たちは**皆**、完全に一致することはなく、多かれ少なかれ違いがあるからです。そのことを想像するのは簡単です。私たちはそれぞれに異なるDNAを持ち、子ども時代の体験も異なり、生きている（または生きてきた）経済的、人種的、民族的、ジェンダー的なグループもそれぞれに多様です。互いの夢は絶えずせめぎ合っています。したがって、どの人間関係にも切り離されることの痛みが必ず含まれます。それでいて、最も深く、通常の気づきをはるかに超えたレベルで、私たちは同じ一枚の布として織り込まれています。瞑想の師として高名なティク・ナット・ハンが、その点を美しく描写しています。

　　あなたが詩人てあれば、この一枚の紙の中に、雲が浮かんでいる様子がくっきりと見えるでしょう。雲が無いと水は有りません。水が無いと木は育ちません。そして、木が無いと紙を作れません。ですので、この紙の中には雲が有ります。この一ページが有るのは、雲が有るおかげなのです。紙と雲は、なんと近しいのでしょう。他の事柄も考えてみましょう。たとえば、太陽の光はどうでしょう？　陽光はとても大切です。なぜなら、陽光が無いと森が育ちませんし、陽光が無いと私たち人間も育ちません。そこて、きこりたちが木を切るためは陽光が必要です。木も陽光が必要なので、この一枚の紙の中には陽光も有ります。さらに深く見ると……雲と陽光だけではありません。あらゆるものがこの中に有るのが見えます。小麦がパンになり、それをきこりが頂きました。きこりのお父さんがいました。そうしたあらゆるものが、この一枚の紙の中に有ります。……たった一枚の紙切れの存在が、このコスモス（秩序ある世界）全体の存在を証明しています。

　天文学者のカール・セーガンも、そのビジョンを繰り返し述べています。

「アップルパイを最初から作ろうと思うのであれば、まずはこの宇宙を創造しなければならない」

　他者から分離されていると感じる気持ちは、私たちのいちばん深いところにある自己の感じと相いれません。だからこそ痛みを感じます。子どもたち、パートナー、友人たち、他の人種、文化、年齢、性別の人たち、そしてあらゆる生き物たちと、絶えることのないつながり合いを感じることができれば、生存のためのニーズが互いにどれだけ競合していても、実際にはこのうえなく幸福に感じるものです。

　アルバート・アインシュタインの言葉にあります。

　　　人間は、私たちが「宇宙」と呼ぶ全体のなかで、時間と空間によって限定された一部です。人間には、自分自身も、思考も、気持ちも、他から区別されて体験されますが、これは、意識が創り出すある種の錯覚のようなものです。この錯覚はある種の牢獄になります。そのなかで個人的な願いと、ごく身近な数人の人への愛情しか体験できなくなります。この牢獄から解放される必要があります。そのために、私たちはコンパッションの輪を広げて、あらゆる生き物と、美しい自然を丸ごと全て抱きしめるのです。

　そんなことが可能なのでしょうか？　ある意味では可能です。私たちは、切り離されていても、つながり合っているように感じることができます。そのためにできることは、痛みを感じる瞬間にも**自分自身を見捨てない**ことです。たとえば、ボーイフレンドに軽くあしらわれたときのことを考えてみます。「彼は私にそれほど夢中じゃないのね」と自分に対して認めるには、自己に対する気づきと自己信頼がたくさん必要です。そのときに内面で感じている気持ちをかわさずに受け止めることができると、他者の目もまっすぐに見続けることができるようになります。第1章で紹介したマイケルとスザンヌの物語からも、自分自身の人間関係の苦悩をしっかりと見つめることで、互いに関わり続けられる様子がわかります。

共感するように生まれついている

　他者に対する共感は、脳の島（共感と内的知覚を司る）と運動前帯（動きを計画する）と呼ばれる領域に主に分布する「ミラーニューロン」が土台になっています。ミラーニューロンは、運動ニューロン（筋肉を支配する神経）を模倣します。私たちが共感する仕組みは、どうやら、他者の顔を見たときに、見えたものを私たちのミラーニューロンが模倣し、それによって他者の気持ちを私たちが感じられるようになるためのようです。たとえば、誰かが笑う様子を見ると、ミラーニューロンはあなたの顔の筋肉が笑顔をつくるように作用します。すると、あなたは自分が笑顔になっているのを感じ、他者の気持ちを認識します。ミラーニューロンがそれほど活発ではない人で、たとえば自閉症がある場合などは、映画の登場人物の間で起きていることを理解するのが困難かもしれません。また、他者と関わるときに、「行間を読む」のも苦手かもしれません。この研究から示唆されることは、ダニエル・ゴールマンが、感情知性の研究の上にさらに構築していく著書 *Social Intelligence: The New Science of Human Relationships*（邦訳：『SQ 生きかたの知能指数』，日本経済新聞出版，2007）のなかで上手に説明しています。

　私たちが誰かに注意を向けると、すぐにミラーニューロンが発火し始めます。この人は幸せだろうか、不幸せだろうか？　味方だろうか、敵だろうか？　顔の表情や声の調子の微妙な変化でその人がどのように感じているかを明らかにするものを、自分で完全に気づいていなくても、私たちはたいてい鋭く見分けます。たとえば、私が妻に対して怒りを感じているけれども、理屈で論理的に話をしようと計画している状況を考えてみましょう。そう計画していても、私の本当の気持ちがにじみ出るかもしれません。視線を向ける時間が一瞬だけ長すぎるかもしれません。笑顔になるべきところで、顔をしかめたかもしれません。すると、妻はいくらか苛立った調子で「どうしてそんなに怒りっぽいの？」と尋ねるでしょう。私は、「*私が*？　君こそどうしてそんなに怒りっぽいんだ？」と考えるでしょう。私が自分の気持ちを隠そうとベストを尽くし

ている間にも、私たちのミラーニューロンは、相互にコミュニケーションし続けていたはずです。人間関係の問題を話し合おうとしても非常に難しいのは、こうしたことのためかもしれません。不幸せに感じているときに主題を持ち出したり、主題が持ち出された後に気分が悪くなったりすると、パートナーもすぐに同じだけ気分が悪くなるのです。

　島に豊かにあるミラーニューロンの活動のおかげで、私たちは他者がどのような気持ちで何をしようとしているかがわかるようになります。研究では（前述のとおり）、マインドフルネスとメッタの瞑想がどちらも島を活性化することが示されています。ダニエル・シーゲルは、洞察に満ちた著書 *The Mindful Brain* のなかでこうした知見をまとめ、私たちがたった独りで瞑想をしているときにも、実際には現実世界でつながり合った人間関係を築く力をどんどん改善しているのだと示唆しています。

他者のためのメッタ

　他者への慈悲を育むことに価値があると判断したら、困難な人たち（例：税金の監査役人、元配偶者、電話勧誘業者）に取り組むための基本的なトレーニングが必要になります。フォーマルな慈悲の瞑想は、現実世界に対処するためのトレーニングになります。すなわち、フォーマルな瞑想において、感情的な重荷に曝露しつつ、同時に慈悲とコンパッションの習慣を強化していくことで、私たち自身が変化して、現実世界に対処しやすくなります。たとえば、親しい友人が職場で大きな昇給をしたら、あなたは内心でうらやましさに青ざめるかもしれません。あるいは、妹があなたよりも先に妊娠したときには怒りを感じるかもしれません。瞑想を始めると、「友人あるいは妹が幸せで苦しみませんように」という願いを育むことになりますが、そうなると、心の中にある反対の感情に直面することになります。その人たちと実際に**対面**する前に、瞑想のなかで仲直りをしておくと、現実世界で誰

かが傷ついたり拒絶されたりすることがありません。

　私たちが慈悲の技術をトレーニングする相手には、伝統的に6つのカテゴリーがあります。その際のコツは、簡単なターゲットから始め、慈悲の習慣を強化していきながら、より難しいターゲットへと移していくことです。

1. **自己**——自らの個人的なアイデンティティであり、通常は皮膚の内側にあります。
2. **恵みをくれる存在**——あなたを常に笑顔にしてくれる人。たとえば、メンター、子ども、スピリチュアルな導き手、ペット、自然の一部。
3. **友人**——あなたを支援してくれる人。信頼でき、感謝し、主にポジティブな気持ちが引き出される人。
4. **中立**——あなたはそれを知らないので、好きでも嫌いでもないあらゆる生き物。
5. **困難**——あなたに痛みを与える人。あなたがネガティブな気持ちを感じる人。
6. **グループ**——生きた存在のグループであれば何でも構いません。たとえば、上記の全てを含むグループ、家庭、職場、町全体。

　前の章では、自己に対する慈悲の瞑想について紹介しました。また、「恵みをくれる存在」に向けられた慈悲の瞑想を、自分への道筋としてすでに実践している読者もいるでしょう。「恵みをくれる存在」に向けてまだ試していない読者は、そこから始めて、次に他のカテゴリーへと順に進みましょう。「困難な人」をターゲットに瞑想できるようになると、全ての人に慈悲を広げる準備が整います。

　実践の全体像を把握し、興味を維持するためには、はじめは1回につき1つのカテゴリーを選んで、20分の瞑想を行うことをお勧めします。次に、最初のカテゴリーに戻って、1つのカテゴリーに対して1週間単位で順に取り組んでいくとよいでしょう。本章は、あくまでも慈悲の瞑想の**入門編**です。1日20分以上の集中的な実践を望む場合は、資格のある講師を探しましょう。講師は、あなたよりも長く慈悲の瞑想に取り組み、妨げになる事柄

「クレッチマーくん、ちょっと頼みたい仕事があってね。アメリカ内国歳入庁に潜入して、
コンパッションの種をまいてきてくれないか」

を知っていて、あなたを導いてくれる人です。

☼ 恵みをくれる存在

　このカテゴリーに取り組むときから、他者に丁寧に注意を向けるプロセスが始まります。「恵みをくれる存在」とは、あなたが自然に笑顔になって、心が温かくなる存在です。それはたとえば、大好きだった先生、スピリチュアルに導いてくれる人、子ども、ペット、自然のなかで好きなものかもしれません。あなたが**常**に幸せでいられるような、後であなたががっかりする可能性が低い関係を選びましょう。

⚗ 試して みよう　　恵みをくれる存在

　20分ほどの瞑想になります。第6章で紹介した方法でメッタの瞑想を

始めます。胸の辺りに注意を向け、何回か呼吸をしてから、座っている自分の姿をイメージします。**あらゆる**存在が、「幸せになりたい」「苦しみたくない」と願っていることを思い起こします。次に、自分のためのフレーズを5分間繰り返すことから始めることにするか、「恵みをくれる存在」にすぐに焦点を当てることから始めるか、どちらかから始めてください。

- 「恵みをくれる存在」を心にはっきりとイメージしながら、その人と一緒にいるときの感覚を味わいます。その人と共にいる心地よさを楽しみましょう。同時に、「恵みをくれる存在」がとても傷つきやすいことも認識します。その人も、あなたと全く同じように、病にかかり、老いて、やがては死ぬのです。
- 自分に向かって語りかけましょう。「私が幸せになりたい、苦しみたくないと願うのと全く同じように、あなたも幸せで、苦しみませんように」
- 言葉の大切さを感じながら、柔らかくそっと繰り返します。

    あなたが安全でありますように。
    あなたが幸せでありますように。
    あなたが健やかでありますように。
    あなたが楽でありますように。

- 心がさまよっていることに気がついたら、言葉と「恵みをくれる存在」のイメージに戻ります。温かい気持ちが生じたら、できるだけ長くその気持ちを感じ続けます。ゆっくりと進めましょう。自分自身へのフレーズに戻りたくなったら、いつでも自由にそうしてください。準備ができたら「恵みをくれる存在」へと切り替えましょう。
- 20分たったら、瞑想を終える前に次の言葉を言います。

    私とあらゆる存在が安全でありますように。
    私とあらゆる存在が幸せでありますように。

私とあらゆる存在が健やかでありますように。

私とあらゆる存在が楽でありますように。

・そっと目を開きます。

　自分のためにメッタの瞑想を実践するときと比べて、「恵みをくれる存在」に注目しているときの方が、一般に心地よく簡単に感じられます。とはいえ、「恵みをくれる存在」に初めて注意を向ける場合は、エクササイズに対して複雑な気持ちになるかもしれません。たとえば、その特別な人にそこまで親密にしてよいのかがためらわれるかもしれません。または、他の人の世界を覗き見しているような気持ちになるかもしれません。そのような遠慮は、実践をしているうちに一週間ぐらいで収まるでしょう。それでも必要であれば、注意を向ける先を切り替えて自分自身に戻っても構いませんし、マインドフルネス瞑想（気持ちを感じているときに、まさにその気持ちに気づいて受容する）の実践に戻っても構いません。

☼ 友人

　「恵みをくれる存在」に一週間ほど取り組んだら、「友人」という次のカテゴリーへと進む準備ができるはずです。友人とは、長年にわたって互いに信頼関係を築き、その関係に感謝する気持ちを抱く存在です。友人との関係は近く、たいていポジティブです。そのような友人を何人か想起し、先に取り組んだ「恵みをくれる存在」のときと同様の教示に従って、それらの友人たちのイメージを心に描き、そのなかからまずは１人をさっと選んでみましょう。**完璧**な友人を見つける必要はありません。そんな人は存在しません。ほとんどの友人が、欠点も含めて、焦点を当てる対象となりえます。対象を１人決めたら、１週間はその人への取り組みを行ってください。毎回の瞑想では、まず自分に注意を向けるものから始め、次に「恵みをくれる存在」に１分ほど焦点を当ててから（あるいは「恵みをくれる存在」と自分とを何回か交替しても構いません）、次に、友人へと進みましょう。

友人に対する瞑想を始めると、困難な気持ちが必ず生じてきます。もしあなたがその友人のことを深く愛していると、「あなたが安全でありますように」というフレーズから、かえって友人が安全では**ない**かもしれない、という不安が引き出される場合があります。あなたが手術の後に入院していたときにお見舞いに来てくれなかったことを思い出して、怒りが湧いてくるかもしれません。あるいは、その友人の方が自分よりお金を持っているとか、幸せな結婚をしているといったことで嫉妬の気持ちが生じるかもしれません。ネガティブな感情に注意を奪われたときには、メッタのフレーズにそっと戻ります。ネガティブな感情で注意がいっぱいになってしまったら、自分のため、そして「恵みをくれる存在」へとカテゴリーを戻りましょう。恐怖、怒り、嫉妬、恥、自責の念といった不快な感情の存在は、それによってつらくなるのであれば、自分を慈しむ立派な理由となります。

　友人を対象とした瞑想において誰もが時々体験する混乱した気持ちに、「シャーロンフロイデ」というものがあります。これはドイツ語の単語で、他者が困難に遭っているときに幸せな気持ちを感じることを指します。逆説的ですが、シャーロンフロイデに対して、親しい友人の幸運を聞いて喜びが溢れることの方が一般的に**少ない**です。したがって、瞑想中にそのような気持ちがあったとしても、それに恥ずかしさを感じる必要はありません。慈悲とコンパッションを育む取り組みを、ただ続けましょう。

　シャーロンフロイデの根底には、切り離されたという気持ちがありますが、メッタの実践をしているとつながり合う気持ちを抱きやすくなります。友人と共に人生を旅していることを知っていれば、取り残されたと感じることなく、シャーロンフロイデは喜びへと変化するでしょう。「**彼女と私**が〜でありますように」と言うようにしましょう。友人が成し遂げたことを**支持**できれば、あなたの喜びは深まります。「あなたの幸福がどんどん大きくなりますように」と願うのです。このようなフレーズを言い続けて、何が起きるか見てみましょう。

メッタで脳が変化し、コンパッションに満ちるようになる

　あるパイロット研究で、ウィスコンシン大学のリチャード・デビッドソンと同僚らは、1日30分のメッタの瞑想を2週間にわたり実践するトレーニングをインターネットを通じて行ったグループと、人生で起きる状況を「認知的再評価」する方法を習得したグループとを対比しました。2週間後に比較すると、メッタをトレーニングされたグループのみで、セルフ・コンパッション尺度（第4章参照）が有意に改善していました。次に、デビッドソンは、人が苦しんでいる状況のイメージで、たとえば目に腫瘍がある子どもなどを見せる間、参加者の脳をfMRI（機能的磁気共鳴画像）でスキャンしました。メッタのグループでは、脳の島で活動が高くなりました（共感を示します）。また苦痛な写真を見ている間に島が活性化される度合いが大きいほど、自己報告に基づく尺度上で、参加者のウェルビーイングとセルフ・コンパッションのスコアが高くなりました。次に、デビッドソンは、実験に参加したことに対して165ドルの謝礼金を出し、自由に選んだ目的に寄付する機会を被験者に提供しました。島の活性化の度合いに基づいて、被験者がどれほどの金額を寄付するかが予測できました！　この研究から、慈悲の瞑想をたった2週間行うだけで、脳の活動が変化し、人々が自分にも他者にもコンパッションをより感じるようになり、寛大さまでもが引き出されることが示されました。

◌ 中立の人

　このカテゴリーは、その名前に面白みがないにもかかわらず、とても興味深い対象です。人生でめぐり合うかもしれない67億人（しかもその数は増加中）のなかの誰に対しても、慈悲を育む機会になります。中立の人のことを私たちはよく知らないので、一般的なステレオタイプや偏見を除けば、好き嫌いはほとんどありません。

また会うかもしれない人を慈悲の対象に選ぶと、瞑想の効果を測ることができるので楽しいかもしれません。私もそのような理由によって、先に紹介したラジブを選びました。中立の人への瞑想を数週間行うに従って、その優しさの輪に動物や植物も含めることを忘れないようにしましょう。私はこの本を書いている間、台所にいるショウジョウバエに対してメッタを実践していました。すると、あるとき一匹のショウジョウバエが私の鼻に飛び込んできたときに、思いがけずコンパッションが溢れてきました。中立の存在を慈悲の対象にすると、そのうちに中立ではなくなってくるのです。

　中立の人に向けて実践する際の主な課題は、慈悲のエネルギーを維持することです。実践する際の気持ちをリフレッシュする必要が生じたら、いつでも対象を「恵みをくれる存在」や自分自身へと戻すことができます。実践がつまらないものにならないようにしましょう。そうしないと、つまらなさを脳にトレーニングすることになってしまいます。中立の人をできるだけ生き生きと視覚的にイメージします。その人の存在をリアルに感じます。ゆっくりと優しく言葉を繰り返し、言葉の大切さを感じます。中立の人が傷つきやすいのはあなたと全く同じで、その人も痛みを感じ、やがて死ぬ存在であることを思い出します。

見知らぬ人へ向ける慈悲

　スタンフォード大学の研究者らは、慈悲の瞑想をたった7分行うだけで、中立な人に対して感じるポジティブな気持ちとつながり合った感覚とが増えることを発見しました。研究では、93人の参加者が、実験群の「慈悲の瞑想」条件または対照群の「イメージ」条件に無作為に振り分けられました。慈悲条件の指示では、参加者は、まず、愛する人2人が自分の両側に1人ずつ立って慈悲を送ってくれているところを想像します。次に、参加者は目を開けて、写真に写る中立の人に向かってフレーズを繰り返しながら、その人の健康と幸せ（happiness）とウェルビーイングを願いました。対照群では、同じように両側に知人が立って

いる状況を想像し、知人の外見に注目してもらいました。そして、後から、写真に写る中立の人の外見に注目しました。結果としては、慈悲のグループで、反応がポジティブな方向へ有意に変化した（写真に写る中立の人に対して、よりつながり合って、自分と似ているように感じ、またポジティブな気持ちを感じるようになった）ことが示されました。

⬦ 困難な人

　中立の人に向けた実践が**広がり**のエクササイズだったのに対し、困難な人に対する実践は**深さ**のエクササイズになります。私たちが自分を傷つけた人に慈悲を差し出すためには、自分の中のより深い部分に入っていって慈悲を引き出し、維持する必要があります。そういう意味では、慈悲への道において、困難な人たちは私たちの「親友」であるとも言えます。

　はじめは、**軽度**に困難な人を選びましょう。あなたをひどく傷つけた人

「ごもっとも。でも、ダライ・ラマはあなたの文句に対処しなくてもよかったからね」

や、世界全体に多大な苦難を生み出している人ではありません。瞑想において視覚的にイメージしたときに苦しくならない程度の人にしましょう。

試して
みよう 困難な人

　この瞑想も 20 分ほどかかります。先に紹介した方法で瞑想の準備をしてから、自分自身に対し、そして「恵みをくれる存在」に対してメッタのフレーズを繰り返しましょう（順序は問いません）。それを 5 分ほど続けます。

- 「困難な人」のイメージを心に描きます。その困難な人は、自分の人生において生きる道を見つけるのに苦労しており、その過程であなたに痛みを与えているのだということを思い起こしましょう。「私が平和で、苦しみませんようにと願うのと全く同じように、あなたにも内面の平穏が訪れますように」と自分に語りかけます。
- 困難な人のイメージを心に抱いたまま、柔らかくフレーズを繰り返して、あなたの言葉の価値を感じます。

　　あなたが安全でありますように。
　　あなたが幸せでありますように。
　　あなたが健やかでありますように。
　　あなたが楽でありますように。

- 即座に、嫌悪感、うんざり感、怒り、罪悪感、恥ずかしさ、悲しみといった気持ちが湧いてくるかもしれません。これらの感情があると、メッタのフレーズが空虚に感じられるかもしれません。そういうときは、湧いてきた感情にラベルを付けて（「悲しみ」「怒り」）、自分のためにコンパッションを実践しましょう（「私が安全でありますように」）。気分が良くなったら、困難な人に向けて再度試してみましょう。

- 自分（または「恵みをくれる存在」）と、困難な人との間を行き来します。この瞑想セッション全体が、善意の体験になっていることを確かめます。
- 最後に、困難な人を手放して、次のフレーズを言いましょう。

　私とあらゆる存在が安全でありますように。
　私とあらゆる存在が幸せでありますように。
　私とあらゆる存在が健やかでありますように。
　私とあらゆる存在が楽でありますように。

- そっと目を開けます。

　この困難な課題と向き合った自分を褒めてあげましょう。それは、人生のあらゆる側面を慈悲で満たそうとするあなた自身のコミットメントを反映しています。

　人生のなかで困難な人に接すると、以下のような考えが生じるかもしれません。

- 「**困難な人には幸せになってほしくありません。幸せになったら、その人は変わることがありません！**」。困難な人に慈悲を与えるとき、私たちはその人の悪い行動をアクセプトしているのでも、その人が自らの行動の結果から逃れられることを願っているのでもありません。むしろ、その人が幸せで平和な人間になってほしいと願っています。フレーズを工夫して、あなたにとってしっくりくるものにすると、実践しやすくなるかもしれません。たとえば、「マイケルの心の傷が癒えて、彼が幸せへの道を見つけられますように」などと言ってみるのです。あなたが温かい態度で接することで、困難な人が良い方向へと変化するかもしれません。しかし、あなたの実践がその人の行動によって左右されないようにしましょう。

- 「**困難な人については考えたくもありません！**」。ほとんどの人が、困難な人にはただ消えてほしい、死んでほしいと本能的に願います。チベットには、「わざわざ敵に死んでほしいと願う必要はない。どのみちそうなるのだから！」という格言があります。嫌悪の気持ちが強く、それがどうにもおさまらない場合は、困難度の**より低い**人へと切り替えましょう。また、困難な人に向けてメッタの瞑想をするのがあまりにも困難であれば、「恵みをくれる存在」のときとは異なり、困難な人が**そばにいるように感じる**必要もありません。楽に感じられ慈悲が広がるようなフレーズを使うようにしましょう。正式な姓名を使う（「ジョン・ドーさんが〜でありますように」）方が、くだけた代名詞を使う（「**あなた**が〜でありますように」）よりも、より好ましいかもしれません。最後に、「恵みをくれる存在」（ないしは自分自身）にいつでも避難して、それらの存在に寄り添ってもらっても構いません。

- 「**自分に向けて慈悲とコンパッションを向ける時間が長すぎます！**」。長すぎるなんてことは決してありません。困難な人に向けた瞑想の95％が自己メッタ（自分に向けたメッタ）であっても、心配しないでください。困難な人に向けてメッタを実践すると、その大半が、妨げになる感情（「バックドラフト」）に対応する時間となるかもしれません。痛みが強ければ強いほど、セルフケアも多く必要になります。時々、胸

の辺りに手を添えて、ゆっくりと心に呼吸を通しながらセルフ・コンパッションの気持ちを感じると、実践しやすくなるかもしれません。

- **「困難度が最も強い人物から取り組み始めてはいけないのでしょうか?」**。通常は、中程度（大変すぎず簡単すぎない人）から始めるのがベストです。しっかりと実践を続けていくことで、最も困難な人たちにも振り回されなくなります。あなた自身の直感に基づいて、最も困難な人に対して慈悲を生み出す課題を続けられそうかどうかを判断してください。

- **「私はただ許して忘れたいだけなんです」**。急いで許そうとしないでください。自分自身の痛みに心を開き、それを完全にアクセプトできて初めて他者を許すことができます。その準備ができたと感じるのであれば、たとえば以下のような許しのフレーズを繰り返してみましょう。

> *私は、ひどい喪失や恐怖、自己疑念に苦しんできました。寂しく、混乱していました。知ってか知らずかあなたを傷つけてしまった自分を許します。*

次に困難な人へと焦点を移します。

> *あなたも苦しんできたことを知っています。あなたも、寂しさ、心の痛み、失望、混乱を感じてきました。知ってか知らずか私を傷つけてしまったあなたを許します。*

メッタのフレーズと同じ方法で、許しのフレーズを繰り返しましょう。必要なときにはいつでも自己メッタに戻ってきます。許しを与えるには、感情の痛みを迂回するのではなく、それと直接向き合う必要があります。

子ども時代に伯父から性的虐待を受けたミランダという女性を知っています。伯父が70代半ばで自殺した後、ミランダは、亡くなった伯父がミランダの人生にもたらした良いことについて瞑想するように、瞑想の

講師に言われました。それはたとえば創造性や大胆な行動力といったことでした。驚いたことに、この瞑想は、ミランダが伯父に対して感じていた恨みと失望を癒やすのに役立ちました。ただし、このアプローチは、ミランダのように自らの苦悩を認める取り組みをかなり重ねるまでは、一般にはあまりお勧め**しません**。またミランダの場合、慈しみ深い講師がミランダの苦しみをよく理解していたため、彼女のセーフティネットになることができました。それを拠り所にして、彼女は伯父を許すことができたのです。そんなミランダでも、トラウマ記憶のなかで方向性を見失うと、メッタの実践を何度も途中で止めたり、自分自身だけに注意を集中したりする必要がありました。

- 「<u>私も相手もそれぞれ良い人間です。でも、二人の間の関係性が苦痛なのです</u>」。個別の人間をケアするだけでなく、人間関係そのものを存在のようにケアすることもできます。人間関係とは「私たち」のことです。人間関係に慈悲を向けるときは、あなたが自分自身とも相手とも和解できていることが前提となっています。そういう意味では、いくらか高度な実践だと言えるでしょう。準備ができたと感じたならば、「**私たち**が安全でありますように。**私たち**が幸せでありますように。**私たち**が健やかでありますように。**私たち**が楽でありますように」と言いながら実践しましょう。

- 「<u>もし『困難な人』が文化の場合、どうすればよいでしょうか？</u>」。人種差別、性差別、同性愛嫌い、その他の偏見などの社会的問題には、感情の痛みを伴うことが多くあります。これらに対してもメッタのフレーズを適用することができます。「あなたと私が、偏見の痛みから解放されますように」。偏見は無知から生じるので、「私たち全員が無知の痛みから解放されますように」という言葉を試してみてもよいでしょう。偏見の方程式の両側で、双方がより安全かつ快適に感じようとするために、相手を避けてしまっています。慈悲とコンパッションの実践で内面の作業をすると、両側の人々がお互いに相手を人間として見て、つながり合うためのプロセスを始められるかもしれません。

- 「**カテゴリーを一つ飛ばしたり、特定のカテゴリーの人とより長く取り**

組んだりしてもいいですか？」。カテゴリーは指針であってルールではありません。自らの直感と常識に従って、慈悲のエネルギーをできるだけ生き生きと保ちましょう。そのためには、あなたが自分に合うと感じるどのような方法で実践しても構いません。

⚙ グループ

　最後のカテゴリーでは、無数の人に同時に善意を向けます。この方法は、慈悲の輪を広げるために、それぞれの瞑想セッションの最後ですでに実践しています。「私とあらゆる存在が幸せで、苦しみませんように」

　全てのカテゴリーにひととおり取り組んだら、心の中で全員を集めて、全員に対して同時に慈悲を差し出してみましょう。あるいは、まるで夕食会を主催しているかのように、沈黙のなかで一人ひとりに対して順番に、「あなたが安全でありますように……**あなたも安全でありますように**……**あなたも安全でありますように**……」などと言ってみるのです。そこに自分自身を含めることも忘れないようにしてください。私が主催する夕食会のゲストであれば、ダライ・ラマ、子ども時代の友人、コンビニの店員、そして主張が私とは全く逆の政治家などを招くかもしれません。こういった人たちが一堂に会するといったありえない情景を想像するのは、なかなか楽しいものです。それまでにそうした一人ひとりと瞑想のなかで取り組んだ時間が長いほど、あなたはご自身の「グループ」を視覚的に思い描きやすくなるでしょう。

　心の中で一緒にいる全員に共通の人間性を認めて、喜ぶことにしましょう。全員が呼吸をしています。全員が人間として同様の感情を体験します。全員が時には苦しみ、幸せになりたいと願っています。誰もが永遠に生きることはありません。全員のために善きことを願いましょう。「あなたが、安全で、平和で、健やかで、楽でありますように」

　他にも、自宅、街、国、世界全体の人といったさまざまなグループが考えられます。四方八方にいる全ての生き物に注意を向けたグループも考えられます。上の方向のあらゆる存在（鳥たち）から下の方向のあらゆる存在（昆虫や土の中にいる虫たち）、あらゆる見える存在と見えない存在、全ての男

性と女性、あらゆる背丈の人、あらゆる体格の人、あらゆる年齢の人などにも、それぞれ注意を向けます。あなた自身の対極にいる人々を考えてみるとよいでしょう。「グループ」に取り組むときには、あらゆる存在の平等性を認識し、見過ごしがちな人を取りこぼさないようにすることが重要です。これは、コツさえつかめば、特に広がりのある、楽しい実践になるでしょう。

他者を慈しみつつ、自分を見失わない

　セルフケアと他者へのケアとの間に、私たち一人ひとりが健全なバランスを見つける必要があります。また、本心から個人の意見を言うこととつながり合っていることとの間、さらに独りになるニーズと人間関係のニーズとの間にもそういったバランスが必要です。たとえば、幼い2人の子どもを丸一日世話し続けた女性は、夜はパートナーとのセックス**だけは避けたい**と思うかもしれません。その女性が本当に必要としているのは、一人で静かに散歩をすることとか、思いやりのある配慮を**受ける**ことかもしれません。どうすれば自分を見失わずに他者を慈しむことができるでしょうか？

　他者とつながることがどれぐらい楽しいかは人によります。一般に男性よりも女性の方が他者とのつながり合いを欲し、メッタの瞑想も好むようです。私は、「メッタは大嫌いだ！」という声を何人かの男性から聞いたことがありますが、女性からはほとんど聞いたことがありません。いずれにせよ性別に関係なく、つながり合うことが自分にとってどれぐらい許容できるかを知って、それを受け入れ、信頼するようにしましょう。

　臨床心理学のインターンをしていた1981年に、私はスーパーバイザーに夢の話をしました。それは、人々が私の部屋の窓によじ登って入ってくるという悪夢でした。スーパーバイザーは、「あなたには休暇が必要みたいね！」と言いました。私はこれまでの28年間、一人の時間が必要になるたびに同じ夢を見続けてきました。興味深いことに、7日間のメッタの瞑想リトリートのときに、参加者は決して互いに言葉を交わさず、アイコンタクトさえしない状況だったにもかかわらず、再びこの夢を見ました。このことから、慈

悲の瞑想においていかに私たちが「つながり合って」いるか、そして日常生活でも私たちの頭の中はいかに人間関係的なことでいっぱいになっているか、ということを学びました。私は夢からの示唆を受けて、「再びつながる」準備ができるまで、自己メッタとマインドフルネスの実践を通じて一人で居続けました。

◌ いつ自分に対して？　いつ他者に対して？

　痛みを感じているときは、まず自分にコンパッションを提供しましょう。癒やす人を先に癒やすのです。ごく瞬間的なセルフ・コンパッションで十分な場合もあります。

　あるアメリカの家庭の典型的な朝を考えてみます。時間に間に合うように子どもたちを学校に送り出すプレッシャーのもとで、母親か父親のどちらかが、自分のストレスレベルが上がってきていることに気がつかず、「ショーン、どうしてあなたは**いつも**こんなに役に立たないの？」などとうっかり口走ってしまいます。それが起きてしまったときは、そのときの破滅的な雰囲気のなかであっても、和らごうとしてみましょう。「ああ、ストレスだ」と一瞬思うかもしれませんが、「私が平和でありますように。私が楽でありますように。私たち**全員**が平和で楽でありますように」と言うのです。朝、起床する**前から**このフレーズを繰り返すとよいでしょう。その後も一日を通じて、必要なときにいつでもこのフレーズを使うことで、自分のことを忘れないようにしましょう。

　先に述べたとおり、コンパッションと慈悲を区別するものは痛みの存在の有無です。コンパッションは、**痛み**に対する優しい反応です。自分の痛み、他者の痛み、そして**他者**が痛みを感じていることによる**あなた**の痛みに対して、コンパッションを実践できます。燃え盛る家、破壊された身体、栄養失調の子どもたちの映像が自宅のテレビに映し出されたとき、どんな気持ちになるか、考えてみましょう。夕方のニュースは、メッタを実践するにはとても良い機会です。自分の内的な状態（「なんて心が痛む映像だろう」）にマインドフルであり続けながら、自分と画面に映る人々の両方に対してコンパッ

ションを差し出しましょう（「**私が安全でありますように。あなたが安全で**ありますように。**私たち全員が安全で平和に生きられますように**」）。入院している友人を見舞ったときにも実践します。メッタの実践を通じて、「心配な注目」を「コンパッションによる注目」に変えると、必ず心が安らかになります。

　他者のために**慈悲**を実践するのに最も自然な時間は、自分自身が心から幸せなとき（分けられるだけのエネルギーがあるとき）です。自分が幸せなときであれば、他者の幸せも願いやすいものです。そして実際に他者の幸せを願うと、自分が**ますます**幸せに感じられます。というのも、他者を思うことで、「自分自身」という牢獄から一時的に抜け出すことができるからでしょう。とはいえ、タイミングが全てです。感情面のリソースが少なくなっているときは、自分だけに注意を向けたままでいるのがベストでしょう。

　社交的な場においては、誰もが時折恥ずかしさや不安を感じますが、そういった状況も、他者のために慈悲を実践する絶好の機会です。ところでなぜ「**他者**」なのでしょうか？　恥ずかしいと感じやすい人は、パーティで興味深い人と話しながら、同時に自分が緊張して見えるかどうかを心配している場合が多いです。一般に、会話のパートナーが自己没入していると、その相手は自分が関心を向けてもらえていないという、見捨てられたような気持ちになります。皮肉なことに、人に対して恥ずかしさを感じるときの最大の問題は、不安そのものよりも、そう感じることによって相手から**切り離されて**しまうことです。不安になりながらもつながり合ったままでいるために、慈悲を使ってみましょう。自分の不安に没入していることに気がついたら、相手の人の目を見て、「**あなたと私が幸せでありますように**」と考えましょう。このような実践によって、就職面接や初デートでも怖さを感じにくくなるでしょう。

　他者へメッタを差し出して、切り離されていた**古い**人間関係を癒やすこともできます。誰かがいつまでも「家賃も払わずに頭の中に居座り続け」（アルコホーリクス・アノニマスで使われる表現）て、疲れていませんか？　古傷を癒やすためには、人間関係の**双方**の側にコンパッションを向ける必要があります。

ヘレンは25年前に離婚し、その後、再婚しませんでした。元夫のジョンの浮気で結婚生活が破綻しましたが、ジョンはその後、その相手と再婚しました。ヘレンは75歳の誕生日を前に、これまで抱えてきた怒りに満ちた思考を手放そうと決めました。自分が死ぬときまで苦渋を感じていたくなかったからです。そのような決意を胸に、ヘレンは怒りの矛先を緩めることにしました。

　ヘレンは、ジョンの浮気と離婚によって自分と家族がどれほど傷ついたかを、心の中であらためて確認しましたが、同時に、自分を慰めるためにメッタのフレーズを自分自身に差し出しました。「私が安全でありますように。私の心が平和でありますように」。ヘレンは9カ月間、このような実践を繰り返しました。また、離婚に際して自分が果たした役割についても、自分を許しました。「結婚生活が続かなくなるうえで、私自身が行った全てのことを、自分で許せますように」。同様の方法でジョンにも慈悲を差し出しました。「喪失と無関心な生活の混乱のなかで、あなたがしたことによって、私と家族は傷つきましたが、そうしたことを許せますように」。ヘレンは徐々に苦渋を手放していき、それとともに、元夫との関係が改善していきました。6年後にジョンが亡くなったとき、ヘレンは葬儀に参列し、ジョンの再婚相手とも会いました。怒りはほとんど残っていませんでした。

　問題があった古い人間関係を癒やすには勇気が必要です。その際、ヘレンのように、それに取り組ま**ない**ことでかえって傷が深くなると、先に認識する必要があります。「敵を愛すること」は、道徳的な訓戒ではなく、私たち自身のためにできる最善のことなのです。

　昔のボーイフレンドやガールフレンド、親、困難な義理の関係の人々、兄弟姉妹、元友人、隣人など、心の中に緊張を生み出すあらゆる関係の人に対して、メッタのフレーズを使ってみましょう。それは、あなたが思っているよりも簡単です。ただ、もしその人に対して恥ずかしい振る舞いを自分がしてしまったと感じているのであれば、その感情の痛みを認識するために特に努力が必要です。なぜなら、恥、罪悪感、自責は、私たちが心の中で絶えずかわそうとしている感情であるため、見分けるには最も厄介だからです。とはいえ、セルフ・コンパッションで包み込めない感情は一つもないことを思

い出しましょう。つらい気持ちがある**からこそ**、自分に優しく接します。その後、人間関係のもう一方（つまり相手）にも善意を広げます。

　身体的、性的、言語的な虐待を含むトラウマ的な人間関係に取り組む場合は、特別なスキルが必要になります。何よりも重要なのは、しっかりとした準備です。心の旅に必要な感情的なリソースと、セラピスト、友人、家族などの必要なサポートがあることを確かめます。心を乱す記憶は、私たちの最善の意図も圧倒しかねないからです。では、自分のなかでコンパッションの力が枯渇し始めて、自分に注意を向け直すか、あるいは実践そのものを中止する必要があるときに、そのことに自分で気づけるものでしょうか？　たとえば、眠れない、感情が麻痺している、集中できない、いつになく恐怖を感じて孤立している、といったことがあれば、自分を強く押し出しすぎているということになります。こういったことに気がついたら、ゆっくりと、安全に進めていくようにしましょう。

◌ コンパッション疲労

　自分自身から他者へと広げすぎると、「コンパッション疲労」と呼ばれる状態になります。ただし、この用語は実は正確な表現ではありません。なぜならコンパッションそれ自体は疲労するものではないからです。コンパッション疲労は、実際には「執着疲労」に他なりません。成功や評価など、頑張った**結果**に執着すると、自分を消耗してしまうのです。（1）自分は不可欠な存在だと思い込み、（2）支援しようとしている相手に恨みを感じる、という兆候があれば、それは間違いなくコンパッション疲労です。コンパッション疲労があると嫌な気持ちになり、誰にとっても好ましくありません。コンパッション疲労の解毒剤は**セルフ・コンパッション**です。感情が枯渇してしまったら、一息ついて、どのような方法（身体的、メンタル、感情面、人間関係、スピリチュアル）でも構わないので、自分自身をケアしましょう。

　平静な心を育むことも、コンパッション疲労に対応するために役立ちます。過剰な執着によって身動きが取れなくなってしまったら、次のように熟考して、自分を解き放つことができるか試してみましょう。「人は皆、自分

の行いを引き受けている。自分を幸せにし、苦悩から解放するかどうかは、その人自身が決めることだ」。これは、平静な心を育むための伝統的な仏教の言葉です。無関心でいるための訓戒のように聞こえるかもしれませんが、コンパッション疲労から抜けられなくなったときには、感情を解放するためのチケットになります。

◌ 利他主義とウェルビーイング

　心理学者のマーティン・セリグマンは、人が幸せ（happiness）を求める方法として、「楽しい人生（Pleasant Life）」「夢中になれる人生（Engaging Life）」「意味のある人生（Meaningful Life）」の３つを挙げています。研究からは、「楽しい人生」は、「夢中になれる人生」や「意味のある人生」に比べて、全体の幸福（happiness）に貢献する度合いが**少ない**ことが示されています。「夢中になれる人生」の「夢中になる」というのは、自分の強み（たとえば第５章で紹介した「持ち前の強み」など）を知り、それを人間関係や余暇活動に取り入れていくことを意味します。得意な課題に取り組む場合、それに完全に没頭して「フロー」（非常に深く満たされる体験）に入るかもしれません。それは深い満足感を得られる体験となるでしょう。「意味のある人生」では、自分の強みを**大いなる善**（自分よりも大きな何か）のために使っています。利他的な活動やメッタの瞑想はこの分類に入ります。

　自分がどのように人生を構築しているのかを、知りたいでしょうか？　興味があれば、ミシガン大学のクリス・ピーターソンによって開発された簡単なテスト「幸せへのアプローチ質問票（Approaches to Happiness Questionnaire）」に答えてみるとよいでしょう（www.authentichappiness.sas.upenn.edu/Default.aspx）。

　セリグマンとピーターソンの分類は、誰に対して当てはめるにせよ、指示ではなく指針であると考えましょう。たとえば、善い意図で行動していても、大いなる善を求める過程で自分が楽しむことを否定する傾向のある人は、周囲に対しても辛辣で批判的になってしまうかもしれません。また、多少の励ましがあれば、自分から他人へと手を広げられるようになり、他者の

人生を変える喜びを味わえるようになる人がいるかもしれません。日々の活動に夢中になることも、たとえそれが非常に満たされることであっても、あらゆる状況で望ましいと言えるわけではありません。混乱や疑いの時期も、私たちが成長するためには必要です。これら３つのアプローチを理解して、バランスの取れた幸せをご自身の人生で実現しましょう。

コンパッションのある人生への旅立ち

慈悲とコンパッションの実践は、日常生活のなかに簡単に取り入れることができます。メッタのフレーズを使うときは、どの瞬間もインフォーマルな瞑想となります。これはほんの数秒しかかかりません。

歩行瞑想

メッタの瞑想でコンパッションのある人生を歩むという文字通りの意味で、歩行瞑想は素晴らしい方法です。街中であれ森の中であれ、歩いているときのあなたの心はたいてい「デフォルト」モードで、過去を消化したり（誰が誰に何を言ったか）、未来の計画を立てたり（この雑用があり、夜はあれをしよう）しています。私たちの心はほとんどいつも、目に入る周囲の人や事柄をあれこれ批評しています。そうする代わりに、その歩行の時間を使って慈悲とコンパッションを育みましょう。

試してみよう　コンパッションとともに歩く

10分か、あるいはそれよりもう少し長く、好きな場所を歩く計画を立てましょう。特に慈悲とコンパッションを育むために、この時間を使うことに決めます。

- しばらくの間じっと立ったまま、注意の錨を身体の中に下ろします。

216

立っている姿勢の自分に気づきを向けます。自分の身体を感じましょう。

- あらゆる生き物が、平和に、そして幸せに生きたいと願っていることを思い出します。その深い願いとつながります。「あらゆる存在が幸せになりたい、苦しみたくないと願うように、私自身も幸せで苦しみませんように」
- 歩き始めましょう。空間の中を直立姿勢で移動している自分に注意を向けます。身体の感覚を感じ、足を押し返してくる地面からの圧力や、顔に当たる風の感じに注意を向けるとよいでしょう。目の焦点は柔らかく合わせて、いつものペースで歩いてください。
- 数分ほど歩いたら、自分に向かって慈悲のフレーズを繰り返します。

  私が安全でありますように。
  私が幸せでありますように。
  私が健やかでありますように。
  私が楽でありますように。

フレーズを繰り返していると、注意が身体の中に繋ぎ留められたままになり、慈悲の態度が呼び起こされます。一歩ずつ、あるいは一呼吸ごとに、フレーズを同調させてみましょう。フレーズを単語に短縮すると言いやすくなるかもしれません。たとえば、「安全……幸せ……健やか……楽」「慈しみ……慈しみ……慈しみ……慈しみ」といったようにです。

- 心がさまよったら、そっとフレーズに戻ります。目的地まで急いでいることに気がついたら、歩く速度を落として、歩行瞑想の目的に集中し直します。
- 特に身体全体を支えてくれている足に感謝の気持ちを持つなど、優しい気持ちで行いましょう。「歩く」ということの見事さをかみしめます。
- 数分したら、慈悲を他者へと広げます。誰かに注意が向いたら、心の

中で言いましょう。

　　あなたと私が安全でありますように。

　　あなたと私が幸せでありますように。

　　あなたと私が健やかでありますように。

　　あなたと私が楽でありますように。

「**あなた**が安全でありますように」とも言います。または、ただ「安全……幸せ……健やか……楽」「慈しみ……慈しみ……慈しみ……慈しみ」と言うだけにするかもしれません。全員を含めようとはしません。一人ずつを対象にして、生き生きとした慈悲の姿勢を保ちます。

- やがて、あなたの慈悲の輪の中に、たとえば犬や鳥や虫や植物など、あらゆる形の命を含めていきます。
- あなたのところにやってくるかもしれない優しさの表現は、全てそのまま受け取ります。
- 歩く時間の終わりに、少しだけ立ち止まって、「あらゆる存在が幸せで、苦しみませんように」と繰り返してから、次の活動に移ります。

「コンパッションとともに歩く」瞑想は、長時間じっと座っていられない人や、一日中パソコンの前に座っていて、いくらか運動をしたいと感じる人にぴったりです。

「誰かと会話をしなければならない状況では、どうしたらよいですか？」とよく聞かれますが、そういう状況では、会話に没頭しつつ、心の奥にある願い事にも思いを向けましょう。「あなたが幸せで、苦しみませんように」

メッタのフレーズが頭の中を自然にめぐっていると、心は慈悲でいっぱいになります。すると、誰かに会ったときのあなたの言葉は、自ずとそれらのフレーズに沿ったものになります。たとえば、「あなたが健やかでありますように」という沈黙のマントラが心の背景にあると、「先週のインフルエンザのときは、本当につらかったでしょうね」という言葉に表れるかもしれません。そういうとき、優しい言葉が口から出るだけでなく、実際にそのよう

に感じることでしょう。

◌ 日々の生活のなかで

　第3章で紹介した私の物語を覚えているでしょうか？　腰の手術をした妻を助けようともがいていたときのことです。私はこの家庭内の葛藤を、マインドフルネスと慈悲の実践で乗り越えることができました。妻のむくんだ足に靴を履かせようと悪戦苦闘しながら、気づき（「なんと、状況があっという間に悪くなってしまっている！」）とセルフ・コンパッション（「妻も、私も、苦しみませんように」）が心にひらめきました。メッタのフレーズのおかげで、私は妻を助けようと努力しすぎている状態から抜け出すことができました。その結果、私はオレンジジュースを取りに行き、戻ってきたときには、より共感的な視点から課題に取り組めるようになっていました。

　メッタの実践は、睡眠やそれに近い意識状態にまでも浸透させることができます。私は普段、眠りに落ちる前と朝起きたときにメッタのフレーズを唱えます。どうやらこの習慣のおかげで、妻がホットフラッシュのせいで毛布を払いのけたときに感じていた苛立ちが、変化しました。最近は、肩にかかっていた毛布が夜中に急に消えたら、「エストロゲンが減ると、つらいよね」などと適度に共感的な言葉をつぶやきながら、妻のためにシーツを振って風を起こしてあげるようになりました。これは結婚生活で起きた小さな奇跡です。

　いつでもおすすめできるのは、慈悲の実践にマインドフルネス瞑想をいくらか織り交ぜることです。そうすることで、気分が悪くなっても身体の中に留まれるようになり、他に何かを変えようとする必要もなくなります。そのことをダーリーンが発見する様子を見てみましょう。

　ダーリーンには、軽度のうつ病に苦しむジャッキーというパートナーがいました。ダーリーンが自宅のオフィスで仕事をしている間は、ジャッキーが2人の子どもたちの面倒を見ていました。ダーリーンがオフィスに行くたびに、ジャッキーは見捨てられたように感じました。ダーリーンはそのことに罪悪感を抱き、そのストレスは胃痛と下痢の症状として表れました。その結

果、ダーリーンはますます自分のオフィスにこもるようになりました。つい
にダーリーンはその問題をジャッキーに打ち明けると、二人は話し合い、
ジャッキーは「たとえ罪悪感があってもあなたは仕事をするべきだ」とダー
リーンの背中を押しました。問題はダーリーンの手の内に戻ってきました。

ダーリーンは、マインドフルネスとセルフ・コンパッションで自らの問題
にアプローチすることにしました。彼女はまず、感情（罪悪感、欲求不満、
怒り）に巻き込まれるのではなく、それらの感情を身体の中に見つけようと
決めました。ダーリーンは、お腹の筋肉の軽い緊張に気がつけるようにな
り、「柔らかく、そのままに、慈しむ」（第3章参照）を実践しました。そし
て、ソフトで優しいやり方で「罪悪感」にラベルを付けました。それは子ど
もの頃に、母親が偏頭痛のために身動きが取れなくなったときに感じていた
のと同じ気持ちであることに気がつきました。罪悪感について人生を通じて
振り返っていると、自分自身に対する共感が湧いてきました。ダーリーン
は、そこで自分を憐れむのではなく、自分に慈しみを与えることにしまし
た。「私が安全でありますように。私が幸せでありますように。私が強くあ
りますように。私が楽に人生を送れますように」。そこに愛するパートナー
を加えました。「**ジャッキー**が安全でありますように、彼女が強くありま
すように、彼女が健やかでありますように、彼女の人生が楽でありますよう
に」。それはさらに変化して、「**私たち**が健やかで強くありますように、私た
ちが苦しみませんように、私たちの人生が楽でありますように」となりまし
た。

ダーリーンは、罪悪感を抱くたびに、身体の中でその位置を特定してか
ら、フレーズに戻ってフレーズを使いました。その実践によって気分が良く
なると、時々オフィスから出て、ジャッキーと一緒に短い休憩時間を過ごす
ようになりました。ダーリーンは、罪悪感とフラストレーションと回避の循
環から抜け出し、ジャッキーの気分もかなり改善しました。このような変化
は、わずか数週間のうちに起きる場合があります。マインドフルネスは、
メッタの実践がその瞬間の現実のなかに留まれるようにしてくれます。コン
パッションは、物事がうまくいかないときに私たちが自分自身や他者に投げ
かけてしまう批判を和らげてくれます。

実践の力がついてくるにつれて、より困難な状況に対してメッタのフレーズを使ってみたくなるかもしれません。たとえば、アパートの上階に住む人が出す騒音に悩んでいるとしたら、まず自分自身にメッタを差し出しましょう。「**私**が安全でありますように、私が苦しみませんように、私が楽でありますように」。次に上階の人を含めていきます。「**彼女と私**が安全でありますように、彼女と私が楽でありますように」。さらに「**私たち**両方が楽でありますように、私たち両方が悪い気分になりませんように、私たち両方がお互いにコミュニケーションを取る方法を見つけられますように」と変化させます。

　日常生活では、状況に応じて柔軟にメッタのフレーズを使い分けましょう（フォーマルに座って瞑想する場合は、フレーズは同じままにする方がよいでしょう）。フレーズを具体的にしすぎて、特定の結果を求めすぎることのないよう気をつけましょう。それはたとえば、「彼女がもう音楽を流すのを止めますように」といったことです。もちろん、時には瞑想よりもタイミングを捉えた行動の方が役に立つ場合もありますが、長い目で見れば、善意を持って相手にアプローチすることが最も効果的な介入になります。

◌ コンパッションの力

　私は長年にわたって取り組んでくるなかで、人間関係を癒やすコンパッションの力を信頼するようになりました。あるカップルセラピーのセッションで起きた次の出来事によって、その信頼はさらに深まりました。

　ジムは写真家として誠実に仕事をしていましたが、十分な収入を得ることがなかなかできませんでした。ルースはそのことにがっかりして、時折怒りを爆発させました。それがセッション中にも一度起こりました。ルースは突然キレてしまい、夫のことを「半人前」「怠け者」と言いました。その言葉があまりにも辛辣で、私はまるで夫婦喧嘩のテレビ映画を観ているような非現実的な感覚に陥りました。ところが、ジムは終始落ち着いており、ルースの長広舌の間も妻によく注意を向けていました。その様子は私にとって興味深く、また心が安らぐ気がしました。ルースの発言後、どのようなことを考

えていたのかをジムに尋ねると、彼はこう答えました。「ルースが毒を吐いている間、私には彼女の心の痛みしか見えませんでした」

　次のセッションで、私は、ルースが厳しい経済状況のなかで育ち、その生活に戻らなければならなくなる状況を恐れていることを知りました。この問題がルースの心の中の隠れた恐怖ではなく、表に出てセッションでの話題になると、カップルは自分たちの経済的なニーズについて率直に話し合い、将来について一緒にブレインストーミングをすることができました。ルースは、ジムの写真ビジネスの経済的な側面を自分が引き受けても構わないと言い、ジムは快くそれを彼女に依頼することにしました。

　ジムの深いコンパッションがなければ、このような結果はありえなかったはずです。彼のコンパッションのおかげで、きつい言葉の背後にある柔らかい感情について、より深い会話をするゆとりが生じました。親密な関係にあるどんな人も、時に闘いの言葉を使うことで痛みを導いてしまいます。ジムの「ルースが毒を吐いている間、私には彼女の心の痛みしか見えませんでした」という素晴らしい発言は、その後も強く対立するカップルと向き合うときに、私を支えてくれる錨となりました。幸いなことに、ルースの巧みな導きのおかげで、今ではジムのビジネスは繁盛しています。

　セラピストとして取り組んでくるなかで、コンパッションにまつわる驚くべき体験が他にもありました。

　サムは、緊張し、かつ気が散った様子で、私のオフィスにやって来ました。緊急の相談をしたいと直前に電話をかけてきたサムに最後に会ったのは数年前でした。数分もしないうちに、サムが切り出しました。「母が自殺するのを助けなければなりません。そのことで先生に助けていただきたいと思って、今日ここに来ました」。私はショックを受け、困惑しました。15年以上にわたってセラピストをしていますが、このような依頼をされた経験はありませんでした。ましてや、サムのように分別のある人から、こういう依頼があるとは想像もつかないことでした。

　しかし、サムが説明を始めると、全てが理解できました。彼の母親は脳卒中で倒れ、話すことも食べることも歩くことも、そして自分でトイレに行くこともできなくなっていました。サムは、母親の苦悩に満ちた瞳から、彼女

が人生を終わらせてほしいと懇願しているのが読み取れたといいます。脳卒中についていくらか知っていた私は、時間を稼ごうという意図もあり、「今後一年のうちに、お母さんの機能がいくらか回復するかもしれないから、思い切った行動を取るのは待った方がよい」と提案しました。

　この件に関しては、その後サムからは連絡がありませんでした。一年後、サムが別の相談で予約を入れたときに、お母さんの様子を尋ねてみました。するとサムは、「ああ、彼女はずっと良くなりました」と答えました。どういう意味かと尋ねると、母親は、身体能力は回復していないものの、これまでの人生でいちばん幸せそうに見えるのだということでした。「どういうことだろう？」と、私が声に出して不思議がると、サムが説明してくれました。母親はもともと非常に優秀な人で、周囲の人に決して頼ることなく、父親をずっと容赦なく批判し続けていたのだそうです。しかし今は、その父親が嬉しそうに、あらゆる方法で母親の世話をしています。「母は、ある意味強制的に慈しまれる立場になりました。こんなことは母の人生で初めてだと思います。そのことが母を柔和にしたようです」とサムは言いました。

　まれにみる優しさと、不思議な好条件が重なって、このような見事な結果が生まれたようです。

　最後にもう一つ、慈悲とコンパッションの力がよくわかる例を紹介しましょう。私の大学院時代からの大切な友人ギブと、その妻フェイの物語です。最初の結婚が破綻したギブは、48歳のときに当時32歳のフェイと結婚しました。フェイは金髪で、「FUN4-FAYE（フェイのお楽しみ）」のライセンスプレートを付けた、オープンカー型の赤いスポーツカーを乗り回していました。結婚して3年したときに、ギブは急性リンパ芽球性白血病と診断されました。そして、化学療法により、胸から下の身体が麻痺しました。フェイが覚えているのは、このむごい知らせを告知された後に、「夫が麻痺だなんて……夫が麻痺！……夫が麻痺だなんて、嫌！」と泣きながら、運転して自宅に帰ったことです。その2年後、フェイとギブを訪ねたとき、私は「どのように過ごしているの？」とフェイに尋ねました。そのときのフェイの回答は、それ以来私の心に響き続けています。フェイは、「こんなに深い愛があるなんて、知らなかったわ」と柔らかく答えたのです。

フェイは言いました。「それは一つのプロセスだったわ。良いカウンセラーと聖職者の方々に恵まれたの。そしてギブは、私が話したいように話をさせてくれるわ。ほとんどの時間、ギブは『下半身不随の人』ではなく、私の『夫』なの。ありのままのギブといるだけで、私も私のままでいることができるの」。フェイはさらに付け足しました。「昔の、金髪のはじけた女はもういないわ。でもギブは、私の魂の美しさを理解できる。神様は、私たちが魂のレベルで愛し合うように、とおっしゃっているのね。最初に私たちが持っていたものの多くを持っていかれてしまったけれども、お互いをもっと深いレベルで理解し合うようにしてくれたの。今の私たちの愛は、奇跡としか言いようがないわ」

　8年前に、フェイとギブの人生に明るい光が差しました。二人は養女を迎えたのです。娘が学校に通うようになると、フェイも、以前の教師としての仕事に戻りました。あるとき、フェイは自分のことを心配し始めました。「両親が涙を流すと、私も一緒に泣いてしまうんです。親だけじゃなく、他の人と一緒にいてもそうなんです」。すると誰かがフェイに言いました。「それは弱さではなくて、コンパッションだよ！」

　自分自身を見失わず、慈悲の実践を人生に取り入れる方法を、本章を通じて皆さんにお伝えできていれば嬉しいです。第Ⅲ部では、パーソナリティのスタイルや状況にコンパッションを合わせる方法、実践を長く続ける方法、進捗を測る方法について見ていきましょう。

第**III**部

セルフ・コンパッションを
カスタマイズする

第 *8* 章

自分のバランスを見つける

> 人は常に断崖絶壁を旅している。そして、望むと望まざるとにかかわらず、
> バランスを保つことが真の義務である。
>
> ——ホセ・オルテガ・イ・ガセット（スペインの哲学者）

　次のステップは、セルフ・コンパッションの実践を自分にカスタマイズすることです。この段階で重要なのは、普段からストレスにどのように対処するかというパーソナリティのスタイルのバランスを整えることです。バランスが整えば、生活のなかでセルフ・コンパッションが自然に展開されるようになります。一方、バランスが整わないと、たとえば「世話人」タイプのパーソナリティの人は、他者に対してはコンパッションを容易に感じられるのに、自分に対してつまりセルフ・コンパッションとなると自制してしまうかもしれません。「知性派」の人は、セルフ・コンパッションの概念を理解しても、感情の面でついていくのが大変になるかもしれません。「移り気な人」は、最初はセルフ・コンパッションの実践にとても熱心でも、少し困難を感じただけですぐに離れていってしまうかもしれません。自分のパーソナリティの有り様を知っていると、自らの強みを最大限に生かしつつ、妨げとなることを最小限に抑えることができるでしょう。

　また、セルフ・コンパッションを実践していると**どのタイプの人にも**生じる困難があります。それは仏教心理学で「煩悩」（**貪欲、嫌悪、倦怠、焦燥、疑念**）として知られるものです。そういった心の状態のどれかに巻き込まれたときに、自分でそれがわかると役に立ちます。たとえば、あまりに機能不

全な家庭で育ったために、そんな自分がセルフ・コンパッションを持てるようになるとは到底思えない場合があります。それは「疑念」です。あるいは、実践の成果を**すぐにでも**体験したいと思うかもしれません。それは「貪欲」です。煩悩に名前を付けて取り組めると、はるかに実践がしやすくなります。自分のパーソナリティのスタイルと、その瞬間にどの煩悩にはまっているかの両方を知っていると、困難を未然に防ぐことができます。

今、そこにいる

　1976 年に私が初めて瞑想を学んだとき、スピリチュアルに悟りを開くことが人生に最も大切だと感じていました。私は精力的に瞑想に励みましたが、時々不安と苛立ちをかなり感じることがありました。数カ月もたつと、心について多くを学んでいる手応えを認識しました。心理学者の卵としては悪くありません。しかし、私は他の人が一緒にいるときに楽しい人ではなくなってきてしまいました。そして考えました。「これは意味がないのではないか？　遠い将来に報われるために、なぜ今苦しまなければならないのか？　むしろ、今の日々を一瞬一瞬大切にして、少しずつウェルビーイングを育んでいく方がよいのではなかろうか？」。優しさは実践の手段でもあり、目的でもあります。最近は、瞑想に一生懸命になりすぎて苦しくなっている自分に気づくと、「私が幸せでありますように、私が楽でありますように」というメッタのフレーズをただ繰り返すようにしています。すると、すぐに身体と心が柔らかくなります。あなた自身も、瞑想をしているまさにその瞬間に、慈悲の４つの礎石（安全、幸せ、健やか、楽）を体験できていると、その瞑想はバランスが取れていると言えるでしょう。それが目標です。

　セルフ・コンパッションの実践の良いところは、先々まで待たなくても、実践がうまくいっているのかどうかが、今すぐにわかる点でしょう。日々の体験に優しく向き合うことができているでしょうか？　瞑想をするときも、子どもを寝かしつけるときも、渋滞に巻き込まれているときも、その瞬間の「姿勢」が問われます。**そうしている間にも、自分に親切にできているで**

しょうか？　単純な話なのです。そして、不快さ（欲しいものを求めてもがいたり、欲しくないことを回避しようとしたりすること）に気がついたら、自分のためにコンパッションを感じて、その体験のなかで柔らかくなろうとしているでしょうか？

　幸福（happiness）への期待が、実践における最高の教師です。なぜなら、期待があるからこそ、「安全、幸せ、健やか、楽」になって**いない**ときに注意が喚起されるためです。注意が喚起されたら、不快な体験に注目してみましょう。そして、次に何をするべきか判断します。呼吸に集中して心を落ち着けるとよさそうですか？　緊張して力が入った感じがするのであれば、他の感覚に対してオープンになって気づきを広げるとよいでしょうか？　自分に慈しみを与えるだけでよいでしょうか？　こういった行動の選択肢は、自分の心の状態を評価するための幸福（ウェルビーイング）の基準があれば、より思いつきやすくなります。

　身体の緊張、疑念、寂しさなど、同じような種類の苦痛を繰り返し体験しているのであれば、ご自身のパーソナリティのスタイルを検討してみるとよいでしょう。努力しすぎてはいませんか？　完璧を求めすぎてはいませんか？　社会的接触を避けるために瞑想を使っていて、結果的に孤独になっていませんか？　瞑想中に落ち着かなさを感じることは普通のことですが、苦痛が続くようであれば、あなた自身の見えない基準（パーソナリティ）に目を向けるべきだというメッセージかもしれません。それは誰にとっても折に触れて必要になる作業です。

あなたのパーソナリティのタイプは？

　パーソナリティとは、私たちの態度、思考、気持ち、行動の容器のようなものです。それは個人における「自己」と一般的に呼ばれています。パーソナリティがなければ、あなたはあなたでなくなってしまいます！　瞑想の講師の仕事は、一人ひとりに固有のパーソナリティと向き合い、その人がより幸せになり、より実りある実践ができる方法を見つけることです。通常、そ

のためには、自分が「これが私だ」と思い込んでいる特定の部分を柔らかくする作業をする必要があります。自分のパーソナリティのスタイルを知ることは、自分が自分の一番の講師になるということです。

　実践をする際に、以下に紹介する12のパーソナリティのスタイルを参考にしましょう。これは科学的に導き出されたものではなく、事例に基づいて分類されたものです。もちろん既存のパーソナリティ類型（よく知られるMBTI性格テスト〔Myers-Briggs Type Indicator〕など）を使うこともできたのですが、それらの尺度は、セルフ・コンパッションの実践において生じる困難を明確に説明してくれるものではなかったため、ここではあえて事例に基づく分類にしました。以下に挙げるパーソナリティのスタイルのなかに、自分に当てはまると感じるものが、1つかまたはそれ以上あるかもしれません。もし当てはまるものがなければ、ご自身で自由に分類を作っていただいても構いません。

　私たちのパーソナリティは、幸せになることよりも、生き延びることを第一の目的として構築されています。そのため、自分のパーソナリティを検討すると、幸福な感情や自分への優しさの実践とは相いれない側面がいくつか見つかることでしょう。それを含め、あなたの人生において中心になっているパーソナリティのスタイルを特定し、あなたの実践にどのような影響を及ぼしているかを見分けられるようになりましょう。

　分類を見ていく際は、おおらかな気持ちでいましょう。完璧な人などいません。環境に対して条件づけられた方法で振る舞うことは、誰にとっても必要です。それが「自己」というものなのです。そうでなければ、瞬間ごとに自分を生み出し続けなければならなくなってしまいます。ただ、子どものときにうまくいっていたことが、大人になってからもうまくいくとは限りませんし、恋人といるときにうまくいった方法が、新車の値段を値切ろうとするときにうまくいくとは限りません。本章の目的は、あなたのパーソナリティを変えたり批判したりすることではありません。そうではなく、それがあなたのセルフ・コンパッションの実践に与えるかもしれない影響の**バランスを取ろう**というものです。日々の雑務をこなすなかで、私たちは絶えずバランスを崩しては戻す、ということをしているものと想定することから始めま

しょう。

☼ 世話人

コンパッションを自分自身に広げようとすると、それをもっと必要としている別の人のことをすぐに思い浮かべますか？　世話人タイプの人は、他者をケアすることで人生に意味を見出します。そういう人は、親、看護師、カウンセラーなどとして生きがいを感じるでしょう（ケアを提供する専門職への金銭的な報酬は比較的低いけれども、他者を助けることで得られる本質的な満足感が報酬の低さを補っているのかもしれません）。女性の方が男性に比べて世話人になりやすいようです。世話人はコンパッションを提供するのに長（た）けています。苦難の時期にいる人に、感情面でも身体面でも寄り添います。

世話人の幸せを脅かす最大の要因は、自分の労働の成果に対する執着です。世話人タイプの人は、慈しみを与えた後の結果をどうしてもコントロールしたくなるようです。聞いた話によると、ある「ヘリコプターペアレント訳注1)」は、大学卒業後の息子の最初の就職面接に同行し、後で面接官に息子の面接スキルについて質問をしたそうです！　また、「母親の幸福度は、**自分の最も幸せでない子どもの幸福度に等しい**（A mother can only be as happy as her least happy child）」という諺（ことわざ）があるように、世話人は大切な人の苦しみに過剰に同一化しすぎて、心が乱れるかもしれません。

自分で自分にコンパッションを与えることで、他者に同一化して感じる苦しみを癒やすことができます。ただし、世話人タイプの人は、自分自身に気を配ろうとすると、大切な人を**見捨てている**ような気持ちになることが少なくありません。極端な話、世話人のなかには、自分の限界まで頑張らなければ、自分を「ケアする人」であるとは感じられない人がいます。世話人の思考は、「私が十分に心配をすれば、自分の子どもは安全なはずだ」というものです。そういうときに、「子どもが安全で幸せでありますように、そして

訳注1）子どもの教育や経験に対して過剰なまでの注意を払う親。

それと同じぐらい自分も安全で幸せでありますように」と言うと、セルフ・コンパッションが生じやすくなる母親もいるでしょう。そうすることで、世話人の心の中の心配の方程式の両辺（心配する側とされる側）のバランスが落ち着きます。

　世話人タイプの人は、「でも、**彼の方が私よりはるかにひどい状態なんです**」と言って、自分の苦しみを否定することがあります。他人と比較して自らの痛みを最小化することは、セルフ・コンパッションの実践の妨げになります。なぜなら、コンパッションを呼び起こすためには、痛みを感じている必要があるからです。ではどうすれば自分を見失わずに他者を慈しめるでしょうか？　まず、自分自身が感じている苦痛に対してマインドフルネスを実践しましょう（「これはつらい！」）。次に、身体で感じる気持ちを和らげて、言葉（「あなたが好きよ！」）と行動（温かい湯船につかる、川沿いを散歩する）の両方で自分に優しく接します。このように、つらく感じている自分を抱きしめることで、疲労と恨みから身を守り、他者のために存在し続けることのエネルギーを得ることができます。

⊙ 知性派

セルフ・コンパッションの実践は、頭から離れることを求めるため、感覚的すぎると感じますか？　知性寄りの人は、頭で論理的に考えて感情を調節し、問題を解決します。その好例がダライ・ラマで、彼は、痛みと苦悩について次のように考えることを勧めています。「苦しみを克服する方法や機会があるなら、心配する必要はない。それらに対して出来ることが何一つなければ、心配しても役に立たない」。このような明晰な思考は、特に危機的な状況において、感情的に反応しやすい人を落ち着けてくれるでしょう。

　ところが、知性派タイプの人はあまりにも考えすぎてバランスを崩してしまう場合があります（ダライ・ラマはそうではありません！）。ラマ・スリャ・ダスは、「知性はよい召使いだが、よい主人とは言えない」と言っています。知性派タイプの人が動揺すると、頭の中で、エレベーターで最上階に行ったまま行き詰まって動かないような状態になります。知性派タイプの

人は、問題解決の手段として合理的な思考をもっぱら頼りにするものの、時には問題をもっと低い次元に任せる必要があります。たとえば、トラウマ記憶は身体に閉じ込められている場合が多く、それから解放されるには身体を癒やす必要があります。強迫的な思考によって、短期的には感情的な痛みから解放されるかもしれませんが（ある種の逃避になるので）、長期的には感情の問題がかえって続いてしまうかもしれません。

　慈悲の実践がどうしてもしっくりこないという知性派タイプの人を何人か知っています。その人たちにとっては、「私が安全でありますように」といったフレーズが真実のようには思えません。「**安全？　全員がいずれ死ぬのですから、安全な人なんか誰もいません**」。知性派タイプの人は、**願うこと**それ自体と、願いの**対象**との違いが、特に理解しづらいようです。願うこととは、頭ではなく胸の辺りで体験されます。それは思考プロセスというよりも、態度として感じられるものです。幸い、願いの対象（健康、幸せ）に囚われずただ願うという感覚は、十分に実践をしていくうちに誰でも体験できるようになります。

　知性派タイプの人のなかには、大きな苦痛のさなかに（考えても苦境から脱せられなかったときに）、セルフ・コンパッションの実践の価値を認識する人がいます。かなりの知性派の人でも、ひどい気分になれば慈しみを求めます。そうしたときこそ、知性派も「治癒」より「ケア」に落ち着くのです。また、マインドフルネスの実践を通じて徐々にセルフ・コンパッションを受け入れるようになる知性派タイプの人もいます。そのような人は、本当に深く乱された気持ちと向き合うには、慈悲を導入しない限り全くものが考えられない、ということを発見します。

　知性派タイプの人は、セルフ・コンパッションに含まれる「自己」の概念に馴染めない傾向があります。彼らは問いかけます。「フィクションを創作しているだけなのではないでしょうか？　そうするとかえって区別されて寂しくなりませんか？　それよりも瞬間ごとの体験が生じるがままにそれらに注意を向けるだけでよくて、『自己』などというものを重ね合わせる必要はないのではありませんか？」。気分が良いときはそのとおりです。しかし、「自己」の感覚が痛みで苦しんでいるときには、痛みを感じる位置に注意を

向けるのが最も健全な反応です。心を乱す感情がおさまると、私たちの注意も、限定された「自己」の境界を自然に超えて広がります。

◌ 完璧主義者

セルフ・コンパッションが十分でないことに、あるいは古い感情習慣の強固さにフラストレーションを感じていますか？ 完璧主義タイプの人は、高い基準のゆえに有利になることもありますが、自分で設定した完璧な基準を常に下回ることになってしまいます。いつになったら、「これで十分」と言えるようになるのでしょうか？ おそらく、より若く、きれいで、賢く、裕福で、強く、健康で、幸せになったときでしょう。セルフヘルプ産業は、私たちは決して十分でない、という文化的前提の上に成り立っています。特に女性は、あらゆる場面で自分の不十分さを指摘されます。

完璧主義は幼少期に始まります。親が、子どもを承認するための気分を過度に高く設定すると、子どもは大人になってからも、自分は不十分であるとの感覚を抱き続けるかもしれません。逆に、基準が**なく**、親が感情的に子どもに距離を取っていると、子どもは愛されるために非現実的な基準を自分に対して作ってしまう場合があります。

完璧主義タイプの人がセルフ・コンパッションを実践する際の最大の困難は、「自分のやり方が間違っているに違いない」と思って、絶え間なく改善しようとしてしまうことです。瞑想は誰にとっても平等な条件のもとにあることを思い出しましょう。「熟練者」と呼べるのは、何度でも実践に立ち戻ろうとする意思を持つ人だけです。完全に正しく瞑想することは**ありません**し、完全に十分なセルフ・コンパッションというのも**ありません**が、実践を続けている限り失敗するということも決してありません。一日のうち、ほんの少しでも自分に優しさを向けることができれば十分です。自分を批判することはセルフ・コンパッションとは正反対です。私は、完璧主義者がひとたび自己改善の罠から抜け出すと、最も熱心にセルフ・コンパッションを実践できるようになる様子を見てきました。

コンパッションを受けるための唯一の条件は「苦しんでいる」ことです。

完璧主義者は自分の不十分さに常に苦しんでいるので、その痛みに対して、すぐにでも実践を始めることができます。また、完璧主義タイプの人は、自分の欠点を**許し**、**感謝**を感じられるようにトレーニングし、ポジティブな体験を**味わう**ことで（第5章参照）、自己批判する傾向とのバランスを取ることができます。それらは全てスキルなので、身につけることができるのです。

❖ 個人主義者

　物事がうまくいかないときに自分の気持ちを探ったり誰かに打ち明けたりすることが苦手でしょうか？　個人主義タイプの人は、独立し、他者から干渉されない生活を好みます。自分が困っているときに誰かに助けてもらうことを期待しませんし、自分に誰かを助ける義務があるとも思いません。個人主義者は「自分の運命は自分で決めるものだ」と言います。周囲の人からの同情を必要としませんし、同情を欲しいとも思いません。

　そのような個人主義者は、自立を称賛する人々にとって魅力的な存在です。個人主義者は、乗り越えることが不可能に見える困難を、文句も言わずに引き受けます。そのような人は他者からの慰めやサポートを積極的に求めないため、自分の努力が認められないと、孤独や不満を密かに感じることがあります。また家族など身近な人は、個人主義者に親しみを感じられずに苦しむことが多く、やがてあきらめてしまう場合もあります。

　個人主義者は、自分が強くあること、そして自分をコントロールすることを必要とします。私は、他人に頼らなくてもよいようにセルフ・コンパッションを実践する個人主義者を何人か知っています。しかし、通常その方法はうまくいきません。なぜなら、必要なときに助けてくれる人がいないと考えていると、内面で手放せる範囲にどうしても制限がかかってしまうためです。愛する人が亡くなったときに、誰かと一緒にいるときだけ泣くことができた、と話す人は少なくありません。もしあなたが個人主義者であれば、あなたを頼りにしている人を思い浮かべて、その中から、あなたが必要なときによろこんで助けてくれる人を探してみましょう。あなたは自分で思ってい

るほど孤独ではないのかもしれません。

　個人主義タイプの人にとって、痛みに対して柔らかく接するという考え方は、あまり馴染みがありません。もしあなたがこのタイプであれば、自分自身の闘いの重さに引っ張られることは弱さの表れでないことを忘れないでください。どんなにタフな人物でも、心が折れることはありますし、サポートを必要とすることもあります。奮闘なら、これからいくらでもできます。

☼ サバイバー

　あなたは、自分が慈しみや注目に値しないと感じているでしょうか？　サバイバータイプの人は、セルフ・コンパッション領域のパイオニアであるタラ・ブラクが「無価値の催眠状態（trance of unworthiness）」と呼ぶものに苦しんでいます。自分の気持ちが妥当だと信じられず、良い気分になる資格が自分にあると思えません。サバイバーのなかには、子どもの頃にネグレクトや虐待を受けた人もいて、生きる価値が感じられる人生を築こうとしてももがいています。サバイバーには、人生のより深い意味を求めて生きていこうとする、繊細で多感な人が多くいます。サバイバーはまた、人々が示し合う残酷さや苦しみに痛いほどよく気づいており、傷つけられたり不正の犠牲になったりして苦しむ他者に対して深いコンパッションを持つことができます。

　セルフ・コンパッションへと至る道において、サバイバーが遭遇する困難の多くは、本書ですでに述べたとおりです。自己批判（「私は悪いと感じた。だから私は**実際に**悪いのだ」）は、ネグレクトや虐待を長年受けたことに対する一般的な結果です。自己批判があると、セルフ・コンパッションの実践を始めることさえ難しくなってしまいます。もし母親から「あなたなんか病院から連れて帰らなければよかった」と言われたら、自分自身に慈しみを広げにくくもなるでしょう。また、心を開くと「バックドラフト」（抑圧されていた記憶が一気に噴き出す）が起きるかもしれません。そのような記憶は強烈で予測できず、私たちの意識を圧倒することがあります。さらに困ったことに、サバイバーは、気分が良くなったときに、苦しまないことで罰を受

けるのではないかと本能的に恐れて、せっかく良くなった感情を遮断してしまうことがあります。サバイバーにとって、慈しみは馴染みがないものであると同時に、危険なものでもあるのです。

それでもなお、セルフ・コンパッションを取り入れたセラピーは、サバイバーにとって慰めになるでしょう。サバイバーの人生には痛みの要素が常にあるため、コンパッションを受け取る用意がいつでもできているということになります。とはいえ、サバイバーの場合は、はじめは**他者**に向けて、特に子どもやペットに向けてコンパッションを差し出すと取り組みやすいでしょう。そうしつつ、やがて安全で適切なタイミングを見計らいながら、自分自身に慈しみを向け戻す（慈しみの輪の中に自分自身も含める）ことができるようになります。

⁞ 働き者

セルフ・コンパッションを実践する時間を取ることができないでしょうか？ 「仕事」とは、お金、権力、名誉など外側にある目標のためにする活動です。一方、「遊び」は、花を楽しんだり小説を読んだりするなど、活動そのものを目的としています。まれに、仕事が遊び**である**場合もあります。孔子は、「心から好きな仕事を選ぶと、一生仕事をしなくてよくなる」と言っています。セルフ・コンパッションを実践する時間は、仕事よりは遊びに近く、自分らしさを楽しむ時間であると考えましょう。

アメリカは働き者の文化です。ヨーロッパ人に比べて約２倍のアメリカ人が週に50時間以上働くそうです。私たちは余暇時間にも自分をさらに磨こうとします。自己啓発産業の規模は年間96億ドルを超えます。働き者タイプの人は、分単位で計画し、マルチタスクをこなし、スケジュールが妨げられるとイライラします。そういう人はたいてい、健康や人間関係に支障をきたすにもかかわらず、働きすぎます。

働き者タイプの人にとって最大の難関は、立ち止まったりスピードを落としたりすることです。そういう人には、フォーマルにもインフォーマルにも、セルフ・コンパッションを実践するのによいタイミングというものは決

して訪れません。仮に時間ができても、あっという間にその他の目標へ向かう行動が優先されます。メールに返信しなければなりませんし、世界の時事ニュースも知っておかなければなりませんし、洗濯物もたまっています。瞑想は、ただそこに「在る（being）」ことと関わります。しかし、働き者にとっては、「在る（being）」が「する（doing）」になってしまいます。そして慈悲の瞑想中にもストレスを感じるようになります。

そのような人は、トレッドミルからいったん降りてみましょう。ほんの束の間、時間に追われた生活がいかにストレスになっているかを実感できるだけの時間で構いません。誰にでもそういった瞬間は訪れます。それは50歳の誕生日を迎えたときかもしれませんし、血圧の薬を飲むように医師に言われたときかもしれません。世話の焼けるティーンエイジャーの息子と激しい口論をした後かもしれません。前のめりになっているような「切迫感」にマインドフルに注意を向けることから始め、バランスを取り戻すとよいでしょう。次に、静かな瞑想の間に生じる困難な感情、たとえば不安や寂しさや死への恐怖に対して、慈しみに満ちた気づきを向けます。セルフ・コンパッションは、働き者の心に潜むそうした悪魔と向き合うための比較的安全な方法です。

働き者の場合、苦悩から解放される目標を記録的な速さで達成しようとします。そのような人はセルフ・コンパッションを実践し始めたら、熱心になりすぎないように注意する必要があります。努力することと余暇を楽しむこととの間に、健全なバランスを見つけましょう。

⚙ 移り気な人

セルフ・コンパッションの実践を始めても、すぐに飽きてしまいそうですか？ 移り気タイプの人は、魅力的で、熱心で、新たなアイデアにすぐに興味を示して夢中になります。そのような人は、周囲の状況や人々に全力で注意を向けるため、周囲の人たちは一緒にいて楽しいと感じます。

移り気な人にとって問題になりやすいのは、一貫性を保ちづらいことです。プロジェクトを完遂したり、自分や他者との約束を守ったりすることが

苦手です。移り気タイプの人は、生涯を通じて絶えずやり直していて、人間関係でも、キャリアでも、住まいでも、同じレベル内で動いているばかりで、ちっとも前に進んでいる感じが持てないかもしれません。ある瞑想実践から別の瞑想実践へと飛び回り、まるで井戸から水を得るために1カ所を30メートル掘るのではなく、10カ所を3メートルずつ掘っているようになるでしょう。移り気タイプの人は、広さをとる代わりに深まりません。

　移り気な人がセルフ・コンパッションを実践し続けるには、どうしたらよいでしょうか？　そのような人は、まず、飛び回ることによって支払う**対価**（不安、寂しさ、自己疑念）を体験する必要があります。移り気な人に対して、一つの実践にじっくりと取り組むこと（同じメッタのフレーズを使い続けることなど）を期待しても現実的ではありません。しかし、背景にある原理、たとえば「自分に対して優しく話しかける」といったことを理解すれば、移り気な人も、具体的な技法自体は変えつつその原理に基づく実践を長く続けることができるようになります。また、同じ志を持つ仲間からのサポートがあれば、移り気タイプの人でも一貫して実践しやすくなります。実践を続けることについては、次章でも解説します。

⊙ アウトサイダー

　自分は社会に馴染めないと感じていますか？　社会においてアウトサイダーであることは、その人の世界観の核となるほど大きな影響があります。私たちの社会は、あまりに多くの理由で他者を疎外してしまっています。それはたとえば、人種的偏見、同性愛嫌悪、女性の価値下げ、高齢者の不可視化、貧困への鈍感さ、宗教的不寛容、民族的偏見、病や障害といったことです。または、別の国から移民として来た、社会経済的クラスが違った、困難な幼少期を過ごしたといったことによって、家族的背景と現在の暮らしが大きく異なっていることもあるでしょう。芸術的能力やスピリチュアルな感受性といった、並外れた個人的な強みも、主流文化から正当に扱われず、かえってアウトサイダーである感覚を強めてしまうかもしれません。

　アウトサイダーであることは、必ずしも悪いことではありません。社会の

辺縁で生きる人々は、多数派の暗黙の前提に対して特別な洞察を抱いている場合も珍しくありません。マーティン・ルーサー・キングは、「ほとんどいつも、創造的で献身的な少数派が世界をよりよくしてきた」と言っています。私たちの心に訴えかける新たな音楽、文章、ビジュアルアート、最先端のコメディ、社会評論は、メインストリームの外側で生まれます。そもそも、アメリカ社会で主流となっている物質主義的文化価値が幸せの処方箋でないことは確かです。

それでもなお、中心文化から切り離された体験は、人が本来有している全体性の感覚を損ないかねません。水中を泳ぐ魚のメタファーを考えてみましょう。生きて呼吸する魚の身体を、水が通り抜けます。私たちも、文化という水の中を泳ぐ魚のようなもので、その水が、人種差別、性差別、年齢差別で汚染されていると、それらの偏見を体内に引き込んでしまいます。同性愛嫌悪のある社会では、同性愛嫌悪を内在化しないでゲイでいることはできません。白人文化のなかで生きるアジア人も、反アジア人のステレオタイプを抱かずにいることは困難です。自己イメージは、それを生み出す文化とは切り離すことができません。

社会的そして文化的に生み出された痛みは、優しい気づきのなかで抱きしめられる必要があります。恐怖、怒り、嫌悪によるメッセージに苦々しく反応しても、苦しみが増すだけです。私たちの中に密かに根づいている偏見も同じです。外側の世界から自分は見えていないと感じるだけでも、大きな苦痛が生まれます。エクアドルのエッセイスト、フアン・モンタルボは、「無関心のソフトさ（やわらかさ）ほどハードな（硬い／つらい）ものはない」と書いています。もし自分をアウトサイダータイプであると感じるのであれば、痛みを感じたときにそれに気づくことから始め、その痛みにセルフ・コンパッションで反応しましょう。「私が怒りと恐怖を感じませんように」「自分をありのままに慈しめますように」

❀ 流される人

流れに合わせてその瞬間を生きるのが得意でしょうか？　流されるタイプ

の人は、一般に付き合いが良い人たちです。そのような人は、潮の流れに乗って、新しい状況にもすんなり馴染むことができます。また、流される人にとっては個別の文脈ではどのような視点も妥当に見えるため、他者の意見を尊重します。このタイプの人の人生は、個人的な目標や願いよりも、共時性（ランダムに見える出来事が同時に起きること）によって方向づけられます。流される人は「今、この瞬間」を生きているのです。

　ただ、それが極端になると、切り離された状態になったり、曖昧になりすぎたりすることもあるでしょう。人によっては、「流れに任せる」ことが困難な挑戦を避ける言い訳になり、結果的に受け身になって方向性を見失うかもしれません。流される人は、セルフ・コンパッションを実践中に感情面の古い傷が現れると、脱線してしまうかもしれません。

　流される人にとって最大の困難は、コミットメント（心の奥に抱く深い確信を見つけ、信頼し、追求すること）です。このタイプの人は、セルフ・コンパッションの実践を、「私の心からの願いは何だろう？　人生で本当に大切なものは何だろう？」と問うことから始めるとよいでしょう。人間関係、仕事、健康、余暇活動など、深い部分にある価値とコミットメントによって、道半ばで遭遇する妨げを乗り越えやすくなります。たとえば、母親になることを強く願っている女性であれば、出産の痛みも耐えやすくなります。どうしてもお金が必要なのであれば、嫌な仕事を我慢できるかもしれません。

　セルフ・コンパッションは潮の流れ（感情的苦痛に抵抗して、問題が起きると自分を責めようとする私たちの傾向）に逆らおうとするため、そこにはコミットメントが必要になります。流されるタイプの人は、「今、この瞬間」に気づき、それを手放すスキルをすでに身につけているので、ひとたび目標がしっかりと定まれば、セルフ・コンパッションを楽に実践できるようになるでしょう。

☼ モラリスト

他者が悪いことをすると、強い怒りを感じやすいでしょうか？ モラリス

トタイプの人は、物事の善悪に非常に敏感です。そのため、警察官や聖職者など、正しい行動と考え方に価値が置かれる親的な役割に生きがいを感じます。モラリストは、明確な基準を設定し、脅威からそれを守るという意味で信頼できます。そういった姿勢は、政治や社会が激動する時期に特に歓迎されます。

モラリストタイプの人は、自分だけでなく他人にも厳格な道徳律を当てはめます。そういう人は、他者が自分とは全く異なる基準で生きていることに気がついて、驚くことも珍しくありません。詩人のジョージ・ハーバートは、「世界の半分は、残りの半分の生き方を知らない」と書いています。モラリストは、他者のなかに倫理的欠点を見つけると「義憤」に駆られやすく、自分の欠点を見つけると過度に自己批判的になりやすいようです。

モラリストタイプの人がセルフ・コンパッションを実践する際は、**他者の行動へのこだわりを手放し**、「義憤」が自分の身体の中でどのように感じられるのかを発見する必要があります。義憤を手放しても、不道徳にはなりません。憤る代わりに、より害が少ない活動へと他者を導くために何が必要かを評価するとよいでしょう。「正しい」か「間違っている」かの基準よりもっと穏やかなのは、ある行動によって苦痛が減るか増えるかという基準です。私たちは、不適切な行動を目の当たりにしたときに、肩を怒らせなくても効果的に対応することができます。

また、厳格な倫理観は、自分自身の魅力的でない部分（例：欲望、妬み、貪欲、嫌悪、利己性）を見えなくし、その結果、それらを管理しにくくしてしまいます。確かに、周囲を見れば、聖人ぶった政治家が性的な問題に関わるなど、倫理的に腹が立つたぐいの報道には事欠きません。しかし、そういったあまりに人間らしい傾向は私たちの中にもあるのです。そのことを恥じることなく、そして否定することなく認識できるようになれば、そういった傾向を自分自身にとってより有益な方向へと変えていく機会が生まれます。

最後に、モラリストタイプの人には、セルフ・コンパッションは自分を甘やかすことのように感じられるかもしれません。そして、「甘やかしだ」と主張することは、自分のパーソナリティの美しくない側面を知らないままで

いることにつながります（知らなければ傷つかずに済みますから）。セルフ・コンパッションを実践していると、欲望、怒り、妬み、貪欲といった不快な気持ちが必ず生じますが、モラリストは、それらに取り組む時間だけは自己批判をやめてみるとよいでしょう。

⚙ 外向的な人と内向的な人

一人きりで考え事などをすることを楽しみますか、それとも他者に囲まれていることを望みますか？　「外向的な人」は社交的でまあまあ幸せで、一人でいるより他者と一緒にいることを好みます。そのような人は、演じること、政治的な集まりを組織すること、社会的ネットワークをつくること、マネジメントなどの活動を楽しみます。外向的な人は「自らの足で考える」傾向があり、一人でいると落ち着かず、自分の心理的なニーズや問題にはあまり気づいていません。

それとは対照的に、「内向的な人」は内面的な生き方を楽しみ、執筆、芸術、科学といった、単独で行える職業を好みます。内向的な人が社交の場に参加すると、刺激が多すぎてすぐに疲れてしまいます。そのような人は、必ずしも内気で他者からの批判を恐れるわけではありません。単に一人でいることを好むというだけです。内向的な人は、何かを話す前に、その内容を熟考することが好きです。内向的な人と外向的な人の気質の違いは、遺伝子や脳の違いで部分的に説明できるだろうとの研究結果が示されています。

外向的な人は、瞑想のような観想的な実践は不向きに見えるかもしれません。しかしながら、完全に外向的な人はあまりおらず、実際にはほとんどの人が内向的から外向的までの連続体のどこかに位置づけられます。私たちは誰かと一緒にいることを好みますし、一人きりの時間も嬉しいのです。セルフ・コンパッションの実践、特にメッタの瞑想は、それ自体が孤独さと関係性の**両方**を併せ持つため、内向的な人にも外向的な人にも何かしら役に立ちます。

セルフ・コンパッションの実践を個人に合わせて調整する方法がいくつもあります。**外向的な人**にとっていちばん問題になりやすいのは、一人で座っ

ているときに生じうる落ち着かない気持ちです。外向的な人は、一つの場所でじっとしているよりも、インフォーマルに、すなわち一日中、周りに人がいるときに実践するとよいでしょう。たとえば、歩きながらするメッタの瞑想（第7章）では、他者とつながり合っている感じを育みます。外向的な人は、慈悲のフレーズに取り組むときも、「私」ではなく「私たち」という言葉を強調することで、他者とつながり合っている感じが持ててよいでしょう（「**私たち**が幸せで、苦しみませんように」）。外向的なタイプの人が座って瞑想をしたい場合は、不快な気持ちがわいたときにすぐにラベル（「退屈」「そわそわ」「不安」）を付けると取り組みやすくなるかもしれません。最後に、外向的な人は、付録Aにある「与えて受け取る瞑想」を楽しむことができるでしょう。「与えて受け取る瞑想」は、通常は他者との人間関係に対して実践することが多く、メッタの瞑想と比べて、心理学的な考え方にそれほど馴染みがなくても取り組めます。この瞑想は、個人的な状況と社会的な状況の両方で実践するとよいでしょう。

　内向的な人にとっての慈悲の瞑想の難しさは、外向的な人のちょうど逆です。たいてい人間関係の要素が強すぎるため、快適と感じられる「人間関係」の程度を調整する必要があります。とはいえ、内向的な人は一人きりの瞑想が快適だからといって、社会的な接触を避けるために瞑想実践を利用することには注意が必要です。内向的なタイプの人のなかには、メッタの瞑想をすることで、その場にいる他者に慈悲を差し出すことができ、その結果、社交的な場でのストレスレベルが**軽減**されると感じる人もいます。内向的な人も外向的な人も、一人でいることと他者と関わることとの間に健全なバランスを維持し、どちらの状況でも快適に感じられるようになることが目標です。

あなたを踏みとどまらせているものは？

　自分のパーソナリティのスタイルが理解できたら、セルフ・コンパッションへの道を進むなかで誰もが遭遇する5つの「煩悩」（**貪欲**、**嫌悪**、**倦怠**、

焦燥、疑念）について知ることがさらに助けになります。どの煩悩に陥りやすいかは、人それぞれです。たとえば、世話人タイプの人は「貪欲」に、モラリストは「嫌悪」に、流される人は「倦怠」に、働き者は「焦燥」に、知性派は「疑念」に悩まされる傾向があります。煩悩はいつでも生じますが、生じたときにそれに気がつけると（「ああ、これは執着だ」「おや、これは疑念だ」）、やがて弱まっていきます。煩悩と闘う必要はありません。闘うのではなく、そういった煩悩があること自体を受け入れ、上手に付き合っていきます。

　今この瞬間、そして今ここで、苦悩から解放される**うる**という前提から出発しましょう。実践の背景には幸福感（ウェルビーイング）があるものとします。その幸福感において「場の乱れ」を感じたら、以下に見ていく煩悩のどれが生じつつあるのかを自問しましょう。そして、煩悩を追放するのではなく、煩悩をマインドフルネスと慈悲で包み込みます。

❄ 貪欲

　私たちは、喜びや、喜びをもたらしてくれそうなことを、本能的に**つかも**うとします。そして、欲しいものが手に入らないと失望します。たとえば、お気に入りのミュージシャンのライブが近くの街で開催されると知ったけれどもチケットがすでに完売していたとしたら、どんな気持ちになるでしょうか。先ほどまで何もなかったところに急に生まれた願望からでさえ、失望が生じます。

　また、私たちは、楽しいことには**しがみつき**、それが終わると悲しくなります。たとえば、美味しいアイスクリームを食べているとしたら、いつまでも味わい続けたいと思い、食べ終わると失望してしまうかもしれません。

　「貪欲」と「しがみつくこと」は、似たような**願望**の表現です。ブッダは、願望は借金をするようなものだと言いました。楽しみが使い果たされた後に、喪失と分離によって払い戻されてしまいます。願望そのものが問題なのではありません。願望の奴隷になったときに、不幸せを体験するようになるのです。願望はゆるく軽く持つ必要があります。

セルフ・コンパッションを実践していると良い気持ちが湧いてくるかもしれませんが、それに執着しすぎないように気をつける必要があります。慈しみや幸せにしがみつくと、実践していても、心が軽くなるのではなく苛立ちを感じるようになってしまいます。昼が終わって夜が来るように、良い気分も生まれては消えていきます。心地よい気分にしがみつく煩悩に対する解毒剤は、どんな気持ちであっても自分に対して善意を実践することに立ち戻ることです。また、失望したときは、失望しているの**だからこそ**、セルフ・コンパッションを活用しましょう。

◌ 嫌悪

　嫌悪を克服することは、本書の中心テーマとも言えます。嫌悪の同義語には、「回避」「抵抗」「もつれ」「反感」「恨み」などがあります。心をかき乱す気持ちが湧くと、私たちは本能的に嫌悪を感じます。私たちは、不安や抑うつといった**内的な状態**に対して嫌悪を体験することがありますし、開いた傷口や腐った食品といった**外的な対象**に向けて体験することもあります。また周囲の人に対して怒りや恐怖といった嫌悪を体験しますし、**自分自身**に対しても体験します。嫌悪は私たちの健康を損ねるため、ブッダはそれを「病」と呼びました。そして解毒剤として慈悲を処方しました。

　嫌悪は、私たちを悩ませているものを見て、理解して、上手に取り組むことを妨げます。嫌悪が自分自身に向くと、過ちを犯した自分を慰めたり許したりする力を失います。シャロン・サルツバーグは、怒りと嫌悪を眺めるときは、それらを初めて目にする火星人の視点から見るとよいと提案しています。「いったい、**これ**は何だろう⁈」。嫌悪を乗り越えるためには、まず好奇心を持ちます。その後は、第1章で見た「耐える」「そのままにする」「親しくなる」のステージが続きます。そのようにして、自分を苦しめている事柄に対して恐る恐る好奇心を持つことから、そういった事柄を認めて尊重することへと次第に移行できます。自分自身の恥ずかしくて醜い部分についても同じです。自分に優しくすることで、自分を困らせる事柄をより深く学ぶ機会ができ、最終的には手放せるようになります。

☼ 倦怠

　これは「心の鈍さ」「メンタルな無気力」「怠惰」「無関心」「退屈」として
も知られる煩悩で、セルフ・コンパッションを実践することに関心がなくな
るというものです。倦怠の逆は、子どもが初めて接する対象に魅了されたと
きに湧く喜びの感じです。

　セルフ・コンパッションの実践に対する関心を、初心のレベルで維持する
ことは可能でしょうか？　真に約束されていることに初めて気づいて目に涙
がにじんでいたかもしれない、あのときのレベルのままに？　それは考えに
くいでしょう。でも、実践を始めた**理由**を思い出すことが役に立ちます。
「もっと良い気持ちになるため！」だったのではないでしょうか？　それな
のに、いつからか実践が機械的になり、目的を忘れてしまったかもしれませ
ん。「仕事に行かなければ……その前に瞑想するんだった……集中できない
……あと10分しかない」

　瞑想のために座ったら、**本当の本当に**、自分が幸せで苦しまずにいられる
かどうかを見てみてください。不快な気持ちが生じたら、慈しみと気づきで
迎え、そして手放します。日頃からメッタの実践をしているのであれば、そ
の言葉の真の意味を味わい、実践の対象が自分自身であったことを思い出し
ましょう。最もやりやすいやり方で、自分自身に対して、慈しみとコンパッ
ションを与えます。本物の慈しみの魅力に抗える人はほとんどいません。

　実践に繰り返しが多すぎると、倦怠を感じやすいかもしれません。どの瞑
想とも同じで、セルフ・コンパッションの技にも繰り返しの要素が含まれて
います。しかしながら、それ以上に、瞑想は本来、1つに焦点を絞った気づ
き、視野が広がった気づき、慈悲のそれぞれのスキルを創造的に組み合わせ
ながら順序立てて取り組む能動的なプロセスです。瞑想では、荒海を舵取り
する船のキャプテンになったかのように、刻々とコースを修正していく必要
があります。次々と起こりうる状況に常に注意を払い、最善の対応をしてい
きましょう。自動操縦状態にしていると、退屈し、結果としてもっと波に翻
弄されてしまいます。

◌ 焦燥

焦燥は、「落ち着かない感じ」「後悔」「不安」としても知られています。現状に対して不満足で、どこかに向かってとにかく動かずにはいられない状態です。ブッダは焦燥のことを、「決して満足しない専制的な君主」と呼びました。過去を後悔し、未来を心配しながら、実践者は焦燥に駆られ続けます。

焦燥はさまざまな方法で鎮めることができますが、まずは後悔の最も少ない生き方をすることが大切です。後悔による惨めさの軌跡が残るようでは、常に走り続けないといけないような気持ちに駆られてしまうでしょう。寛大な振る舞いは、あなたを後悔から遠ざけてくれます。もちろん寛大に振る舞っても周囲からひどい目に遭わないとは言い切れませんが（「善い行いは必ず裏切られる」）、他者を幸せにできれば、最後には私たち自身の心が平穏になります。

落ち着かなさを軽減するもう一つの方法は、「今、この瞬間」をじっくりと噛みしめ、感謝することです。瞑想の講師のアジャン・ブラムは、「最も進みが早いのは、……そのときに取り組んでいるステージに満ち足りている者たちだ。その満足感が深まれば、機が熟して次のステージに入れる」と言っています。では、「今、この瞬間」が快適でない場合は、どうすれば「今、この瞬間」のなかで満ち足りた気持ちを体験することができるでしょうか？ そういうときは、未来について空想するのではなく、今、この瞬間に感じていることに、感じているとおりのラベル（「急ぐ感じ」「落ち着かない感じ」「不安」）を付け、焦燥の身体的な体験に自分を馴染ませます。そうすることで、「今、この瞬間」に再び錨を下ろして自分を取り戻すことができます。脚がむずむずするでしょうか？ 歯を食いしばっているでしょうか？ その脚のむずむずに反応しないでいると、たとえば忘れられたり置き去りにされたりすることへの恐怖といった、より深い気持ちが現れてくるかもしれません。落ち着かない感じの不快さや、その背後の苦悩にひとたび触れることができると、自然とコンパッションが溢れてきます。そして真に慈しまれていると感じられれば、焦燥を抱く心が休まります。

⚙ 疑念

最後に挙げる煩悩は「疑念」で、これは、実践や実践をうまく遂行する自分の能力について浮かぶ**疑い**のことです。心が疑っていると、コンパッションや慈悲を体験することはありません。疑念のために、多くの時間とエネルギーが無駄に失われます。

瞑想の生徒が講師にする典型的な質問には、たいてい多少の疑念が含まれています。たとえば、「『今、この瞬間』に感じていることを受け入れるだけで、**本当に**前に進めるのでしょうか？」といった質問です。講師は、生徒の体験にコンパッションに満ちた姿勢で耳を傾け、ポジティブな変化を見つけて認めます。その結果、生徒の孤独感は和らぎ、より楽観的になっていきます。ブッダは、疑念は砂漠で方向を見失うようなものだと言いました。どの生徒も、自らの体験の細部で道に迷い、誰かまたは何かから全体像を示してもらうことが必要になるときがあります。仏教心理学は素晴らしい道案内で、2500年以上もの間、生徒たちを導いてきました。

また、実践が効果的であるかどうかを確認するために、**自らの進捗状況を**記録することもできます。セルフ・コンパッションの実践を始めて以来、思いがけず幸せを感じた瞬間がありましたか？　内なる対話は以前より穏やかなものになりましたか？　他者の苦境に対して、より共感できるようになりましたか？　過去の対人関係での葛藤が和らぎ始めましたか？　次の章では、「前に進むこと」について、さらに詳しく見ていきましょう。

全てを１つにまとめる

マインドフルネスとセルフ・コンパッションの実践を続けていると、パーソナリティが次第に再構築されます。普段から問題に自動的に対処することが少なくなり、状況にどう反応するかを自由に**選べる**ようになってきます。周囲からはあなたが変わったと言われるかもしれませんが、あなた自身は自分らしく生きられるようになったと感じていることでしょう。

思い出しましょう。内的に変容するためには、まず不快な感情が生じている状態にマインドフルに気づきます。その次に、セルフ・コンパッションがきます。ほぼそれだけで、感情面の苦痛は和らぎます。一貫して実践するなかで、感情の世界に生じた心地悪さにすぐに気づける習慣がつき、意識することなく態度や注意の状態を変えることができるようになります。それは、慈しみに満ちた伴侶がずっとそばに寄り添ってくれているような新たな関わりを、自分との間に作り直すようなものです。

○ 困難に FACE で向き合う

困難な感情に対して、意識的に意図しながら対処することが必要な状況が常にあります。次に紹介する４つのステップ── F-A-C-E（向き合う）──によって、そういった困難と向き合いやすくなります。

1. 痛みを感じる（**F**eel）
2. アクセプトする（**A**ccept）
3. コンパッションで対応する（**C**ompassion）
4. 上手にできることを期待する（**E**xpect）

ステップ１の「**痛みを感じる**」は、マインドフルネスのことです。体験していることを、体験している**まさにそのとき**にわかっている状態です。痛みから目を背けていては、痛みに取り組むことができません。痛みに対するマインドフルネスとは、痛みから距離を置いたままにするだけではなく、痛みを実際に**感じる**ことを意味します。

ステップ２の「**アクセプトする**」では、積極的に、ただしジャッジすることなく「今、ここ」での体験を抱きしめます。アクセプタンスによって、苦痛と闘いたくなる衝動が消えるので、闘って苦痛を悪化させることがなくなります。

感情的な困難に対して、マインドフルネス（ステップ１）で向き合い、アクセプタンス（ステップ２）で対応する方法はたくさんあります。本書では

第2章と第3章で、「柔らかくする」「そのままにする」「ラベルを付ける」という3つの技法を紹介しました。「柔らかくする」では、身体に表れたストレスをアクセプトします。「そのままにする」では、感情的に苦痛な体験をアクセプト（ありのままに、来ては去るままに）します。「ラベルを付ける」では、気持ちに名前を付けて、巻き込まれた状態から抜けやすくします。

ステップ3の「**コンパッションで対応する**」では、自分の中の痛みを見つめて、優しさと理解で対応します。その際、慈悲のフレーズを使うこともできますし、第5章や付録Aにある「セルフ・コンパッションへの道筋」のどれかを使うこともできます。苦しみが大きいほど、セルフ・コンパッションも多く必要になりますが、そのことがいちばん忘れやすいステップだったりします。

ステップ4の「**上手にできることを期待する**」が意味するのは、マインドフルネスとコンパッションに満ちた状態になることができていれば、どんなに厄介な葛藤に対しても、適切な心構えで取り組めるということです。それは、虐待的な人間関係から抜け出すことかもしれませんし、転職することかもしれません。あるいは、恨みを手放して誰かの欠点を受け入れることかもしれません。もしかしたら、誰かに謝って許しを得たいと思うかもしれません。行動の選択肢は無限にあります。

☺ FACE を通じて、腰痛、不眠、あがり症、人間関係の困難に向き合う

本書の第1章で見た症状はどれも、精神的苦痛に抵抗するところから生じていました。たとえば、ヨガをしているときに椎間板を損傷したミラにとって、身体の痛みもありましたが、それ以上に、その損傷は精力的なライフスタイルをあきらめなければならないことを意味していました。その可能性はミラにとってショックで受け入れがたいものでした。そのため、ミラは問題について強迫的に考えるようになり、自分のせいで不運を招いたと自責し、身体を動かす運動の量を減らしました。その結果、筋肉が硬くなり、ますま

す痛みが増しました。ミラは、症状と闘うとかえって状態が悪くなることを学び、癒やしの道を歩み始めました。まずはステップ1で、抵抗するのではなく痛みを感じるようにしました。ステップ2では、自分に起きていることをアクセプトしました。ステップ3では、感情面で自分につらく当たるのをやめました。最後のステップ4では、知的にも自分をケアし、マッサージを受けたり、中程度の運動をしたりしました。

　不眠症の治療も、不眠の物理的・環境的な要因を除外したうえで、似たような道筋をたどります。眠れないことの結果を一晩中反すうしていると、神経系が警戒しっぱなしになってしまいます。そうする代わりに、反すうしているまさにその瞬間に、自分がどれほどの精神的苦痛を感じているのかをまず認識する必要があります（ステップ1）。次に、不眠と闘っても勝てないことをアクセプトし（ステップ2）、優しさで対応します（ステップ3）。私の友人の一人が、妻が風邪をひいてベッドの中で寝返りを繰り返していたときのことを話してくれました。「動かないでじっとしてほしいと願うことをやめたんだ。自分の頭をさすって、起き上がって雑誌を読み始めた。そしたら5分後には眠ってしまった。もし妻が動くことに『こだわり』続けていたら、イライラして、何時間もベッドの中で悶々としていたと思うよ」。彼は状況をアクセプトしたことで、頭をさするというセルフ・コンパッションに満ちた行動を取り、眠ることができたのです。

　眠れないことをアクセプトしてもまだ眠れない場合、刺激の強い思考に心が悩まされているのかもしれません。その場合、より刺激の少ないテーマへと、注意をそっと向け変えるとよいでしょう。たとえば、息を吐くたびにそれを感じ（呼吸のマインドフルネス）、その吐く息に乗せてメッタのフレーズを唱えるといったエクササイズが使えます。慈悲のフレーズによって苦闘している状態が和らぎ、このようなメンタルなエクササイズの繰り返しによる退屈さによって眠りに落ちやすくなります。ただしその際、眠ることを目的にするのではなく、エクササイズの実践**そのもの**を目的にして行うようにしましょう。

　あがり症に対応するのも同じような流れになります。不安をそのままにして、それを身体の中で感じます。大勢の見知らぬ人に向かって話す状況で恐

怖が湧くのは、人間の自然な反応であると受け止めます。そのような快適でない立場にいるのですから、そういう自分に慈しみを与えます。そして、自分が話そうとしている事柄にあらためて注意を集中させてもよいでしょう。あなたは聴衆にとって何らかの役に立つ考え方を伝えようとしているのです。そのことに専念すると、心配を感じる「自己」というものを忘れられるかもしれません。

　最後に、困難な人間関係においては、まずは自分自身の感情の痛みに入り込み、その痛みを伴う気持ちを当然のこととして受け止めます。次に、相手の言い分を、優しさと理解のある態度で傾聴します。私たちは皆、傷つきやすさを持っており、そのせいで互いに離れようとしてしまう傾向があります。第1章で紹介したマイケルとスザンヌのエピソードでは、互いの傷つきやすさのために引き離されてしまった（マイケルはワーカホリックに走り、スザンヌは結婚生活に対してパニックで反応した）ことに二人は気がつきました。二人はお互いに引き離されている痛みを感じ、その痛みは、もっと近くにいたいという願いのサインだということをアクセプトしました。そして、家族を支えようと懸命に取り組んでいる自分たちを褒めました。さらに、それほど反応的にならずに、よりポジティブに話をする方法（「**あなたと一緒にいたい！**」）を学びました。

アディクションを治療する

　物質依存の治療でもセルフ・コンパッションはよく知られています。アルコホーリクス・アノニマスのメンバーが「私にはアルコール依存症があります」とミーティングで話すときに、その人はより大きなセルフ・アクセプタンス（自己受容）の視点から話しています。何も隠す必要はありません。アルコール依存症があるという考えに抵抗したり、再発したときに屈辱にのまれたりすると、禁酒を続けるうえで妨げになります。

　ワシントン大学のアラン・マーラットと同僚らは、アルコールと物質

使用障害のために「マインドフルネスに基づくアディクションの再発予防（MBRP）」プログラムを生み出しました。8週間のプログラムで、ジョン・カバットジンのマインドフルネス・トレーニングと認知行動的技法を組み合わせています。参加者は渇望について教わります。また、薬物を使用してしまう引き金（気持ち、思考、状況）を見分けて、「衝動の波に乗る」ことができるようになります。MBRPプログラムの主な特徴を挙げると、体験をアクセプトする、思考をただの思考として眺める、自分をケアする、人生におけるバランスを見つける、になります。

　イェール大学医学部のケリー・アバンツ、アーサー・マーゴリン、および同僚らがまた別なアプローチ——スピリチュアル自己スキーマ療法（spiritual self-schema therapy）（3-S$^+$）——を開発しています。このアプローチは仏教心理学に基づきますが、依存とHIV感染リスクが高い行動がある人を、信仰とは関係なく対象にしています。マニュアルに沿って進める12セッションのプログラムにより、参加者は、依存症者のスキーマ（アディクションの自己）から節制とハームプリベンションのスキーマ（「スピリチュアルな自己」）へと移行できるようになります。セッション6ではメッタの瞑想を教え、怒りや憎悪が原因となってハーム（損害）が発生することに対する気づきを高め、コンパッションを増やします。ハーバード・メディカルスクールのゼブ・シューマン・オリビエによる設計の研究では、標準的ケアを受けた対照グループと比べて3-S$^+$プログラムを受けたグループで、衝動性と、薬物作用下でのさらなる使用が減り、節制しようとより強く動機づけられたことが示されています。ある参加者は、何が役立ったかの質問に以下のように答えています。「瞑想が役立った。幸せで自由になる資格が誰にもあるということ。自分の呼吸、自分のためにタイムアウトすること、時には自分に何か良いものをあげること」

◌ マインドフル・セルフ・コンパッション瞑想

　私たちは時々、日常生活を支配する自動思考や気持ちに巻き込まれた状態から抜け出すために、「タイムアウト」を必要とします。次に紹介する瞑想は、私自身が生活のなかで実践していますし、クライアントが取り乱しているときにはセラピーでも教えます。慣れてしまえば５分ほどしか、かかりません。この瞑想は、すでに本書で学んでいただいた内容の大部分を統合したものです。あなたが望むのであれば、30 〜 45 分まで伸ばしても構いません。

試してみよう　マインドフル・セルフ・コンパッション瞑想

- 楽な姿勢で座り、目を閉じて、リラックスしながら３回深呼吸します。

- オープンになって周囲の音に気づきを広げます。耳に聞こえてくるものをただ聞きながら、「今、この瞬間」へと入っていきます。

- 椅子に座っている自分の姿をイメージしましょう。外側から見ているかのように、自分の姿勢に注意を向けます。

- 次に、気づきを身体の内側へと向けていきます。今、この瞬間に起きている感覚の世界に注意を向けましょう。

- それでは、身体の中で一番はっきりと感じられる箇所で、呼吸を感じてみましょう。吐く息の一つ一つに、丁寧に注意を向けます（吐く息よりさらに快適な対象があれば、それを錨にしてもらって構いません）。

- 吐く息を、自分に向けた慈悲のフレーズに置き換えます。今から数分間、ゆっくりとフレーズを繰り返します。そうしながらも、椅子に座っている自分のイメージに何度も立ち戻りましょう。

- ゆっくりと目を開けます。

◌ 瞑想のなかで感情の痛みと向き合う

　以下に紹介する例では、自分自身と、そして自分が生きる世界との新たな関係を築くために、マインドフルネスとセルフ・コンパッションを取り入れた瞑想にどのように取り組めばよいかを示しています。

　ナターシャは32歳で独身の家庭医です。彼女は、リラックスするためにマインドフルネス瞑想の実践を始めました。ナターシャの両親は働き者で、娘にはぜひ医師として成功してほしいと切に願っていました。何かを達成するということを重んじるそうした両親の価値観を、ナターシャもしっかりと身につけました。それはつまり、人と交流したり、息抜きをしたりする時間をほとんど取れないということでもありましたが、ナターシャはさほど気にしていませんでした……最近までは。ところが最近になってふと気がつくと、周囲の友人たちは結婚し、子どもを持ち始めていました。そして気がつくと、自分はどんどん疲れているばかりだったのです。

　ナターシャがマインドフルネス瞑想をしてみると、はじめはとても効果がありました。特に、毎朝30分間呼吸に注意を集中し、その後も一日を通じて意識的に呼吸をすると、気持ちが落ち着きました。しかし、数カ月すると、呼吸に注意を向けると不安になることに気がつきました。ナターシャは、呼吸瞑想の効果がなくなったのではないか、またもっとひどいことが起きているのではないかと心配になりました。時々、瞑想中に空気を求めてあえぐように深呼吸している自分に気がつきました。

　ナターシャが瞑想の講師にこのことを相談すると、呼吸に集中しすぎているので、身体の中に生じている他の感覚にも気づきを広げるとよい、と提案されました。そのアドバイスは効果的で、ナターシャは呼吸を再び避難場所にし、いつでもそこに立ち戻れるようになりました。彼女はそのアドバイスを心に刻み、インフォーマルな実践の際には床に接する足の感覚に注意の範囲を広げるようにしました。ナターシャは特に、一日も終わりに近づいているのにまだ予約が山積みになっていて、診察室から診察室へと駆け回っているときに、このマインドフルネスのエクササイズをするのが好きでした。

　実践を深めるために、ナターシャは一週間の沈黙リトリートに参加するこ

とにし、マインドフルネスとメッタを組み合せた内容を選びました。リトリートでのはじめの3日間は、朝の5時15分に起床し、日中に行われる40分間の瞑想セッションには必ず参加しました。そしてナターシャには、4日目からは講師による面談が行われると伝えられました。驚いたことに、「講師との面談」と聞いて、ナターシャの心に恐怖がわきました。「先生は私が上手に瞑想できていると思ってくれるかしら？　私に良い印象を持ってもらえるかしら？」。ナターシャは、恐怖がおさまってくれることを願いながら瞑想しましたが、熱心に瞑想をすればするほど恐怖はひどくなるばかりでした。

　恐怖と闘うことに疲れ、打ちひしがれたナターシャは、4日目の朝、身体を引きずるようにして瞑想をする大部屋まで行きました。その日の朝の瞑想は「慈悲の瞑想」がテーマで、特に自分自身へのメッタを指示されました。座ってメッタの瞑想を実践し始めると、次の考えがまるで天啓のように彼女に浮かびました。「集中なんかしなくてもよい。マインドフルでなくてもよい。もっと努力する必要もない。落ち着いていなくたって構わない……私がするべきことは、こんなに惨めな状態の自分を慈しむことだけだ！」。ナターシャは、呼吸を錨とする瞑想をやめて、メッタのフレーズに切り替えました。これから始まる面談について反すうし始めたことに気がつくと、ナターシャは自分に向けて、「私が安全でありますように。私が恐怖を感じませんように。私の人生が楽でありますように」と語りかけました。身体から力が抜け、一筋の涙が頬を伝うのを感じました。今は講師にどう思われようが構わなくなりました。自分で自分をどう思うかということでさえ、問題ではなくなりました。ありのままの自分で大丈夫なのです。

　その日の昼休みに、ナターシャは、なぜ自分がそれほどまでに面談を恐れるのかについて考えてみました。そもそも面談をするのは、講師が支援と助けを提供するためであって、ジャッジするためではありません。ナターシャは、自分を完璧主義者（自己批判的で、決して自分に満足しない）であると結論づけました。思えば、両親からは何が何でも成功して経済的にも安定してほしいと望まれてきました。通知表にどれだけAが並んでも、ナターシャの両親は気を緩めることはありませんでした。ナターシャは、「破局を防ぐ

ためには頑張り続けなければならない」というメッセージを内在化しました。

　「生き方を変えるときだ」とナターシャは判断しました。振り返っても、最後に休暇を取ったのがいつだったかさえ、ほとんど思い出せないほどでした。そして、恐れていた面談が始まりました。ナターシャは、前日に起きたことを全て講師に打ち明けました。講師は、「『今、この瞬間』にいることを大切にしなさい」とアドバイスしてくれました。「今、この瞬間」にいるときは、束の間ですが、頑張ることから解放されています。「今、この瞬間」には未来が含まれていませんから、心配する必要もありません。ナターシャはこのメッセージを大事に受け止めました。そして「座って行う瞑想」のセッションに参加することをやめ、森の中を散歩し始めました。鳥の声に耳を澄ませ、大地の香りを吸い込みます。歩きながら、自分に向かって言いました。「私が安全でありますように。私が幸せでありますように。今、この瞬間、この美しい瞬間」

　ナターシャは、森から戻って「座って行う瞑想」を再び行う際、マインドフルネス実践に慈悲を織り交ぜてみました。落ち着かない心を、呼吸を使って鎮め、呼吸が速くなったら身体感覚まで気づきを広げました。また、妨げや圧倒される気持ちがわいたらメッタのフレーズを使いました。ナターシャは、より慈しみに満ちた新たな方法で、自分の身体の中に留まることができるようになりました。

　リトリートの残りの期間を通じて、ナターシャは、落ち着くことに「しがみつく」煩悩と、恐怖を「嫌悪する」煩悩に特に気をつけていました。「働き者」や「完璧主義者」のモードに入ったときは、それを自分で認識し、そのたびに「頑張っている」というラベルを付けました。頑張ることをやめると、さらに深いところにある気持ち（寂しさ、恐怖、空虚感）が現れてきましたが、それらの気持ちにも優しい気づきを向けました。ナターシャはリトリートを通じて、どの瞬間もそのままでいられるようになりました。ただ座っているだけでよいのです。

　職場に戻ったナターシャは、患者さんたちに会えることがとても幸せに感じられることと、自分が患者さんたちの話によく耳を傾けていることに気づ

いて驚きました。見えない苦しみ（承認されようとのもがき）が一枚むけて、他者といるときも以前よりくつろげるようになりました。また、ナターシャは、自分を育てているときの両親の苦労に共感し、両親をより理解できるようになったことにも気がつきました。ナターシャは、自分の中に両親がいることを発見し、両親が意図しないままに自分に伝えた痛みについて知りました。そして、いつか自分が子どもに恵まれたとしたら、達成を目指して頑張り続ける苦しみを、子どもには決して受け継がせないと決意しました。

ナターシャが個人的に体験した変容は、日常生活のなかでいずれ自然に起きたかもしれませんが、リトリートに参加すると、日常的な些事に注意を奪われないため、比較的短期間で深い変化が起きやすくなります。ナターシャの場合、恐怖に耐えられないことが不安を増幅し、緊張を生み出している状況を、自分で理解できました。そこで唯一役に立ったアプローチがセルフ・コンパッションだったのです。セルフ・コンパッションを通じて、洞察がさらに深まりました。たとえば、「自分は能力不足だ」という思いが背景にあるのがわかりました。また、失敗しかけたり実際に失敗したりしたときに、頼れる人が誰もいないことへの恐怖もありました。ナターシャが慈悲によって自分自身を認め、受け入れていくにつれて、他の人から承認してもらう必要性が薄れていきました。そして、思いもよらなかったつながり合いの感覚を、他者（患者や両親を含む）との間に感じるようになりました。ストレスを減らすために始めた取り組みが、よりコンパッションに満ちた新たな生き方へと進化しました。

読者の皆さんはここまでで、セルフ・コンパッションを育むために必要な概念とツールを全て手に入れました。もちろん困難なのは、それらを実践することです。日常生活では、差し迫った心配事や責任が山積みで、セルフ・コンパッションをつい忘れてしまいます。実践を長く続けるには、どうすればよいでしょうか？　次の最終章では、そのための方法を見ていきましょう。

第 **9** 章

進み続けよう

苦悩は人生から消えるのではない。人生のなかへと消えるのだ。

——バリー・マギッド（精神科医）

　自分がセルフ・コンパッションへの道をどれぐらい前進できているかを測るのが難しいと考えるのは、当然のことです。というのも、セルフ・コンパッションの実践自体が逆説的だからです。私たちは自分自身をアクセプトすることで変わっていきますが、アクセプトするのは、悪い感情も含む全てです。ところが、私たちは普段、何かの前進の程度を測るときには、気分が良くなるかどうかを基準にします。では気分が悪くなるセルフ・コンパッションの場合、正しい道を進んでいると知るにはどうしたらよいでしょうか？　セルフ・コンパッションの場合、悪い気分も「良いサイン」かもしれません。悪い気分でさえをも扱える自信とスキルがあるからこそ、それに心を開くことができるのです。あるいは、強固な自己批判的思考にイライラしてきたということは、思考という「心のおしゃべり」に気づけるようになった、ということかもしれません。あるいは、自分には希望もセルフ・コンパッションもないと感じるようになったということは、自分に良くしてあげたいという**願望**が強くなってきたことの反映かもしれません。本章では、「前進する」ということが何を意味するのかを探り、実際に確実に前進できるようになるための提案をします。

枠組みの大幅な変更

　私たちはセルフ・コンパッションを通じて、人生の体験に対して新たな方法でアプローチできるようになります。自分自身の不快な感情のなかに心地よく座り、感情が自然な経過をたどるままにして、自分を落ち着かせたり慰めたりします。瞑想講師のアジャン・ブラムの言葉に、「病院にお見舞いに行ったら、その人と対話をしよう。病との対話は医師や看護師に任せておけばよい」というのがあります。これを自分に当てはめて考えると、セルフ・コンパッションということになります。状況が絶望的であればあるほど、限りない優しさをもって自分に寄り添うのです。

　重要なのは、「**自分の人生の体験に対して、もっともっと優しくし、理解してあげられているだろうか？**」という問いです。それはすなわちこういうことです。物事がうまくいかないときに、どれほど**一貫して**自分に優しく対応できているでしょうか？　悲しみ、悲嘆、切望、怒りを感じたときに、自分を慰めたり、滋養したりすることができているでしょうか？　何かに失敗したときに、まさにその失敗したことについて自分に同情できているでしょうか？　100回転んでも、自分を 101 回助け起こしてあげようと思えているでしょうか？　自分に優しくすることが、新たな生き方になりつつあるでしょうか？　あるクライアントが言いました。「温かい湯船にあと 2 分長くつかることは、一生を温かく過ごすことへの第一歩ですね」。別のクライアントは、1 年間しっかりと実践した後でこう言いました。「今や実践が自分のものとなりました。今ではうまくいっています。実践の感覚がわかって、私の一部になりました」

　セルフ・コンパッションへの努力で「失敗する」ということはありえません。毎日が新たな機会となり、苦悩に対して優しさで向き合い、そのたびに「成功する」のです。そうした瞬間が生涯にわたって積み重なっていきます。私たちはまた、実践の支えになるものを、もとから十分持っています。というのも、私たちは、幸せになりたい、苦しみたくない、という動機づけを生まれつき有しているからです。生来の願いと、セルフ・コンパッションの性

質としての自己報酬との組み合わせによって、私たちはその道を進み続けることができます。

セルフ・コンパッションのステージ

　誰もが、良い気分になろうとしてセルフ・コンパッションの実践を始めます。それは自然なことではありますが、最終的にはうまくいかないアジェンダです。なぜならそのアジェンダ自体が物事の有り様に反しており、良い結果をもたらさないからです。やがて私たちはこのアジェンダをあきらめ、実践についての理解が精緻化されていきます。セルフ・コンパッションには、3つの明確なフェーズ（**心酔、幻滅、真のアクセプタンス**）があります。これらのフェーズを経て、最終的に本物のセルフ・コンパッションそのものになっていきます。

○ 心酔

　私がセラピーで慈悲のフレーズを紹介するときには、だいたい次のように伝えます。「よければ目を閉じてください。今から私がいくつかのフレーズを言います。それらのフレーズを心の中で転がして、これからの一週間、思い出し続けてください。そうすると、何かがうまくいかなかったときの自分自身への接し方が変化して、かえって気分が良くなることがあるかもしれません」。次に、ゆっくりとメッタのフレーズを2、3回唱えます。「私が安全でありますように。私が幸せでありますように。私が健やかでありますように。私が楽でありますように」。これまで長期間自分と闘ってきた人たちは、蜜に群がる蜂のように、このフレーズに魅了されます。まるで恋に落ちるように魅了されるのです。この実践がその人の人生を大きく変えようとするのであれば、涙が流れることも珍しくありません。涙は、闘いの終わりの始まりを意味します。

　57歳の雑誌編集者で、20年ものあいだ重度の不眠症に苦しんできたター

ニャもその一人でした。ターニャからは、それまでに試した不眠治療の全て
を3ページにわたってタイプして印刷したものを、あらかじめ受け取ってい
ました。彼女はずっと苦しみ続けてきて、同じ苦しみがあと30～40年も続
くことなど、想像することもできませんでした。ターニャは3セッションに
わたって自分の物語を語り続け、その後ようやく彼女は私にコメントを求め
ました。私が彼女に慈悲のフレーズを伝えたところ、翌日、ターニャから次
のようなメールが来ました。

　　　昨日はあれから、教えてもらったフレーズを頭に浮かべながら帰宅し
　　ました。車を夫のオフィスに置いて、チャールズ川に沿って自宅まで歩
　　きました。木々の葉っぱや草が青々と蛍光色のように見え、それらは超
　　自然的にたなびいていました。全てが鮮やかに見えました。立ち止まっ
　　てガチョウの雛たちを見ていたら、カモメが魚をつかまえるのが目に入
　　りました。空には厚い雲がかかっていたので光の加減はやや薄かったの
　　ですが、気温はほぼ完璧でした。帰宅すると、いつもと異なる視点から
　　自宅が見えました。私の努力の結晶である家は輝くようでした。建築物
　　の角度と曲線がはっきりと見えます。それらの美しさに目覚めるような
　　気持ちになりました。私は夕食を作りながら、自宅で過ごしていること
　　を初めて楽しく感じました。夫が帰宅して、一緒に夕食を取ったときに
　　は、互いに気心が知れた穏やかな雰囲気が漂いました。夜、ベッドに入
　　り……、ほとんど一晩中眠りました。目が覚めたのはたった2回だけで
　　した。

　それから5週間にわたって、ターニャの睡眠は劇的に改善しました。これ
ほどまでに強烈な気づきの広がりは比較的まれですが、初めて自らを手放
し、受け入れたときに生じうる天啓のような感覚がよく表れています。
　ただし、セルフ・コンパッションのこの「心酔のフェーズ」は、「気分が
良くなりたい」という狭い願いに基づいているため、いつか必ず終わりま
す。愛情のあるどんな関係とも同じで、そこにはやがていくらかの不快さが
割り込んできて、心酔の夢から覚めることになるのです。それでも、この

フェーズを経ることで重要な基礎固めができます。自分のあり方と闘うことを手放し、自らを慈しむことを頭で体験すると、一見手に負えないように思える感情の問題に対しても、実際には取り組めるのだという自信がつきます。

⬡ 幻滅

　実践しても気分が良くならなくなると、私たちは幻滅します。しかし、より大きな枠組みから眺めると、幻滅は必然です。瞑想講師のロドニー・スミスは、「全ての技法がいずれうまくいかなくなる」と簡潔に表現しています。なぜなら私たちは気分が良くなるために「技法」を活用しますが、長い目で見て気分が良くなるためには、逆説的ですが気分が良くなろうとすることを放棄するしかないからです。したがって、全ての技法に本質的な欠陥があると言えます。さらに言えば、背景にある私たちの動機づけに欠点が含まれており、セルフ・コンパッションのエクササイズが有効であり続けるためには、動機づけ自体を徐々に変えていく必要があります。

　私も、瞑想の実践家としても心理療法家としても、「幻滅のフェーズ」には当初いくらか戸惑いました。しかし、後に歓迎できるようになりました。幻滅は危機ですが、同時に機会でもあります。たとえばターニャの場合、最初の5週間はすっきりと眠れましたが、その後にひどい夜がやって来ました。彼女はパニックになり、3夜連続で14回も途中で目が覚めてしまいました。自分に優しくするために開いた心が、気分が良くなろうとする古い習慣に覆いかぶされたのです。私はターニャに、一生懸命に眠ろうとしたために20年ものあいだ不眠症で苦しんできたことを思い出してもらいました。そして、今感じている失望とパニックを、これからの20年の地獄の体験の原因には絶対にしてはならないことを伝えました。以下のことが問われていました。「あなたは眠るためにセルフ・コンパッションを実践しているのですか？　それとも、自分が苦しい**からこそ**実践しているのでしょうか？　眠るために実践しているのであれば、それは失敗します。恐怖と失望でいっぱいになった自分をただ慈しむためであれば、それは成功するでしょう」

幻滅のフェーズは楽しいものではありません。幻滅に苦しむターニャから、次のようなメールを受信しました。

> でも私は怒りを感じます……、誰に対してとか、何に対してとか、よくわかりませんが。眠ろうとするときに自分の身体を頼りにすることができないことに、猛烈に腹が立っているのです。将来に対してあまり楽観的になれません。すると、ますます怒りが募ります。だからこそ、今わかりました。何とかしようとするのをやめて、ただそのままにしてみます。

幻滅のフェーズは「再発」です。だからこそ、問題の背後にある課題に取り組むことで、「脱出」、つまり前進することが可能になります。

私は幻滅のフェーズにいる患者さんに対し、「努力を測るには、週ごとの不安や抑うつの程度ではなく、そういった気持ちをどれほど**感じようとする**かに注目してほしい」と言います。気分のランダムな揺らぎよりも、アクセプタンスの方が進捗の指標として信頼できます。なぜなら、私たちが意識的にコントロールできる要因はアクセプタンスだけだからです。ターニャの場合、問いは明確でした。「夜中に目覚めていることを、どれほどそのまま感じようとしていますか？　セルフ・コンパッションによって、眠れないことをアクセプトしやすくなりますか？」

◌ 真のアクセプタンス

真のアクセプタンスは、実践を通じて自然に熟成されるものです。そのプロセスを強制的に早めることはできません。真のアクセプタンスには、知恵の側面と、大前提となる優しさとがあります。私たちが真にアクセプトするために、自分と敵対するのは労力の無駄で、ただ一つの理にかなった代替案は手放すことであることを、私たちの深い部分では直感的に認識しています。真のアクセプタンスのフェーズでは、アクセプタンスとセルフ・コンパッションは、多くの場合、意識的な気づきにわずかに触れるだけで、一瞬

にして起こることがあります。以前、重度の内気さに悩んでいたあるクライアントは、不安の波が押し寄せるたびに、自分自身に向けて「闘わない！」と言うようにしていたそうです。このフェーズにおいても、不快さを避けようとする本能的な努力がどこかに残っているかもしれませんが、私たちはそのこと自体をすでに見抜いています。ここでは、優しくする目的のために自分に優しさを差し出すのです。

　真のアクセプタンスには、共通の人間性の体験を伴います。個人的な特異性のためにのけ者にされたと感じることはありません。私たちを苦しめるものが何であれ、どこかで、誰かが、同じように同じ葛藤にもがいているという感覚があります。このことは、「ザックの死の痛みが、私を、子どもを失ったことのある全ての母親たちと時代を超えて結びつけてくれたの」というブレンダの発言（第1章）にも表れています。その痛みは、恐怖を感じやすくする幼少期のトラウマに由来するかもしれません。または、約束を守ることが難しい注意欠如症の痛みかもしれません。あるいは、太りすぎという社会的スティグマのせいで恥ずかしさのあまり隠れたくなってしまうという痛みかもしれません。しかしその痛みが何であれ、私たちは一人ではありません。

　真のアクセプタンスのフェーズで、ターニャは、子どもの頃に自分を守るために常に警戒していなければならなかったことを思い出しました。母親は感情的に切り離されていて、継父は恐ろしく、しばしば冷酷であったためです。そうした日々には、用心深くして、なるべく見えない存在になることで自分の安全を守りました。継父の攻撃のターゲットにならないために、個人的な欲求を持つことはタブーであり、注目されることは危険でした。大人になってからも、ターニャは自分の身に悪いことが起きるのではないかという恐怖のなかで生きていました。ターニャは、セルフ・コンパッションを通じて、自分が恐れ、心配し、破局視するようにプログラミングされていたとの洞察を得ました。そして子ども時代に学ぶことができなかったやり方で自分自身を育てる必要があることを認識しました。これらの洞察や認識によって、ターニャは不眠症との闘いをいくらか手放すことができるようになりました。さらに、眠れなさを歓迎することの価値をいくらか理解できるように

さえなりました。というのも、眠れないことはセルフ・コンパッションという新たな習慣を強化するよい機会になりましたし、そうしているうちにかえって眠りやすくなったからです。

　セルフ・コンパッションの3つのステージ（心酔、幻滅、真のアクセプタンス）は、長く続く良い人間関係のフェーズに相当します。最初に、新たな恋人とつながるときのように自分自身とつながります。次に、その人と一緒にいても生きることの苦しみから守られるだけではなく、人生の条件に適応する必要があることを発見します。最後に、お互いのことを深く知るようになると、変えられないものはアクセプトして、今あるものを上手に活用する必要があることを認められるようになります。この進化は、意図を強化していくことに他なりません。物事がいつも特定の形式であってほしいと望むことから離れて、知恵と手放すことに向かう変化なのだと言えます。

　こうした段階は、**治癒**を求めることから**ケア**することへの移行とも対応します。心酔のフェーズでは、自分を苦しめる事柄を治したいという願いが背景にあります。幻滅のフェーズで、この「治癒」というアジェンダは、突如機能しなくなります。真のアクセプタンスのフェーズで、人生が困難であるがゆえに自分をケアする姿勢になり、慈悲深い対応が唯一の理にかなった選択肢として見えてくるのです。

コミットメントの力

　意図とは微妙なものです。第3章で紹介したベンジャミン・リベットの研究から、私たちの意図は、私たちがそれを意識する前に、そして行動するよりも前に、脳内ですでに定式化されることがわかっています。神経学的に言えば、すでに進行し始めていることを止めることしか私たちには選択肢がありません。それも、十分早い段階で、心の中で起きていることを認識できることが前提です。

　人生を望む方向に進めるには、自分にとって最も意味があると感じられる

意図やコミットメントを強化することが役に立ちます。普段、私たちはパーソナリティに備わった遺伝的素因と後天的に条件づけられた部分とによる見えないアジェンダに従い、自動操縦状態で振る舞っています。たとえば、内向的なタイプの人は、他者を避けて多くの時間を過ごしているかもしれませんし、世話人タイプの人は、他者を助けることで自分を慰めているかもしれません。個人主義タイプの人は、自分だけを頼りにするという勇敢さで周囲から称賛を得ようと密かに頑張っているかもしれません。これらのアジェンダは、私たちの生活の大部分を占めますが、それは私たちが本当にしたいこととは異なるかもしれません。

　心理学者のスティーブン・ヘイズと同僚らは、中核となる価値とコミットメントに基づく心理療法のモデルを開発しました。そのモデルにおける「良い人生」とは、自分にとって最も意味があると思われることを意図的に追求し、その過程で遭遇する妨げに対してマインドフルネスとアクセプタンスで対応していくことです。あなたには、どのような中核となるコミットメントがあるでしょうか？　どのような人生になってほしいですか？　健康、富、人間関係、仕事、スピリチュアリティの領域で、あなたが基本的に期待するのは何でしょうか？　子どもにはまず**幸せ**になってほしいでしょうか？　それとも**裕福**になってほしいでしょうか？　100歳まで生きたいですか？　あなたの葬儀のときに、どのような弔辞を読まれたいですか？

　少し立ち止まって、これらの問いについてじっくりと考えてみてはいかがでしょうか。私たちのコミットメントは、意識的な選択の力を背後に投じることで、より強固なものになります。

　自分の意図を発見するには、自分がすでにしていることに目を向けてみるとよいでしょう。あなたの人生を貫いているのは、どのようなことですか？キャリアより家庭を選んでいますか？　身体的なスリルよりも知的な興奮の方が好きですか？　社会的な活動と単独の行動のどちらを好みますか？

　ほとんどの人が、自分のなかでも食い違っています。健康でいることに価値を置きながらも、ぼろぼろになるまで働いてしまいます。家族を大切にしながらも、毎日のように家族に対して堪忍袋の緒が切れます。あなたが**本当**に欲しいものは何でしょうか？　心の願いは何ですか？

このように自分に問いかけると、幸せになりたい、苦しみたくないという生来の願いに立ち戻ることができるのではないでしょうか。派生したコミットメントが価値ある人生にとって本質的でないというわけではありません。それでも、「なぜ？」と問うことは助けになります。幸せな家族になりたいのは、**なぜだろうか？** 健康を維持したいのは、**なぜだろうか？** このような問いかけには勇気が必要です。そして、セルフ・コンパッションの実践が最終的に成功するかどうかは、幸せで健やかでいることにどれほどコミットしているか、それにかかっています。自分が抱える無数の責任とコミットメントについてよくよく考え抜いておかなければ、セルフ・コンパッションの実践から最大限の恩恵を受けられる可能性が減ってしまいます。

では、中核となるコミットメントには、どれぐらいの強さでこだわるとよいでしょうか？ ペンを握るときのように、きつすぎず、且つ緩すぎないようにしましょう。きつすぎると締めつけられますし、緩すぎるとペンが手から落ちてしまいます。そして、焦りは禁物です。体験にじっくりとより深く身を置く方が、かえって速く人生が変化します。「洞察瞑想学会」を創設した瞑想講師の一人であるジョセフ・ゴールドスタインは、「リラックスした粘り強さ」を推奨しています。

また、コミットメントの状態ができるだけ快適になるように工夫しましょう。私たちは困難な活動を自然と避けようとします。快適でないのであれば、どこかを調整してみましょう。たとえば、「今から瞑想をしなければ！」と思うのではなく、瞑想をするために座ったら、「さあ、自分をできるだけ慈しみつつ、幸せを感じながら、自分に寄り添っているだけでいい」と自分に語りかけるのです。そして、実際にそのようにするための方法を、自らのスキル（1つに焦点を絞った気づき、視野を広げた気づき、慈悲）を使って考えます。簡単ではないかもしれませんが、気楽に取り組みましょう。

瞑想実践を続けるために

多くの瞑想者は、人に言えない秘密を持っています。実は言うほど実践し

ていないのです。「どれぐらい瞑想をしていますか？」と尋ねて、具体的な回答を得ようとすることは、性生活の秘密や収入の額を尋ねるようなものです。私も例外ではありません。もし読者の皆さんにお会いする機会があり、このような質問をされたら、できるだけ謙虚に、正直に、そして自分に寛大になりつつお答えできたらと思います。自分に対する期待に沿えなかったときに自分自身に寛大になることが、瞑想実践を長く続けるための第一歩です。他のコツもいくつか見ていきましょう。

☼ 座った方がよいか？

ほとんどの人は、フォーマルに座って行う瞑想実践をしていません。なぜでしょうか？　目を閉じたときにあまり良い気分にならない人がほとんどだからです。目を閉じたフォーマルな瞑想をしていると、遅かれ早かれ（通常は早々に！）、精神的にも身体的にも苦痛になってきます。では、座ってする瞑想は必要がないのでしょうか？　座ってする瞑想の大きなポイントは、自分の中に留まっているときに生じる幸せをなるべく大きく感じられるようにすることです。それはそれで意味のあることです。座ってする瞑想を、義務や責任から解放されたなかで、ただ「自分が在る」時間だと考えて、そこから出発するとよいでしょう。

とはいえ、瞑想は必ずしも座ってする必要はありません。いずれにせよ**実践**は必要です。実践とは、「何度も繰り返し行う体系的なトレーニング」だと言えます。アスリートが身体を鍛えるのと同じように、実践においては脳を鍛え、より強く健康的に機能できるようにしています。神経心理学の父と呼ばれるドナルド・ヘッブは、「同時に発火する神経細胞はつながり合う」と言いました。繰り返しの実践が不可欠なのです。ただし、退屈することはありません。私自身の体験をお伝えしましょう。昔から行ってきた瞑想は私にとってすっかりお馴染みですが、瞑想をする一つ一つの瞬間がすっかり新しいがために、今でも瞑想する日々を面白く感じられます。

いつ、どのように実践するかは、個人の好みや生活環境によって異なります。先にも述べたように、**インフォーマル**な実践が一番やりやすいでしょ

う。不快な感情が生じたときに必ず気づくようにし、優しい気づきで反応します。フォーマルに座ってする瞑想はもっと集中的な実践です。そのときに取り組んでいる課題により長く注意を集中し、より深いレベルで学ぶ機会になります。ただし、座る目的は、日常生活を変えることであって、別の意識状態に入り込むことではありません。最も効果的な実践のための計画は、フォーマル（座ってする）とインフォーマル（日常生活のなかでする）の両方を織り交ぜて、互いにサポートし合うようにすることです。そして、何を実践するにしても、基本的に楽しめるものでなければ、それはセルフ・コンパッションではありません。

⚙ 小さく始める

　誰でも座ってする瞑想を実践することができます。座る時間を十分に短くしてしまえばよいのです。習慣化するための最も簡単な方法は「3秒ルール」といって、**3秒間座ります**。それができない人はいないでしょう。もしあなたが以前実践をしていて、それを再開したいのであれば、ごく短い時間だけ座る計画から始めましょう。実践への最大の障壁は「始める」ことです。3秒瞑想でそれを乗り越えましょう。ひとたび座ってしまえば、さらに長く座り続けることが簡単になります。

⚙ 思い描く

　朝に瞑想をしたいのであれば、起き出す前のベッドの中で、その日のはじめの10分間を思い描くとよいでしょう。まず洗面所に行って、それから瞑想するでしょうか？　それとも、洗面所に行った後は、お茶を1杯飲んで、シャワーを浴び、**その後**瞑想するでしょうか？　頭の中で出来事が展開していく様子が思い描けると、朝の慌ただしい日課のなかでも注意が逸れにくくなります。同様に、仕事の後やベッドに入る前に瞑想する場合も、いつ、どのように瞑想する場所に腰を下ろすかを、あらかじめ思い描いておきましょう。

◌ 他者と関わりながら実践する

　瞑想への関心を共有する人たちと定期的に集まることも役立ちます。そのような機会がない場合は、共感してくれる友人と電話で話をするのもよいでしょう。瞑想者たちが体験を共有するウェブサイトとしては、たとえばyahoo.com/group/giftoflovingkindness^{訳注1)} というのがあります。ガイド付きの瞑想テープや関連する視聴覚教材も、実践を支える文脈として役立つでしょう。

◌ 書籍から学ぶ

　私たちの普段の生活は、「望むものは何でも手に入れる」という文化的価値に突き動かされています。瞑想は、「すでに持っているものを欲しいと感じる」という逆のスキルを教えてくれます。知恵とコンパッションに満ちた書籍は、実践の大きな助けになります。そのような書籍は、セルフ・コンパッションの道を進むうえで良い伴侶となってくれるでしょう。

◌ 講師を見つける

　講師がいるということは、先人から学ぶ機会を得るということです。熟練した講師であれば、必要以上に実践を難しくしている部分を指摘し、誤解や疑念を解消し、個人的に励ましてくれることでしょう。良い講師は、言葉だけでなく模範を示すことで、より多くのインスピレーションを与えてくれます。

　西洋社会では瞑想の講師がまだ少ないため、個人的に指導してもらえる講師を地元で見つけるのは難しいかもしれません。そのため、西洋の実践家のほとんどは、遠方まで旅をしてリトリートに参加し、さまざまな講師から瞑想を学びます。個人的な講師が見つからなくても、あまり気にしないでくだ

訳注 1）翻訳執筆時点では参照先不明。

さい。講師も生徒も結局は同じです。セルフ・コンパッションの実践を通じて自分を変容できるのは自分だけです。

⚙ リトリートに参加する

リトリートは、実践を学んだり、困難な領域のトラブルシューティングを行ったり、高度なトレーニングを受けたりするのに最適な場所です。通常、数日から数カ月の期間で行われます。ほとんどのリトリートは、毎日の瞑想の教示、講師による話、個人面談を除いては、沈黙のなかで行われます。沈黙するだけで、日常生活では気づかないような感情の問題が引き出される効果があり、そうしたものに、瞑想のスキルを使って関われるようになります。

2年前のことです。私がリトリートで瞑想をしていると、肩を叩かれるのを感じました。リトリートの管理者が、私の父がたった今亡くなったことをとても優しく告げてくれました。私は葬儀の手配をしたり家族と連絡を取ったりするためにリトリートを離れ、それらがひととおり終わったのでリトリートに戻りました。悲嘆の真っ只中で瞑想のために座り、時折すすり泣き、微笑み、後悔し、父を慈しみました。そうしていると、たとえ言葉を全く交わさなくても、コンパッションに満ちた人たちに囲まれていることが、どれだけ癒やしになるかということに気づかされたのです。

実践にあたってさらに考慮しておきたいこと

セルフ・コンパッションへの道をマインドフルに進んでいくうちに、多くの疑問が生じることでしょう。疑問も実践の重要な一部です。好奇心に満ちた歓迎する態度と、慎重に組み立てられた疑問は、あなたの心の中に、答えが自ずと現れるようなスペースをつくってくれます。あなたはそれを信頼できるようになります。ここで、よくある疑問をいくつか見ておきましょう。

「実践が私にとってあまりにも役に立ったので、この宝物を他の人とも共有したいと思います。たとえば家族を巻き込むにはどうしたらよいでしょうか？」

　一般的に、実践は自分のなかだけに留めておくのがベストです。大切な人たちをあなたの実践に巻き込むと、かえって嫌がられてしまうかもしれません。そんなことをしなくても、あなたから善意を向けられていることに気がつけば、自然に興味を持ってくれるようになるでしょう。あなたが実践することで、あなたにいちばん近くて大切な人たちは確実に変化します。**私たち自身が変化するからです。**私たちが変わることによって、その人たちはより幸せな環境に身を置くことになります。

　ところで、興味深いことに、子どもの場合はごく自然にセルフ・コンパッションの実践を取り込むようです。2歳の子どもの母親から、こんなメールをいただきました。

　　バーモント州の南部から車で戻ってくるところでした。ミアはそのときすでに1時間半ほどチャイルドシートに座っていたことになります（2歳児にしては上出来です）。でも、そこで渋滞に巻き込まれました。とうとう車やチャイルドシートに我慢ができなくなったミアが、ちょっとした癇癪を起こし始めました。私は声に出して慈悲のフレーズを唱え始めました。というのも、我が子が苦痛を感じているのを目の当たりにしながら、実質的に何もしてあげられないことで、私自身の心がひどく痛み、それに対処する必要があったからです。驚いたことに（そして私たち双方にとって非常に安堵したことに）、私がフレーズを言い始めた途端に、ミアが各フレーズに肯定的に反応し始め、あっという間に落ち着きました。私たちはいい感じのリズムに乗り始めました。

　　私たちの心が平和でありますように。
　　ミア：そう！
　　私たちの心に喜びが溢れますように。
　　ミア：うん！

私たちが苦しみませんように。
　　ミア：わかった！
　　　私たちが楽でありますように。
　　ミア：うん！

　数分ほどそれを続けると、ミアはご機嫌になりました。私が特に驚いたのは、この件が、ミアを何とか落ち着かせようとしてすでに歌を歌ったり、チャイルドシートに手を伸ばして遊んであげたりしても、うまくいかなかった後だったということです。
　もう一つ気づいたことがあります。時々、お昼寝の時間になってもミアがなかなか落ち着かないと、私は慈悲のフレーズを自分に向けて言うようにします。すると、まるで部屋のエネルギーが変わったかのようになり、ミアもそれを感じ取って、すぐに落ち着いてくれます。

　幼い子どもはセルフ・コンパッションに馴染みやすいかもしれません。なぜなら、幼い子どもはまだ社会的に条件づけされておらず、「幸せになりたい」「苦しみたくない」という生来の願いと近いところで生きているからです。ある母親は、「私は」「私の」という子どもの感覚はまだ流動的なため、幼い子どもには「私たち」（「**私たち**が幸せでありますように」）という言葉を使うと特に効果的なようだと話してくれました。子どもがもう少し大きくなった際に、セルフ・コンパッションを高められるよう手助けするときは、「親友だったら、今のあなたにどんな言葉をかけてくれると思う？」と質問するとよいでしょう。あなた自身が実践の場にしっかり身を置くことができるようになったら、創意工夫をこらして、さまざまな方法で子どもを関わらせましょう。

「いつでも自分のニーズを優先して考えるべきでしょうか？」
　人間関係において幸せであるためには、互いの話を聞くことが必要です。自分のニーズを脇に置いて、相手の体験を承認することも、時には必要になります。しかし、第1章のスザンヌとマイケルのエピソードにあるように、

自分の心に埋もれた痛みを誰かに聞いてもらったり理解してもらったりしなければ、自分のニーズを脇に置いて幸せな関係を築くことはできません。**少なくとも自分自身だけでも**、わかってあげる必要があります。

　カルロスとトロイは8年間一緒に住んでおり、4歳になる養子の息子がいました。カルロスは結びつきの強い大家族の出身で、家族が夕食の食卓を囲んで侃々諤々（かんかんがくがく）の口論をするような環境で育ちました。一方、トロイは、静かで、くすぶった恨みのために陰鬱（いんうつ）な雰囲気にさえなるような家庭で育ちました。トロイは感情の爆発にほとんど耐えることができませんでした。というのも、子どもの頃、そうした爆発があっという間に暴力にまで発展していたからです。トロイは内向的で、独りになって落ち着くタイプでした。息子の育児方針をめぐってカルロスとトロイの意見が対立すると、カルロスは話し合いを求めましたが、トロイは自分の部屋に引きこもって横になりました。カルロスは外向的で、問題が起きると周囲に人がいるところで解決することを好みました。トロイがその場を離れようとすると、カルロスは苛立って声が大きくなりました。生まれ育った家ではそのような体験をしたことがなかったので、カルロスにとって人と切り離される痛みは耐えがたいものでした。二人の意見が対立してそうした状況になると、カルロスは傷つき、トロイは脅かされました。その結果、双方にゆとりがなくなり、息子のためにそれぞれが抱いている願いや夢も、そしてそれらの願いや夢を子育てにどのように取り入れていこうと思うかも、互いに聞き取ることができなくなっていました。

　カップルセラピーを3カ月行ったところで、治療を通じて学んだことを二人に尋ねてみました。「もし口論になったときに1つだけ覚えておくべきことがあるとすれば、それは何ですか？」。トロイは「自分に対して決めつけないこと」と答えました（トロイはカルロスに怒鳴られると「自分は最低の人間だ」と感じました）。カルロスは、「不幸せな気持ちに心を開くこと」と答えました。トロイと一緒になったとき、カルロスは、トロイと一緒にいればいつでも良い気分でいられると期待していました。口論になるとトロイが身を引いて自分から離れるとは予想していなかったため、実際にそういうことが起きると、カルロスは寂しく、見捨てられたと感じました。治療を通じ

て得たこれらの洞察を、二人は実践し始めました。カルロスは、トロイが引きこもったときに自分の中に生じた不幸せな感じをそのまま認めると、「自分の感情をいったん脇に置き、心を開いて忍耐強くトロイの言うことに耳を傾け、トロイの振る舞いや言い分の背景を考えられる」ようになりました。カルロスが変化すると、トロイも引きこもらなくなりました。カルロスは、トロイがいかに大切な伴侶であるかをあらためて実感しました。

　マインドフルネスとセルフ・コンパッションは、個人的な関係を良い方向に変えることがほとんどです。ただし、それは人間関係に付きものの痛みを感じることを厭（いと）わない場合に限られます。苦痛から目を背けると、大切な人だけでなく自分自身をも見捨てることになります。しかし、互いの関係において生じたあらゆる気持ちに快く向き合うことができると、私たちは真に存在し、互いのために生きられるようになります。

「感情的な痛みに抵抗したり避けたりしたいという衝動を、克服できるでしょうか？」

　いいえ、できません。私たちには痛みを追い払おうとする本能が備わっています。ある患者さんはこう言いました。「『動揺したくない』という願いは、希望に似ていますね。いつまでも湧き出てきます」。私たちには、感情的な痛みを回避しようとして、結果的に自ら苦悩を作り出してしまう可能性が常にあります。マインドフルネスとセルフ・コンパッションの実践にできることは、抵抗そのものをなくすことではなく、痛みに抵抗しようとする時間を短くすることです。

　ジェフは、コンピュータのことなら何でも知っている非常に聡明な男性でしたが、子ども、仕事、お金、結婚、健康など、さまざまなことについて不安を感じていました。彼が何かに注意を向けると、それは必ず心配の種になりました。セラピーが始まると、ジェフは「抵抗するとかえって持続する」という概念をすぐに理解しました。彼は完璧なクライアントで、20分のフォーマルな瞑想を1日に2回熱心に実践し、さらに日中に不安を感じるたびにインフォーマルな実践も行いました。1カ月後、努力が報われたかどうかを私がジェフに尋ねると、彼は「よくわからない」と答えました。一生懸

命に取り組んだものの、彼はまだ不安を感じていたからです。

　ジェフは治療における「幻滅」のフェーズに入っていました。彼は不安を取り除くために実践していました。それは「慰めることで不安を追い払おう」というもので、また別の形の抵抗になります。ジェフは働き者タイプで、知性派タイプでもありました。彼は目標に向けて取り組む方法は知っていましたが、セルフ・コンパッションの感覚をつかむには少々時間がかかりました。このような洞察を得た結果、セルフ・コンパッションに向かって取り組もうとすることから、つらい感情が生じたときに自分にただ優しくすること（「これはつらい。そんな私が楽になりますように」）へと、ジェフの力点が次第に移っていきました。彼は、セルフ・コンパッションを「プロジェクト」としてみなすことをやめ、慈しみを必要とする不安な人として、「今、この瞬間」のなかで生きることを始めたのです。

　知性派タイプの人は、最初はセルフ・コンパッションの概念をセルフ・コンパッションそのものだと信じます。しかし、概念的な理解は最初の一歩にすぎません。不快さに対する抵抗は、内臓レベルにおける皮質下のプロセスで起きます。したがって、セルフ・コンパッションもそのレベルに作用するときに最も効果が発揮されます。ただし、コンパッションに満ちているときでも、抵抗は決してなくなりません。私たちが人間の身体に宿る限り、抵抗に対する実践は不可欠です。

「セルフ・コンパッションが自動的にできるようになることはあるでしょうか？」

　はい、ある程度までは自動的になります。生活のなかの思いがけない瞬間に、そのような変化がみられるでしょう。たとえば、車内に鍵を置いたまま車をロックしてしまったときや、重要なミーティングに１時間遅刻してしまったときに、自動化に気づくかもしれません。そういうときに、自己批判的になる（「自分はなんてまぬけなんだ！」）のではなく、自分を理解しようとする（「最近、頑張りすぎていたからな」）ようになったことに気づいて、驚くかもしれません。

　私のクライアントであるアイコは、実践を始めるまでセルフ・コンパッ

ションについて聞いたことがありませんでした。実践を始めた半年後、アイコは日々の締め切りに追われて参ってしまいそうだと話しました。そこで私は、アイコが自分に対してコンパッションをもって接することを思い出せているのだろうか、ということを声に出しました。するとアイコは、「コンパッション」という単語を聞いたり言ったりするだけで、涙がこぼれ、身体の力が抜けるようだ、と話してくれました。別のクライアントも、「優しさ」という単語に触れるだけで、優しい気持ちが引き出されると言います。十分な実践によって、「優しさ」や「コンパッション（慈しみ、思いやり）」といった言葉がそれだけできっかけとなり、有益な非言語的反応（身体から力が抜ける、不快な気持ちをそのままにする、自分を慈しむ）がどんどん引き出されるようになります。さらにステージが進むと、瞬間的な気づき（「痛い！」）だけで、セルフ・コンパッションに満ちた結果を引き出せるようになります。

「自分の行動が問題の場合、どうすれば変われるでしょうか？」

　私たちは誰でも、あまり模範的でない自らの行動に悩まされることがあります。それらの行動は、大抵は私たちの中のスキーマ（脅威的な状況に対する古い習慣）に基づいています。たとえば、中年のジャズミュージシャンであるシーザーは、「不信スキーマ」と「失敗スキーマ」に悩んでいました。

　昼間は事務用品店で働くシーザーは、人生のこの時期においても自分の才能が正当に評価されず報われないという事実について、苦々しそうに不満を語りました。彼はまた、事務用品店での仕事ぶりについて、たとえば顧客との話し方などを上司から注意されると、怒りに満ちた鋭い反応をしました。このような行動のために、シーザーは職を転々としていました。

　私がシーザーと知り合って２年ほどたった頃から、彼の上司への不満が繰り返し聞かれるようになりました。シーザー自身も自分の怒りのパターンに気がついていました。彼は自分に怒りの問題があることを私に打ち明け、「怒りは、自分で毒を飲んでおきながら、他の誰かが死ぬことを望むようなものだ」と嘆きました。シーザーは、この問題を解決するには内面の作業が必要になることを理解していました。私はシーザーに、上司から批判される

ことは彼にとってどのような意味があるのかを尋ねました。シーザーは、「家族を養えなくなります。仕事で一人きりになります。演奏し続けるための十分なお金を稼げなくもなるでしょう」と答えました。そこからさらに深めて、「私はダメな人間だ」という思いにたどり着きました。

　私たちは、自分自身に優しさを向けることが、怒りを根底で変容する方法となることについて話し合いました。シーザーは非常に創造性豊かな人で、自分をダメ人間だと感じるたびに、「知恵のある人が両腕で自分を抱きしめてくれている」という場面を視覚的にイメージすることに決めました。わずか週数間で、職場での傷つきやすさが減ったことに気づきました。というのも、攻撃されたと感じたときに自分を慰める方法を知ったからです。そして怒りにまかせて相手に反論することが減りました。

　私たちの硬い感情の背後にある柔らかい気持ち（シーザーの場合は、怒りの言葉の背後にある「自分はダメな人間だ」という気持ち）を見つけると、脅威を知覚したときにも柔軟に振る舞えるようになります。いつものやり方で反応するように追い込まれることもなくなります。ここでは、硬い感情を直接変えたり追い出したりしようとするのではありません。そうではなく、**硬い感情に対して柔らかい関係を育もうとしています**。柔らかい関係になると、硬い感情がひとりでに変化する機会が生まれます。

「柔らかくあることは、利用されることにつながらないでしょうか？　本当にそれがベストな生き方なのでしょうか？」

　人生において、精神的な強さが必要になる状況も多くあります。「流される人」といったタイプのパーソナリティの持ち主や、「倦怠」の煩悩に苦しんでいる人は、人生の困難に立ち向かうために、心を奮い立たせる必要があるかもしれません。このような人たちは、得てして「黙して従う」ことを選びがちですが、悪い状況においては、そのような選択がさらなる苦しみを生み出すことにもなりかねません。誰かに傷つけられたときは、相手の行動を制限することが重要です。

　ポーラは理学療法士で、結婚して4年になります。夫のカイルは、優しく、教育のあるハンサムな男性でした。カイルの家系はアルコール依存症の

長い家族歴があり、結婚して1年たったときに、カイルも同じ罠（わな）に落ちてしまいました。ポーラはカイルを気の毒に思い、また彼が素面（しらふ）のときには一緒にいると楽しいと感じました。でもやがて、気がつくと自分だけが家計を支えていて、感情面でもカイルを身近に感じることがどんどん減っていきました。ランチを一緒にする同僚の男性に心が惹（ひ）かれ始めたことに気がついたポーラは、自分の結婚生活の問題に対処するために一歩踏み出す必要があると判断しました。

カイルは自分がアルコール依存症であることを認めませんでした。そこでポーラはアラノン（Al-Anon）^{訳注2)}のサポートに頼ることにしました。それからの3年間、ポーラは、カイルを気の毒に感じることと、自分と2人の子どもたちを感情的にも経済的にも見捨てたまま飲酒をやめようとしないカイルに憤りを感じることとの間で揺れ動きました。アラノンのミーティングに行くと、そのような葛藤が正当だと承認されました。そこから勇気を得て、ポーラは離婚に向けて法的な助言を求めることにしました。その知らせを受けても、カイルは自分に問題があることを認めず、不幸せな結婚と自分の飲酒の責任をポーラに押しつけました。ポーラは常々、離婚は最後の手段だと考えていました。離婚のことを考えると非常に心が痛み、神に失望されたような気持ちになり、恥と自責の感覚に囚われました。それでも、毎晩仕事から戻ると、夫がマティーニを飲みながらテレビを観ていることに対する苦悩に、少しずつ心を開き始めました。ポーラは、「私には幸せになる資格がある」と自分で自分に言っていることに気づきました。「私にだって楽しむ時間が必要だ。いつも寂しく、怒っていて、惨めな気持ちでいる必要なんかない」。ポーラは夫から去りました。

自らの内的体験に注意を向け、**本当の気持ち**（不幸せ、方向性がない、空虚、恥、失望）をアクセプトすると、強さと決意の巨大な宝庫を発見するかもしれません。内的な柔らかさは、子どもを守る母親のように、多くの場合、外的な強靱（きょうじん）さへとつながります。他者に限度を設けるための土台は、**自**

280

分自身の限界を知ることです。

「感情的な癒やしのためには、痛みや苦悩に向き合うという今現在の姿勢こそが重要なのだとしたら、過去はただ忘れ去った方がよいのでしょうか？」

　このような質問については、患者の幼少期の体験を探るようなトレーニングを受けたセラピストたちと、何度も議論してきました。過去がいかにして今の私たちを形成してきたかを理解することは、確かに重要なことです。マインドフル・セルフ・コンパッションでは、中核的な感情面での習慣に関心を持って注目します（第4章の自己スキーマを参照）。その際に人生の細部を知ると、そうしたものをよりアクセプトしやすくなります。

　第1章で紹介した、赤面をコントロールできなかった若い女性、ミシェルを覚えているでしょうか？　ミシェルは、他の3人の兄弟と比べて、とても繊細な子どもでした。父親は非常に厳格な人で、子どもたちに対して機嫌を損ねると、容赦のない言い方をしました。ミシェルは見た目には美しい子どもで、その容姿のために多くの注目を集めました。一方で、学業では苦労しました。特に、成績を気にせずのんびりと夏を過ごした後の9月は、学校が始まることを恐れました。それでも彼女は懸命に勉強して、最終的には良い大学を卒業することができました。

　しかし、ミシェルは心の奥底で、自分が詐欺師であると常に感じていました。彼女は両親をはるかに上回るレベルで達成したにもかかわらず、それは自らの知性や能力に基づくものではなく、単に労力を注いだからだと信じていました。彼女は、父親からの批判的なメッセージを内在化していたのです。就職面接に行くと、面接官が男性の場合は特に、自分の能力不足が露呈するとミシェルは確信していました。

　セラピーが始まると、ミシェルは短い「心酔ステージ」を体験しました。アクセプタンスに基づく戦略で赤面が止まることを発見したからです。しかし心酔はすぐに幻滅へとつながり、それがその後何カ月も続くことになりました。赤面を「アクセプト」するだけでは足りず、もっと深い何かを扱う必要がありました。皮肉にも、秋に抑うつ的になったときに、ミシェルは大き

な発見をしました。はじめは、この時期になぜ抑うつ的になるのか理解できませんでした。しかし、秋という季節は学校が始まる時期だということに関連づけて考えることができたとき、彼女はとうとう理解したのです。「父からはいつも、私が他の兄弟たちほど賢くないと言われていました。そうではないことを証明することは私にはできませんでした。とてもつらい気持ちでした」

　そのような洞察を得たミシェルは、心の奥底に残っている痛みを感じ始めました。赤面をアクセプトするというのは、自分が「ダメな人間だ」「愛されない人間だ」というスキーマを持っていることの気づきにつながるからです。ミシェルは、学業に苦労し、自己疑念に苦しんだこれまでの年月について、悲しむことを始めました。ただそのまま悲しむことを自分に許したのです。彼女は、なぜか人間らしさを感じ、身体の中に自分が宿っているような感じがしました。ミシェルは、自分の感情がどれほど深いものであるかを知り、セラピーのプロセスにも忍耐強くなりました。彼女は、赤面したときにさらに自分をアクセプトできるようになるために、3年かけようと決めました。そのプロセスを手助けするため、気分が悪くなるたびにイエスが肩をそっと叩いてくれる場面をイメージすることにしました。実際に赤面が起こったときには、「ありのままの自分を慈しめますように」と言い添えました。最近になって、彼女の物語を書かせてほしいとお願いするために、私はミシェルと連絡を取りました。最後に会ってから1年が過ぎていました。ミシェルは、今では赤面についてほとんど考えなくなったと話してくれました。

　詩人のネオミ・シーハブ・ナイなら、セルフ・コンパッションについて「細部がキラキラと輝く」と表現するかもしれません。私たちの人生の細部は、日々の体験のより深い意味と接触するために不可欠です。ミシェルの場合、痛みの起源と、人生のなかでその痛みがたどってきた長い軌跡とを理解して初めて、その感情的な痛みを身体の感覚とともに十分に感じることができるようになりました。感情的な痛みにひとたびつながると、それは本物の深い体験となり、セルフ・コンパッションで扱えるようになりました。セルフ・コンパッションは個人的な問題を迂回するための戦略ではありません。

そうではなく、セルフ・コンパッションによって、そのような問題があるなかでも自分らしく存分に生きやすくなります。

「確かにセルフ・コンパッションの実践は私に多くのことを与えてくれました。ところでセルフ・コンパッションは、あらゆる感情を癒やしてくれるのでしょうか？」

　人生が順調なときは、そこにセルフ・コンパッション（自らをケアし、幸せを感じられるようにする）の要素が必ずいくらか含まれます。しかし、あらゆる場面をセルフ・コンパッションで乗り切れるわけではありません。状況によっては、痛みから目を背けて状況に対処しなければならないときもあれば、薬を飲む方がよい場合もあります。何もしない方がよいときだってあるでしょう。セルフ・コンパッションは万能薬ではありません。

　また、自分の感情に対して強い姿勢で向き合う必要がある場合もあります。ただし、感情を否定するのではありません。そうではなく、特定の状況（虐待、戦争、救急隊員としての仕事）では、目の前の課題だけに注意を集中し、感情の処理については後になってそれができるようになったらする、ということを意味します。私たちが人生で直面する困難はあまりにも多様なので、セルフ・コンパッションだけでは対応しきれません。とはいえ、他の手持ちのツールと組み合わせることで、セルフ・コンパッションは私たちの人生をずっと生きやすくしてくれます。最終的に、コンパッションに満ちた行動が、長い目で見て人生を幸せにしてくれるのです。

　不思議に思われるかもしれませんが、私は他者をカウンセリングする際に「セルフ・コンパッション」という言葉をなるべく使わないようにしています。なぜなら、誰もがときにはその基準を満たすことに失敗することが避けられないからです。セルフ・コンパッションは、**「持っている」**か**「持っていない」**というような「モノ」ではありません。そういった基準を設ける代わりに、私は実践者でもありセラピストでもある者として、感情的な痛みにオープンなままでいようとし、呼吸に乗せてそこに優しさを瞬間ごとに吹き込もうとします。

進み具合を測る

　セルフ・コンパッションへの道は、長期にわたる冒険のようなものです。すぐに認識できる内面の変化もありますが、人生に対する態度それ自体が根底から変わるのは、ゆっくりとした漸進的なプロセスです。長い目で見るのがベストでしょう。生涯をかけて実践するぐらいのつもりでもよいぐらいです。とはいえ、旅の途中でも、自分が前に進んでいることに気づくようにしましょう。Haba na haba, hujaza kibaba（スワヒリ語で「塵も積もれば山となる」を意味する言葉です）。あるいは、私のよい友人で瞑想講師のトルーディー・グッドマンが言ったように、「セルフ・コンパッションは固定的ではないので、到達を目指すようなものではない」ということかもしれません。

❁ セルフ・コンパッション尺度

　第4章でセルフ・コンパッション尺度に記入したのであれば、ここでもう一度記入して、進み具合を確かめることができます。自分への優しさ、共通の人間性、マインドフルネスといった下位尺度のスコアは上がっているでしょうか？　また、自己批判、孤立、過剰同一化のスコアは下がっているでしょうか？

❁ セルフ・コンパッション日記

　日記をつけ始めて1カ月もすると、セルフ・コンパッションには変化をもたらす力があることが見えてくるはずです。2カ月もすれば、心酔と幻滅の両方のフェーズを体験していることでしょう。私はたいてい、実践の初心者に対し、少なくとも3カ月は日記をつけ続けることをお勧めしています。それだけの期間があれば、実践を続けるなかで体験する浮き沈みについて探索できるからです。また、日記をつける作業は、習慣の変化を観察したり、ト

ラブルシューティングを行ったりする機会になります。なによりも、人生の問題に対して新たな方法で対応している自分に気がつく機会になります。書くという素朴な行為によって、コミットメントも強化されます。

　日記はシンプルで使いやすいものにしましょう。パソコンで文書を常に開いたままにしておいていつでも記入できるようにしておくとよいかもしれません。電子メールに記入して自分宛てに毎日送信することもできますし、バッグやポケットに入れたメモ帳にさっと書くのでもよいでしょう。思いがけず心に浮かんだ優しい言葉など、微妙な変化も記録します。書くのが苦手な人は、気づいた変化を心に刻んだり、あなたの進捗に関心を持ってくれる人に話をしたりしてみましょう。セルフ・コンパッション日記の例を以下に紹介します。

12日目

　昨夜はよく眠れなくて、とげとげした気分。コーヒーを飲んだ後に、20分間座って瞑想する。気分を良くするために瞑想したけれども、ちっとも効果がなかった。いじけた気持ちを感じるままにして、ともかくフレーズを言ったら、気分が良くなった。仕事へ向かうときにもフレーズを言い続けた。でも職場に着くと、あとは丸一日すっかり忘れていた。超忙しい。寝る前にもう一度フレーズを試してみるつもり。

13日目

　昨夜はもっとよく眠れた。フレーズを言ったおかげかな？　今日は瞑想をする時間がなかった。でも、シャワーを浴びたときに、温かいお湯の流れを意識して楽しんだ。そこがいつもと違った。瞑想をしなかったので、明日からは日中にもっと頻繁にフレーズを言うと自分に約束した。電話が鳴ったときに、発信元の表示を見て、子どもの保育園からだと気がついた。「安全、安全、安全」と言ってから電話に出た。これは初めての試み！　何事もなかった。いずれにせよ、気分が良くなった。

14日目

　今朝は 10 分間座って瞑想した。ベッドから出る前に瞑想することを視覚的にイメージしたら、実践しやすくなった。でも瞑想は 20 分する方がよい。10 分だと、呼吸の部分より先に進めなかったので。瞑想を始める前に、「今から座るのは、忙しい一日が始まる前にただ自分に寄り添うため。何事もそのままにしておこう」と考えると役に立つ。そんなふうにできるのは一日のなかで朝のこのときだけ。それ以外は、いつも何かしら達成しようとしている。

　帰り道で、ぽんこつ車がまたガタガタと音を立て始めた。% $ # @ &*! つまり、メッタ！

15日目

　「恐れないで」と言いながら目が覚めた。どこから来た言葉なのか、見当がつかない。だいたい私はもとから筋金入りの臆病者よ！　朝がそれほどめちゃくちゃではなくなりつつあるのは、早く寝るようにしているからかもしれない。ジョシュを保育園に連れ出すのは、今でも大変。メッタのフレーズをジョシュに向かって歌ってみようかしら。こういうことを知りながら成長するのは、ジョシュにとって悪いはずがない。

　日記をつけること自体が、観想的な実践にもなり、セルフ・コンパッションのエクササイズにもなります。書く内容がたとえ奇妙だったり風変わりだったり混乱していたりしても、書くことでそのような自らの体験を貴重なものとして尊重しているからです。

　もし日記を始めること自体が難しい場合は、たとえば怠けているくせに職場で高い評価を得ている同僚に対する不満など、具体的な問題を選び、それに対して自分が何をしているか、そしてその問題がどのように進んでいるか、といったことについて記録してみましょう。もしかしたらあなたはそのとき「ありのままの自分を慈しめますように」と言い始めたかもしれません。その結果、どうなりましたか？　また、どんなときにセルフ・コンパッションの実践を忘れて、古い習慣に滑り落ちてしまうかについても記録し

て、忘れないための方法を、ブレインストーミングを通じて考えてみることもできます。

　瞑想を**している最中**に進み具合を評価したくなるかもしれません、それは罠です。その罠に落ちないように気をつけましょう。心がポジティブな状態になっていてもいなくても、前に進むことはできます。実践中は実践そのものに集中するようにします。つまり、気分が悪いと感じたならば、そう感じた自分に優しさを届けます。または呼吸に注意を向けて、それを錨にすることもできます。あるいは、ゆったりと座りながら寛容でオープンな気持ちで、内面で展開されるドラマを見ていてもよいでしょう。「今、この瞬間」に留まり続け、瞑想を終えるまでは、その瞑想についてジャッジしません。

　日常生活においてどのような気持ちになるか、ということによって進み具合を測ることも**できます**。以前に比べてより幸せになったり、自信を持てたり、ストレスが減ったりしたと感じているでしょうか？　さらに重要なこととして、物事がうまくいかないときに、自分に対して親切に対応できるようになってきているでしょうか？　コーヒーテーブルに膝をぶつけたときに、「痛い！　これはつらいね！　神の慈しみを！」とすぐに言えたでしょうか？　それとも、「このまぬけな奴め！」と口走ってしまったでしょうか？

　自己批判、自己孤立、自己没入の代わりに、自分への優しさや人間らしい感じ、そして手放す力が増えていますか？　そういったことを書き留めます。

新たな門出

　幸福（happiness）とウェルビーイングへの道に終わりはありません。目的地に着いたと思ったとたんに新たな困難が生じ、再び出発することになります。本書は、自分を改善し続ければやがて心の痛みがない境地に至れるという幻想を解消するために書かれました。そんな幻想を追うのではなく、生きて呼吸をしている限り、たぐいまれな優しさ（自分に対する優しさ）を育むことが実りの多い道です。瞑想講師ペマ・チュードゥンの言葉を引用しま

「境地にはまだ着かないの？」

しょう。「これだけ時が流れても、夢中のままでいいのです。これだけ時が流れても、怒っていていいのです。あるいは、臆病でも、嫉妬していても、無価値な気持ちでいっぱいでもいいのです。ポイントは、自分を捨て去ってもっと上等な何者かになろうとしないことです。すでにここにいる『わたし』ともっと仲良くなろうとすることです」

　さあ、人生をがらりと変えるために、再び出発しましょう。

付録 A

さらなるセルフ・コンパッション・エクササイズ

　セルフ・コンパッション・エクササイズとは、苦しいときに自分により親切になるための全ての実践のことです。本書では特に慈悲（メッタ）の瞑想に注目して紹介しました。というのも、この瞑想が私たちの内なる対話に変化をもたらし、それが感じ方に大きな影響を与えるからです。セルフ・コンパッションへの他の道筋については第5章で紹介しました。また、付録Bに書籍その他を載せました（日本語版では書籍のみ掲載）。以下に紹介する追加の実践は、その独自性や訴求力から選ばれたものです。

与えて受け取る瞑想（トンレン）

　この一風変わった瞑想では、通常の呼吸のプロセスに、「苦悩を吸い込み、安らぎと幸福を吐き出す」という心の実践を組み合わせます。「苦悩を**吸い込む**？　逆ではありませんか？　安らぎを吸って苦悩を**吐き出す**のではないでしょうか？　そうでないと、内面に苦悩が溜まる一方になってしまいませんか？」と言われるかもしれません。この瞑想が見事なのは、ネガティブな体験を回避したりそれに抵抗したりしようとする私たちの本能的な傾向を、ひと呼吸ごとに逆転させることです。抵抗しようとする心の習慣は、かえって苦悩を生み出し長続きさせます。この瞑想では、意図的に痛みを内側に引き入れることで、そのような習慣を弱めていきます。それは、コンパッションに満ちた取り組みです。

「与えて受け取る瞑想（トンレン）」は、10世紀のインドを生きた仏教の師アティーシャ・ディーパンカラ・シュリージュニャーナが生み出したといわれています。チベット語で「**トン**」は「与える」を意味し、「**レン**」は「受け取る」を意味します（実践するときの順序はむしろ「レントン」で、「受け取って与える」になります）。この瞑想の目的は、心をトレーニングすることで、自分を含むあらゆる生き物に向けてコンパッションを育もうというものです。西洋で最も早くこの「与えて受け取る瞑想」を提唱したのは、アメリカ人でチベット仏教の尼僧ペマ・チュードゥンです。彼女の著書を付録Bに掲載しました。特に *Tonglen* は、実践が深まる洞察に満ちています。以下にご紹介する一連の瞑想教示も、ペマ・チュードゥンの教示に基づいています。そのうえで、特にセルフ・コンパッションを強調するためにいくらか改訂しています。10～20分間の座って行う瞑想としても実践できますし、必要に応じていつでもインフォーマルに実践することもできます。

- しばらく静かに座ります。
- 意識しながら数回呼吸をします。全身の毛穴を通すように、息を吸い込み、吐き出します。そうしながら、呼吸を感じます。息を吸うたびに風船が膨らむような身体をイメージするとよいかもしれません。呼吸に錨（いかり）を下ろして注意が繋ぎ留められた感じがするまで続けます。
- **身体の感覚にオープン**になって、少しでも不快さがあれば、その箇所を見つけましょう。身体のどの部位に不快さがありますか？　胃の辺り、または胸、首、頭の辺りでしょうか？
- では、胸の辺りに集中しましょう。**苦痛な感情**はないでしょうか？　もしあるようならば、それはどのような**感触**ですか？　たとえば、「厚みがある」「荒々しい」「硬い」「ざらついている」「重い」などの感じでしょうか？　心の目には、どのように**見える**でしょうか？　「暗い」「濁っている」「どんよりしている」などの感じでしょうか？　不快な感覚をできるだけつかんでみましょう。そうするとはっきりと見分けられるようになります。感情に名前を付けることもできます。「苦痛」「がっかり」「心配」などと呼んでもよいでしょう。

- 不快さを呼吸と結びつけます。息を吸うたびに、苦痛を**引き入れ**ます。大きく、十分に息を吸い込みましょう。身体のどこかにある不快さも同時に吸い込みます。
- 息を吸ってから吐き始めるまでの狭間で、不快さが変容されるところをイメージします。その変容はあなたの存在の中心にある光によって起きるのかもしれませんし、ひとりでに起きるのかもしれません。
- 今度は、自分自身と他者に向かって広がりと安心の感じを吐き出します。自分の中心部分から、身体を通すようにして呼吸し、幸福をみなぎらせながら、世界の中に息を吐き出します。
- 吐く息が、吸う息の反対になるようにしましょう。暗さを吸い込んでいるならば、光を送り出しましょう。きつい感じを吸っているならば、柔らかさを吐きます。ざらついた感じを吸い込んでいるならば、なめらかさを送り出します。違いが感じられる方法で実践しましょう。空洞の風船として身体をイメージしているのであれば、空気が噴き出していくままに、澄んだ純粋な空気をあらゆる生き物に向けて解放しましょう。特定の困窮した人たちに向けてでも、世界全体に向けてでも構いませんので、安楽と幸福を送り出します。
- 自由に何回でも呼吸をし、苦しみを吸い込み、幸福を吐き出して、要領がつかめてくるまで続けましょう。要領がつかめたら、呼吸が自然で簡単なリズムに落ち着くままにして、苦痛を**吸い込み**、優しさと幸福を**吐き出し**続けます。
- 瞑想の終わりには静かに座って、心の体験全体をそのままにします。

　トンレン瞑想は、まとわりついてくる気持ちを解放する力（引き入れてから、自由に手放す力）を拠り所にします。そのため、全身の毛穴を通すように呼吸をするか、または空っぽの風船のように視覚的に身体をイメージするとよいとペマ・チュードゥンは教示しています。空っぽの風船であれば、まとわりつくものがあまりありません。同じ理由で、トンレンを実践する前後にも、ただ静かに座ってなんの努力もしないようにします。
　トンレン瞑想には、本書ですでに紹介した背景的な癒やしのメカニズムが

多く含まれます。たとえば、呼吸に注意を集中すると落ち着くという効果を使います。身体の中に錨を下ろして、反すうする心を繋ぎ留めます。感情の痛みを避けたり抵抗したりしようとする傾向を反転させます。痛みに対する気づきのバランスを取ろうとします。親切な心を養い、他者とつながっている感覚を強めます。

　私は、34歳になる姪のおかげで、トンレンの実践で**つがなり**が強まり癒やされる側面をあらためて認識しました。

　姪には、2歳と4歳になる美しい娘たちがいます。ある日、親戚が集まった際に、4歳の娘が機嫌を損ねて泣きやまず、だだをこね続けました。娘が目の前で泣いているのに、娘や自分自身の気分を良くするためにどうしたらよいかがわからず、その状態がとてもつらかったと、姪は私に打ち明けてくれました。彼女は忙しい母親でしたので、瞑想する時間は取れず、呼吸法さえほとんどできませんでした。私はトンレン瞑想が役に立つのではないかと考え、ほんの数分かけて彼女に教えました。

　翌日の朝食の際、姪は、この実践が不思議なほど効果的で、相変わらず彼女の娘は機嫌が直らずぐずったままだったけれども、姪自身の気持ちは穏やかなままだったと話してくれました。どのようにしてそうなったのかを尋ねると、姪は、自分の苦痛と苛立ちを吸い込み、娘に向かって慈しみを吐き出したのだと説明しました。その実践をすると、「（だだをこね続ける娘に）寄り添いながらも、自分を見失わずにいられるようになった」のだそうです。瞑想をする前の姪は、泣きやんでほしいと欲することで、無意識のうちに娘から距離を置き、泣いている子どもが感じている痛みに**加えて**、娘と切り離されている痛みも感じていたのです。姪はトンレン瞑想によって娘とのつながりを取り戻しました。

　また、セリーヌという女性は、朝に鏡を見て自身の加齢の徴候（増えた皺〈しわ〉、顎〈あご〉のたるみ）を目にするときに感じる苦痛を和らげるためにトンレンを使うそうです。目の前の鏡に映った女性が感じている不安を吸い込みます。そして息を吐きながら言います。「愛おしい人。ただ年齢を重ねているだけ。みんな同じ。みんなが一緒に年齢を重ねているのよ」

　トンレンは、あらゆる苦痛に対して実践できます。トンレンは少し実践す

るだけですぐにコツをつかめて、忙しい日でも無理なく取り入れることができるので、働き者タイプのパーソナリティの人には特に好まれるようです。外向的なタイプの人の場合、つながりの側面や、メッタの瞑想に比べて心理的でない（むしろ身体のプロセスである呼吸に根差す）側面を楽しめるかもしれません。一般的に、身体的なことを楽しめる人であれば、トンレンにも馴染みやすいでしょう。メッタの実践をすでに体験している人は、トンレンのなかで息を吐き出すたびにメッタのフレーズも唱えて、あらゆるものに慈悲を送るとよいでしょう。自分に合った方法を見つけてください。

◌ 「与えて受け取る瞑想」改変版

　感情的な痛みにオープンになろうとすると、それがどのような方法であっても圧倒されてしまうときがあります。トンレンを実践しているときにそのようなことが起きた場合、改変したほうがよい点をいくつか見つけました。たとえば、**非常に強く**圧倒されてしまったら、次の方法を試してみましょう。

- しばらく静かに座ります。
- 数回呼吸をします。全身の毛穴を通すように、息を吸い込み、吐き出します。
- 慈しんでくれる人を何人か思い浮かべ、その人たちをあなたの周りに円形に配置します。近くても遠くても、自由な距離で構いません。その人たちが、じっと座っているところを視覚的にイメージしましょう。その人たちはあなただけのためにそこにいて、慈しみと気遣いを向けてくれています。他にも、大好きなペットや、自然の中で美しいものに囲まれている自分自身をイメージしてもよいでしょう。
- 胸の辺りに手を置きましょう。
- 引き続き、意識的に呼吸をします。息を吸いながら、大切な人たちからの慈しみも吸い込みます。息を吐きながら、慈しみを送り返します。温かさと優しさを吸い込み、感謝と慈しみを吐く感じをつかみま

しょう。

- 好きなだけ、息を吸っては吐く、を繰り返します。慈悲のエネルギーがあなたに向かって放射され、呼吸に合わせてあなたからも放射されていくことを感じます。
- ゆっくりと目を開けます。

このように改変すると、いくらか苦しみから**遠ざかる**ことができるので、動揺が大きいときにはこちらが適しています。そこまで動揺していないとき（多少「妨げられている」といった程度）であれば、苦しみに対してもう少しオープンになることができるかもしれません。とはいえ、自分自身に慈悲を与えることは忘れないようにしましょう。実践するときの苦痛の程度に対応して、以下のようにトンレンを改変するとよいでしょう。

- **圧倒されている？**
  慈しんでくれる人たちから慈悲を受け取り、慈しんでくれる人たちに慈悲を与えましょう。
- **妨げられている？**
  自分の苦悩を吸い込み、**自分自身**に慈悲を与えましょう。
- **苦痛を感じている？**
  自分の苦悩を吸い込み、**自分と他者**に慈悲を与えましょう。
- **不満を感じている？**
  自分の苦悩と**他者の苦悩**を吸い込み、他者に慈悲を与えましょう。
- **満足している？**
  他者の苦悩を吸い込み、他者に慈悲を与えましょう。

最初に示したトンレンの教示（**自分自身**の苦悩を引き受けて、**自分と他者**に慈悲を与える）は、中程度の不快さ（「苦痛を感じている」）の実践に対応していることに、お気づきになったかもしれません。それよりも気分が悪くない（「不満を感じている」だけ）であれば、自分の痛みを、今この瞬間に自分と全く同じように感じているかもしれない地球上の無数の他者の痛みに

つなげてみましょう。たとえば、腹痛があるときは、同じように腹痛を感じている全ての人たちのことを考えます。その共通の痛みを、息を吸い込むときに自らの身体に引き入れて、変換し、安らぎと幸福を全員に向けて吐き出します。苦悩が自分だけのものではない感じがして、安心できるかもしれません。

　もしあなたが「満足している」のであれば、他者の苦しみを引き受けて、他者に慈しみを与えてみましょう。それが伝統的なトンレンの実践です。自分自身の「個」性の牢獄（ろうごく）から、自由になれるように設計されています。ダライ・ラマは、寛大さを育むためにどのような瞑想をするのかを尋ねられたとき、次のように答えました。

　　　私は「与えて受け取る」と呼ばれる瞑想技法を使います。幸せや愛情といったポジティブな感情を他者に送ることを視覚化します。他にもう一つ視覚化できることがあります。他者の苦悩やネガティブな感情を自分が受け取るところをイメージするのです。これを毎日行います。私は中国人には特別な注意を向けます。チベット人にひどいことを行っている人たちには特に、です。私は瞑想のなかで、その人たちの毒素（憎悪、恐怖、残忍さ）を全て息に乗せて吸い込みます。そして息を吐き出します。吐くときには、コンパッションや寛大さといったありとあらゆる良いものが出てくるままにします。私の身体の中へ悪いものを全て取り込み、次に毒素を新鮮な空気へと置き換えます。与えて、受け取るのです。そうしつつ、責めないように気をつけます。中国人も自分自身も責めません。これは大変効果的な瞑想で、憎悪を減らすにも寛大さを育むにも役立ちます。

　私たちのほとんどは、ダライ・ラマほどコンパッションや心の平安を有していません。だからこそ改変版を使って実践するとよいでしょう。

センタリング瞑想

　センタリング瞑想とは、自分自身や現在の状況に特に当てはまる、コンパッションに満ちた言葉やフレーズを発見するための技法です。慈悲の瞑想の実践を始めたばかりの人であれば、センタリング瞑想を使って、自分に合ったメッタのフレーズを見つけるとよいでしょう。

　センタリング瞑想は、14世紀に書かれた作者不詳の *The Cloud of Unknowing*（不可知の雲）と呼ばれる本に由来します。この本は、マサチューセッツ州スペンサーにあるトラピスト修道院の屋根裏部屋で発見されました。センタリングが広く知られるようになったのは、1982年に修道士バーゼル・ペニントンが出版した *Centering Prayer: Renewing an Ancient Christian Prayer Form*（センタリングの祈り：古代キリスト教の祈りの形の刷新）という書籍を通じてでした。センタリング瞑想は、普段の思考習慣を超えた内側の導きに、私たち自身がオープンになって心と頭を開放的にするように設計されています。その技法を一般の人にも取り組みやすく改変したものを以下にご紹介します。他の多くの瞑想と同じように、20分ほどの瞑想を1日に1〜2回実施するとよいでしょう。

- 楽に座って、目を閉じます。リラックスしながら、何回か深呼吸します。
- 「寝ているのでもなく、立っているのでもなく、座っている」という自分の姿勢に注意を向け、身体の感覚を全て感じます。何か違和感があれば、そっと気づきを向けましょう。感情的な苦痛があれば、それにも注意を向けて、そのままにします。
- では、呼吸に注意を向けてみて、身体の中でそれをいちばん強く感じるところに集中します。それは鼻孔ですか？　それとも胸やお腹でしょうか？　心がさまよってしまったら、呼吸の感覚にそっと戻ってきます。呼吸をしながら、気づきが呼吸の体験に深く入っていくのに任せます。それを5〜10分ほど続けます。

- どこからともなく呼吸が流れてくるようです。呼吸が**あなた**を存在させます。だから眠っていても、あなたの健康は保たれるのです。呼吸に深く入って、その**源**まで行きましょう。気づきがどんどん深いところに降りていくままにしながら、呼吸が生まれ、かすかな動きもそこから生まれるがらんどうの空間へと意識を沈めましょう。そこは思考や言葉を超えた場所で、大いなる平和と自由がみなぎるフィールドなのです。

- ただ呼吸を続け、オープンになって呼吸の源に気づきを広げたままにします。そのようにしながら、湧いてくる言葉に耳を澄まします。**たった今、あなたがかけてもらう必要がある言葉やフレーズにオープンになって耳に留まるよう自分自身を開放して心を開きます。**心の底から現れてくるそれらの言葉やフレーズはどのようなものでしょうか？

- 数分のあいだ、そうします。呼吸し、リラックスし、内面の深いところから湧き上がってくるかもしれない言葉にオープンになって自分自身を開放して心を開きます。言葉が湧いてこないのであれば、そのままただ呼吸を続けます。**いくつかの**言葉が浮かぶようであれば、心の中でそれぞれ転がしてみて、今この瞬間にぴったりなものを選びましょう。それはたとえば、「慈しみ」「ありのままに」「愛しています」「そのとおり」「信頼」「平和」「許し」などといった言葉かもしれません。

- 言葉やフレーズが定まったら、心の中で何度も転がして、ただ味わうがままにします。心がさまよったことに気づいたら、このうえなくそっと、言葉やフレーズに戻します。

- しばらくしたら、今やっているワークを手放し、内的な体験にただ寄り添い、ありのままの自分でいるようにします。

- ゆっくりと目を開きます。

自分の存在の奥底から勇気づけられる言葉が湧いて、「愛しています」「手放して、神の御心のままに」「勇気を出そう」などと聞こえることは、心が

揺さぶられる体験になるかもしれません。私が担当していた知性派のクライアントで、注意欠如・多動症（ADHD）を有する電気技術者は、「恐れないで」という言葉が聞こえたそうです。その言葉に心が動かされて涙が出てきましたが、普段の彼の考え方とはあまり関係がないようで、なぜそれが聞こえたのかはわかりませんでした。次に聞こえたのは、「集中しろ！」という警告で、こちらは子ども時代から馴染みのある言葉です。賢明にも彼は「恐れないで」の方をセンタリングのフレーズに選びました。ADHD を有する別のクライアントは、センタリング瞑想をしているときに「ダイナモ（元気たっぷりな人）」という言葉が聞こえました。心が課題から離れてさまよっているときにこの言葉に戻ると、エネルギーが湧いてくるのを感じるそうです。

　センタリング瞑想は、本質的にマントラ瞑想であり、それにひねり（マントラを自分で生み出している点）を加えたものであると言えます。マントラは瞑想では共通して使われるもので、マントラによって意味のない思考から自分を解きほぐし、一点に注意を集中することで心を落ち着かせることができます。宗教的な伝統によって、マントラの**意味**が重要なこともあれば、**音**が重要な場合もあります。マントラを**書くこと**自体が重要なときもあります。意味を持たないマントラが、注意を向ける対象として役立つ場合もよくあります。

　息を吐くときに身体から出てくる「はあ、はあ、はあ」という音もマントラになります。ストレスがかかっているときにその音を感じると、心が安らぐかもしれません。神に慈しまれていると感じるのであれば、神の名前を繰り返すことも、マントラを使ってセルフ・コンパッションを育むための説得力のある方法になります。センタリング瞑想中に神の名前（イエス、ラーマなど）が思い浮かぶかもしれませんし、ご自身の宗教的伝統から取り入れることもできます。

　センタリング瞑想は、アウトサイダー、サバイバー、完璧主義者といった、孤独だったり愛されていないと感じたりしている人にも、驚くほど効果的な場合があります。瞑想を通じて、自分自身のより深く、より愛すべき部分とつながった感じを体験できるようになります。移り気な人や流されるタ

イプの人も、センタリング瞑想を通じて内なる導きを信頼できるようになり、瞑想の恩恵を受けることができるでしょう。

光の瞑想

「慈愛の光」「気づきの明晰な光」「問題に光を当てる」といった表現があるように、光は、慈しみや真実や知恵などの、徳の高い性質の普遍的なシンボルです。私たちが内面に光をイメージするときは、自分の中にある良い性質を肯定しています。

　次に紹介する瞑想は、瞑想のさまざまな伝統ではすでに馴染みがあるものかもしれませんが、ここでは特にセルフ・コンパッション用に改変しています。視覚化が得意な人、非言語的な瞑想が好きな人、抽象的なイメージに取り組むのが好きな知性派タイプの人は、この「光の瞑想」を楽しむことができるでしょう。

　「光の瞑想」では、心の中でさまざまな課題に取り組みますので、急がずにリラックスしながら、15 〜 20 分程度の十分な時間をかけて実践しましょう。ポイントは、素早く終わらせることではなく、内なる温かさを味わうことです。

- ロウソクに火をつけて、目の前に置きます。適度に背を伸ばした状態で楽に座り、リラックスしながら何回か深く呼吸します。1 分ほどロウソクを見つめます。柔らかい光が静かに全方向に広がっています。次にそっと目を閉じます。
- 身体の胸の辺りに、ロウソクの光が灯っていることをイメージします。それは揺るがない炎、あるいは光の球のようです。本物のロウソクと同じように、全方向に光が放たれています。
- 引き続き、胸の辺りに注意を向けます。その場所でロウソクの光が柔らかく輝いているのを感じましょう。もしあなたが望むのであれば、目を何度か開けたり閉じたりしながら、目の前の炎を見つめるのと胸

の辺りの炎をイメージするのとを繰り返してもらっても構いません。

- 心がさまよってしまったら、胸の辺りに灯る光のところへ、そっと優しく連れ戻します。
- 次に、ゆっくりと、身体のさまざまな箇所へと光を移動させることにします。身体のどこかに不快さを感じる部分があれば、そこにはいくらか長く光を留めてから、再び先に進めます。

　　☆ まずは光を頭の辺りに持ってきましょう。脳が照らされます。

　　☆ 次に、胸の辺りにまで戻り、そこから腕を通って、手に光が届きます。もう一方の腕も同じようにします。ゆっくりと時間をかけます。

　　☆ 再び胸の辺りから始めて、今度は光が胴体を降りていき、脚を通って足先まで届きます。片方の脚が終わったら、もう一方の脚を照らします。

　　☆ 光を胸に戻します。感情的な痛みがあるのであれば、不快さをそのままにしながら、胸の辺りを光でいっぱいにします。

- では、光をあなたの外側に広げていきます。光は、部屋や家にいる他の人たちに届き、国中に届き、全世界へと広がっていきます。心の目で、自分自身と自分の周囲全体が、温かい光の放射でみなぎるところをイメージします。
- 準備ができたら、ゆっくりと目を開けます。

　光は好きな場所に移動させることができます。自分の内側だけに光を留めたければ、そうしてもらって構いません。パーソナリティにおいて世話人タイプや外向的なタイプの人は、周囲の人たちと光を共有したいと感じるかもしれませんし、内向的なタイプの人は、光を自分の内側に留めておくほうが心地よいかもしれません。数週間も実践を続ければ、ロウソクを使う必要がなくなるかもしれません。光で身体をスキャンする必要もなくなるでしょう。瞬間的に注意を向けるだけで、自分の身体に光を充満させることができ

るようになります。

「光の瞑想」に限らず、イメージを使った瞑想はどれも、あまり字義的に考える必要はありません。外側から「見える」のと同じように心の目がロウソクを見る必要はありません。胸の辺りが光によってほんわかと照らされるのを感じればよいのです。目を閉じたときに、瞼（まぶた）の裏側に光のパターンが見えることでしょう。これは、私たちが意識を持った存在で、神経細胞がエネルギーを持つからこそ可能なのです。私たちの身体の全ての細胞がエネルギーを持っています。そのエネルギー（拍動、光、活力）を、胸の広がりの中にあるのに気づいていきましょう。

光は、ネガティブな気持ちや性質を追い払おうとしているのではないことを覚えておきましょう。本質的な性質として光は闇を払拭しますが、「努力」してそうするのではありません。光の温かさは、痛む筋肉に当てる温熱パッドに似ています。必要なときに、必要な箇所に当ててみて、その効果を見てみましょう。

音楽瞑想

音楽も、私たちがそれに没頭すれば瞑想になりえます。瞑想とは、広義には、特定の目的のために注意と気づきを調整するための方法のことをいいます。私たちは、音楽を通じて、時にリラックスし、時に刺激を受け、言葉を使わずに知覚と感情への気づきが高まった状態になります。音楽を聴きながら、自分への善意を呼び起こし、注意を集中して慈しみの気持ちがわいてくるままにすれば、それはセルフ・コンパッション瞑想になります。

音楽は苦しみの最中にある人を慰めることができます。がんで死にゆこうとしていた私の友人は、パッヘルベルの「カノン」を聴いて、自らの病を受け入れることができました。私がワークショップで「I Will Always Love You」（ホイットニー・ヒューストン）を流すと、必ず何人かの人が感動して涙を流します。音楽を聴くときに大切なのは、心が動かされる**ままに**することです。

音楽は普遍的な言語であり、どのパーソナリティのタイプの人でも楽しむことができますが、一方で非常に主観的なものでもあります。ですので、自分だけの「セルフ・コンパッション・プレイリスト」を作りましょう。よく知っているラブソングで、たとえば「I Will Always Love You」や「Stand by Me」などをいくらか解釈し直して、自分への慈しみを歌ってもよいでしょう。また、アンナ・ナリックの「Just Breathe」、ガービッジの「All the Good in This Life」などは、はっきりとセルフ・コンパッションに満ちています。ジョシュ・グローバンの「You Raise Me Up」などのような献身的な曲であれば、深い慈しみの感じが目覚めてきて、世界と自分を眺める眼差しがどちらも柔らかくなるかもしれません。

出発点となりそうな音楽をいくつかランダムに選んでみました。

「Dear Lord」／ジョン・コルトレーン・カルテット

「Close to You」／カーペンターズ

交響曲第9番『歓喜の歌』よりフィナーレ／ルードヴィヒ・ヴァン・ベートーヴェン

「When I'm Sixty-Four」／ビートルズ

「You Are the Sunshine of My Life」／スティーヴィー・ワンダー

「Our Love Is Here to Stay」／エラ・フィッツジェラルド

「Angel」／ジミ・ヘンドリックス

「主よ、人の望みの喜びよ」／ヨハン・セバスティアン・バッハ

「Dedicated to the One I Love」／ザ・ママス ＆ ザ・パパス

ピアノ・ソナタ作品109より第1楽章／ルートヴィヒ・ヴァン・ベートーヴェン

バレエ組曲『火の鳥』よりフィナーレ／イゴール・ストラヴィンスキー

「Reach Out, I'll Be There」／フォー・トップス

作品15第7曲『トロイメライ』／ロベルト・シューマン

「If You Love Somebody, Set Them Free」／スティング

「I Hear a Symphony」／シュープリームス

幻想曲ハ長調第3楽章／ロベルト・シューマン

「Everybody Is a Star」／スライ＆ザ・ファミリー・ストーン

「Thank You（Falletinme Be Mice Elf Agin）」／スライ＆ザ・ファミリー・ストーン

ソナタ第2番第1楽章アンダンテ／アレクサンドル・スクリャービン

「Lean on Me」／ベン・E・キング

A Love Supreme より「Acknowledgement」／ジョン・コルトレーン・カルテット

「Til the Morning Comes」／グレイトフル・デッド

Being in Dreaming ／マイケル・ヒュエット

「Welcome」／ジョン・コルトレーン・カルテット

A Meeting by the River ／ライ・クーダー＆V・M・バット

自然の瞑想

　画家であるジョージア・オキーフは、「花は全ての人の心を動かす」と言っています。自然保護区域や国立公園は世俗世界の巡礼地となっており、私たちは、避難したり、つながりを求めたり、癒やされたりするためにそれらの場所に出かけます。自然の中を歩くと、自分が空ほどに広く、木のように硬く、湖のように深くなったイメージが自然と湧いてきます。森の中に長く座って静かに耳を澄ましていると、森に生きる命たちが出てきて、一緒にそこにいてくれるかのようです。パーソナリティにおいてサバイバータイプの人とアウトサイダータイプの人は、自然の瞑想によって特に癒やされるかもしれません。人間と接触するのが困難な場合、あるいはかつて困難だった人の場合、自然の瞑想を通じて特別な方法でセルフ・コンパッションを実践できるようになります。

　自然界は私たちにとって偉大な教師です。自然は、誕生と死、暑さと寒さ、濡れと乾き、光と闇（すなわち無常の真理）を絶えず明らかにしてくれます。自然は時に冷酷で、世界にあまねく存在する苦悩を見せつけます。自然はあまりに大きく、あまりに美しいので、私たちはそれを所有したり制御

したりすることは到底できません。それらを手放し、脆弱で感じやすくなった<ruby>脆弱<rt>ぜいじゃく</rt></ruby>で感じやすくなったままでいて初めて、私たちは自然の豊かさを共有することができます。それが「自然の瞑想」です。

妻と私は、メイン州の森の中に電気も水道もない小屋を持っています。そこに行って、博物学者のジョン・バロウズの言葉通りに、「慰められ、癒やされ、もう一度感覚を取り戻す」のです。妻はフォーマルな瞑想実践はしませんが、森に足を踏み入れると喜びで目が輝きます。彼女は森の中で生きている感覚と、つながり合っている感覚を味わいます。それらは、コンクリート・ジャングルの中で生きている私たちのほとんどが失っている感覚です。

マーク・コールマンによる *Awake in the Wild: Mindfulness in Nature as a Path in Self-Discovery* は、自然の瞑想へのコンパッションに満ちた案内書です。自然の中で瞑想するための教示がたくさん含まれていますので、次回に森に散歩に出かけるときには持参するとよいでしょう。

誓いを立てる

本書の隠れたテーマは、「意図、意図、意図」です。誓いを立てることで、私たちの中核にある意図を強めることができます。誓いは一般的に「厳粛な約束事」だと考えられていますが、むしろもっと穏やかで軽いものだと考えるほうがよいでしょう。誓いは、瞑想が呼吸に立ち戻るのと同じで、何度でも立ち戻ってその喜びに触れることができます。誓いは、生活そのものを瞑想に変えてくれます（第9章「コミットメントの力」参照）。

慈悲のフレーズを誓いとして使うことができます。たとえば、私は朝に目が覚めると、次のフレーズを思い出すようにしています。

あらゆる生き物が安全で傷つきませんように。
あらゆる生き物が平和で幸せでありますように。
あらゆる生き物が健やかで強くありますように。
あらゆる生き物が楽でありますように。

もっとシンプルに、以下のフレーズだけを言うだけのときもあります。

あらゆる生き物が幸せでありますように。
あらゆる生き物が自由でありますように。

　このささやかな実践をするだけで、その日のあいだ、知らず知らずのうち
に自分を苦しめていたり、誰かに嫌な思いをさせてしまったりしたときに、
そのことに気がつきやすくなります。ある友人は、「あらゆる生き物が自由
であってほしいと願うと、心がまっすぐになる」と言いました。

　誓いは、生活のなかで活動するときの私たちの**有り様**を形成します。それ
は、子育てのような大きな課題にも、歯磨きのような小さな課題にも、同じ
ように作用します。誓いを立てることは、人生の舵取りを苦手と感じる「流
されるタイプ」や「移り気なタイプ」の人にとって、特に役に立つかもしれ
ません。一方、正しいことをしようと努力する「モラリストタイプ」や、基
準を高く設定する「完璧主義者タイプ」の人は、たやすく誓いを立てられる
でしょう。後者の２つのタイプの人は、「まずはコンパッション」といった
優しい誓いを立てることで、熱意とのバランスが取りやすくなるかもしれま
せん。

　誓いは、全ての瞑想のなかで最も取り組みやすいものです。自分の人生を
どのようなものにしたいかを決め、その誓いを時々自分に向けて言って聞か
せることで、誓いに沿った行動を取ることができるようになります。誓いの
言葉が心からの願いを反映するものになっていれば、それは私たちの思考、
感情、行動を形成する力となります。

　セルフ・コンパッションへの道を進んでいくと、やがて自分の苦悩と他者
の苦悩の区別が曖昧になってきます。個人的な痛みと闘うことをやめると、
自然と注意が他者へと向きます。そうなると、コンパッションそれ自体が誓
いになります。

　次に示すのはダライ・ラマがお気に入りの誓いの一つで、もとは８世紀の
インドの仏教僧シャーンティデーヴァによって書かれたものに基づいていま
す。

宇宙がある限り、
また生きとし生けるものがある限り、
世界の苦痛を取り払えるように
私も悟りを生み続けよう。

付録 B

参考図書

Compassion

Brach, T. (2003). *Radical acceptance: Embracing your life with the heart of a Buddha.* New York: Bantam Dell.

Brown, B. (2010). *The gifts of imperfection: Let go of who you think you are supposed to be and embrace who you are.* Center City, MN: Hazeldon.

Chödrön, P. (1997). *When things fall apart: Heart advice for difficult times.* Boston: Shambhala.

Dalai Lama (2001). *An open heart: Practicing compassion in everyday life.* New York: Little, Brown.

Feldman, C. (2005). *Compassion: Listening to the cries of the world.* Berkeley, CA: Rodmell Press.

Flowers, S., & Stahl, B. (2011). *Living with your heart wide open: How mindfulness and compassion can free you from unworthiness, inadequacy, and shame.* Oakland, CA: New Harbinger Publications.

Fredrickson, B. (2013). *Love 2.0: Finding happiness and health in moments of connection.* New York: Plume.

Gilbert, P. (2009). *The compassionate mind: A new approach to life's challenges.* London: Constable & Robinson.

Gilbert, P., & Choden, (2014). *Mindful compassion: How the science of compassion can help you understand your emotions, live in the present, and connect deeply with others.* Oakland, CA: New Harbinger Publications

Goleman, D. (Ed.). (2003). *Healing emotions: Conversations with the Dalai Lama on mindfulness, emotions, and health.* Boston: Shambhala.

Hanh, T. N. (1998). *Teachings on love.* Berkeley, CA: Parallax Press.

Kolts, R., & Chodron, T. (2013). *Living with an open heart: How to cultivate compassion in everyday life.* London: Robinson Publishing.

Kornfield, J. (2009). *The wise heart: A guide to the universal teachings of Buddhist psychology.* New York: Bantam Books.

Makransky, J. (2007). *Awakening through love: Unveiling your deepest goodness.* Somerville, MA: Wisdom.

Neff, K. (2011). *Self-compassion: The proven power of being kind to yourself.* New York: William Morrow.

Salzberg, S. (1995). *Lovingkindness: The revolutionary art of happiness.* Boston: Shambhala.

Singer, T., & Bolz, M. (Eds.). (2013). *Compassion: Bridging practice and science.* Leipzig, Germany: Max-Planck Institute. Free ebook available at *http://www.compassion-training.org/.*

Mindfulness

Baer, R. (2014). *Practising happiness: How mindfulness can free you from psychological traps and help you build the life you want.* London: Robinson.

Brach, T. (2013). *True refuge: Finding peace and freedom in your own awakened heart.* New York: Bantam Books.

Goldstein, J. (2013). *Mindfulness: A practical guide to awakening.* Louisville, CO: Sounds True.

Goldstein, J., & Kornfield, J. (1987). *Seeking the heart of wisdom: The path of insight meditation.* Boston: Shambhala.

Graham, L. (2013). *Bouncing back: Rewiring your brain for maximum resilience and well-being.* Novato, CA: New World Library.

Gunaratana, B. (2002). *Mindfulness in plain English.* Somerville, MA: Wisdom.

Hanh, T. N. (1976). *The miracle of mindfulness.* Boston: Beacon Press.

Hanson, R. (2009). *The Buddha's brain: The practical neuroscience of happiness, love, and wisdom.* Oakland, CA: New Harbinger Press.

Hanson, R. (2013). *Hardwiring happiness: The new brain science of contentment, calm, and confidence.* Easton, PA: Harmony Press.

Kabat-Zinn, J. (1990). *Full catastrophe living: Using the wisdom of your body and mind to face stress, pain, and illness.* New York: Dell.

Kabat-Zinn, J. (2011). *Mindfulness for beginners: Reclaiming the present moment—and your life.* Louisville, CO: Sounds True.

Kornfield, J. (2008). *The wise heart: A guide to the universal teachings of Buddhist psychology.* New York: Bantam Dell.

Magid, B. (2008). *Ending the pursuit of happiness: A Zen guide.* Somerville, MA: Wisdom.

Moffitt, P. (2008). *Dancing with life: Buddhist insights for finding meaning and joy in the face of suffering.* New York: Rodale Books.

Olendzki, A. (2010). *Unlimiting mind: The radically experiential psychology of Buddhism*. Somerville, MA: Wisdom Publications.

Salzberg, S. (2010). *Real happiness: The power of meditation: A 28-day program*. New York: Workman Publishing Company.

Stahl, B., & Goldstein, E. (2010). *A mindfulness-based stress reduction workbook*. Oakland, CA: New Harbinger Publications.

Teasdale, J., Williams, M., & Segal, Z. (2014). *The mindful way workbook: An 8-week program to free yourself from depression and emotional distress*. New York: Guilford Press.

Tolle, E. (1999). *The power of now*. Novato, CA: New World Library.

Willard, C. (2010). *The child's mind: Mindfulness practices to help our children be more focused, calm, and relaxed*. Berkeley, CA: Parallax Press.

Psychotherapy

Brown, B. (1999). *Soul without shame: A guide to liberating yourself from the judge within*. Boston: Shambhala.

Geller, S., & Greenberg, L. (2011). *Therapeutic presence: A mindful approach to affective therapy*. Washington, DC: American Psychological Association Press.

Germer, C., & Siegel, R. (Eds.). (2012). *Wisdom and compassion in psychotherapy: Deepening mindfulness in clinical practice*. New York: Guilford Press.

Germer, C., Siegel, R., & Fulton, P. (Eds.). (2013). *Mindfulness and psychotherapy, second edition*. New York: Guilford Press.

Gilbert, P. (2010). *Compassion focused therapy: Distinctive features*. London: Routledge.

Hayes, S., & Smith, S. (2005). *Get out of your mind and into your life: The new acceptance and commitment therapy*. Oakland, CA: New Harbinger.

Hayes, S., Strosahl, K., & Wilson, K. (2011). *Acceptance and commitment therapy: The process and practice of mindful change, second edition*. New York: Guilford Press.

Harris, R., & Hayes, S. (2009). *ACT made simple: An easy-to-read primer on acceptance and commitment therapy*. Oakland, CA: New Harbinger Publications.

Kolts, R. (2013). *The compassionate-mind guide to managing your anger: Using compassion-focused therapy to calm your rage and heal your relationships*. Oakland, CA: New Harbinger Press.

Ladner, L. (2004). *The lost art of compassion: Discovering the practice of happiness in the meeting of Buddhism and psychology.* New York: HarperCollins.

Orsillo, S., & Roemer, L. (2011). *The mindful way through anxiety: Break free from chronic worry and reclaim your life.* New York: Guilford Press.

Pollak, S., Pedulla, T., & Siegel, R. (2014). *Sitting together: Essential skills for mindfulness-based psychotherapy.* New York: Guilford Press.

Segal, Z., Williams, M., & Teasdale, J. (2012). *Mindfulness-based cognitive therapy for depression, second edition.* New York: Guilford Press.

Siegel, D. (2010). *Mindsight: The new science of personal transformation.* New York: Bantam Books.

Siegel, R. (2009). *The mindfulness solution: Everyday practices for everyday problems.* New York: Guilford Press.

Tirch, D. (2012). *The compassionate-mind guide to overcoming anxiety: Using compassion focused therapy to calm worry, panic, and fear.* Oakland, CA: New Harbinger Press.

Williams, M., Teasdale, J., & Segal, Z. (2007). *The mindful way through depression: Freeing yourself from chronic unhappiness.* New York: Guilford Press.

Welford, M. (2013). *The power of self-compassion: Using compassion-focused therapy to end self-criticism and build self-confidence.* Oakland, CA: New Harbinger Press.

WEBSITES

Author information and guided self-compassion meditations: *www.MindfulSelfCompassion.org*

Online group on loving-kindness: *groups.yahoo.com/group/giftoflovingkindness*

Self-compassion research: *www.self-compassion.org*

Science of meditation and compassion: *www.mindandlife.org*

Teachers:
Tara Brach: *www.tarabrach.com*
Pema Chödrön: *www.shambhala.org/teachers/pema/*
Dalai Lama: *www.dalailama.com*
Jon Kabat-Zinn : *www.umassmed.edu/cfm/index.aspx*
Jack Kornfield: *www.jackkornfield.org*
Lama Surya Das: *www.dzogchen.org*

Sharon Salzberg: *www.sharonsalzberg.com*
Thich Nhat Hanh: *www.iamhome.org, www.plumvillage.org*

Buddhist practice journals: *www.tricycle.com, www.thebuddhadharma.com, www.shambhalasun.com*

Mindfulness-based stress reduction: *www.umassmed.edu/cfm*

Mindfulness and psychotherapy: *www.meditationandpsychotherapy.org*

GUIDED MEDITATION AND TEACHING

Audiovisual materials of all kinds: *www.soundstrue.com*

Recommended guided meditation from Sounds True:

- Tara Brach (2014). *Developing Self-Compassion.*
- Tara Brach (2005). *Radical Self-Acceptance: A Buddhist Guide to Freeing Yourself from Shame.*
- Tara Brach (2009). *Meditations for Emotional Healing: Finding Freedom in the Face of Difficulty.*
- Jack Kornfield (2011). *Guided Meditations for Self-Healing: Essential Practices to Relieve Physical and Emotional Suffering and Enhance Recovery.*
- Jack Kornfield (2014). *The Healing Power of Love.*
- Jon Kabat-Zinn (2006). *Mindfulness for Beginners: Explore the Infinite Potential that Lies Within This Very Moment.*
- Joseph Goldstein (2013). *Mindfulness: Six Guided Practices for Awakening.* Essential mindfulness meditations complement the teachings in the book of the same title.
- Kristin Neff (2013). *Self-Compassion Step by Step: The Proven Power of Being Kind to Yourself.*
- Pema Chödrön (2012). *Awakening Love: Teachings and Practices to Cultivate a Limitless Heart.* Pema Chödrön shows us how to shed our emotional armor and open ourselves to limitless love.
- Rick Hanson (2012). *The Compassionate Brain: Activating the Neural Circuits of Kindness, Caring, and Love.*
- Sharon Salzberg (2004). *Lovingkindness Meditation: Learning to Love Through Insight Meditation.*
- Sharon Salzberg (2009). *Guided Meditations for Love and Wisdom.*
- Sharon Salzberg and Joseph Goldstein (2011). *Insight Meditation: An*

In-Depth Course on How to Meditate.

Talks from insight meditation retreats (free downloads): *www.dharmaseed.org*

Guided mindfulness meditation CDs by Jon Kabat-Zinn: *www.mindfulnesscds.com*

Guided meditation and teaching by Pema Chödrön: *www.pemachodrontapes.org*

Note

はじめに

40% of marriages end in divorce: Hurley, D. (2005, April 19). Divorce rate: It's not as high as you think. *New York Times,* Retrieved December 14, 2008, from *www.divorcereform.org/nyt05.html.* Kreider, R., & Fields, J. (2002, February). Number, timing, and duration of marriages and divorces: 1996, February. *U.S. Census Bureau Current Population Reports.*

[Compassion] is the state of wishing: Davidson, R., & Harrington, A. (2002). *Visions of compassion: Western scientists and Tibetan Buddhists examine human nature* (p. 98). Oxford, UK: Oxford University Press.

cultivate a new relationship to ourselves: Neff, K. D. (2003). Self-compassion: An alternative conceptualization of a healthy attitude toward oneself. *Self and Identity, 2,* 85–102.

most thoroughly researched of all psychotherapy methods: Walsh, R., & Shapiro, S. (2006). The meeting of meditative disciplines and Western psychology: A mutually enriching dialogue. *American Psychologist, 61*(3), 227–239.

awareness of present experience, with acceptance: Germer, C. (2005). Mindfulness: What is it? What does it matter? In C. Germer, R. Siegel, & P. Fulton (Eds.), *Mindfulness and psychotherapy* (pp. 3–27). New York: Guilford Press.

my father met a mountaineer: Harrer, H. (1953/1997). *Seven years in Tibet.* New York: Penguin Group (USA)/Tarcher.

introduced the Buddhist practice of mindfulness and compassion: Kabat-Zinn, J. (1990). *Full catastrophe living: Using the wisdom of your body and mind to face stress, pain, and illness.* New York: Dell.

第 1 章　自分に優しくなる

it's the resentment against suffering that is the real pain: Ginsberg, A. (1997). In Smith, J. (Ed.), *Everyday mind* (p. 96). New York: Riverhead Books.

there's "no negation" in the unconscious mind: Freud, S. (1915/1971). The unconscious. In *The standard edition of the complete psychological works of Sigmund Freud* (Vol. 14, p. 186). London: Hogarth Press.

we typically return to our former level of happiness: Diener, E., Lucas, R., & Scollon, C. (2006). Beyond the hedonic treadmill: Revising the adaptation theory of well-being. *American Psychologist, 61*(4), 304–314.

The Hedonic Treadmill: Brickman, P., & Campbell, D. T. (1971). Hedonic relativism and planning the good society. In M. H. Appley (Ed.), *Adaptation level theory: A symposium* (pp. 287–302). New York: Academic Press.

How many hippos worry: Sapolsky, R. (2004). *Why zebras don't get ulcers: An updated guide to stress, stress related diseases, and coping* (p. 5). New York: Holt.

telomeres: Epel, E., Blackburn, E., Lin, J., Dhabhar, F., Adler, N., Morrow, J., & Cawthon, R. (2004). Accelerated telomere shortening in response to life stress. *Proceedings of the National Academy of Sciences, 101*(49), 17312–17315. Sapolsky, R. (2004). Organismal stress and telomeric aging: An unexpected connection. *Proceedings of the National Academy of Sciences, 101*(50), 17323–17324.

Embracing Misery in Marriage: Gehart, D., & McCollum, E. (2007). Engaging suffering: Towards a mindful re-visioning of family therapy practice. *Journal of Marital and Family Therapy, 33*(2), 214–226.

tracked 650 couples to discover what made marriages successful: Gottman, J. (1999). *The marriage clinic: A scientifically-based marital therapy.* New York: Norton. Gottman, J., Coan, J., Carrere, S., & Swanson, C. (1998). Predicting marital happiness and stability from newly wed interactions. *Journal of Marriage and the Family, 60,* 5–22. Gottman, J., & Silver, N. (1999). *The seven principles for making marriage work.* New York: Three Rivers Press.

acceptance-based couple therapy: Christensen, A., Atkins, D., Yi, J., Baucom, D., & George, W. (2006). Couple and individual adjustment for 2 years following a randomized clinical trial comparing traditional versus integrative behavioral couple therapy. *Journal of Consulting and Clinical Psychology, 74*(6), 1180–1191. Christensen, A., & Jacobson, N. (2000). *Reconcilable differences.* New York: Guilford Press. Jacobson, N., & Christensen, A. (1996). *Acceptance and change in couple therapy: A therapist's guide to transforming relationships.* New York: Norton.

The Benefit of Worry: Borkovec, T., & Hu, S. (1990). The effect of worry on cardiovascular response to phobic imagery. *Behaviour Research and Therapy, 28*(1), 69–73.

affecting at least five million people: Agency for Health Care Policy and Research. (1994). *Acute low back problems in adults: Clinical practice guideline No. 14* (AHCPR Publication No. 95-0642). Rockville, MD: Public Health Service, U.S. Department of Health and Human Services.

60–70% of Americans get lower back pain: Hart, L., Deyo, R., & Cherkin, D. (1995). Physician office visits for low back pain: Frequency, clinical evaluation, and treatment patterns from a U.S. national survey. *Spine, 20*(1), 11–19. Van Tulder, M., Koes, B., & Bombardier, C. (2002). Low back pain. *Best Practice and Research in Clinical Rheumatology 16,* 761–775.

people *without* chronic back pain have the same structural back problems: Jensen, M., Brant-Zawadzki, M., Obucowski, N., Modic, M., Malkasian, D., & Ross, J. (1994). Magnetic resonance imaging of the lumbar spine in people without back pain. *New England Journal of Medicine, 331*(2), 69–73.

success rate of back surgery for herniated disks: Peul, W., van den Hout, W., Brand, R., Thomeer, R., Koes, B., et al. (2008). Prolonged conservative care versus early surgery in patients with sciatica caused by lumbar disc herniation: Two year results of a randomised controlled trial. *British Journal of Medicine, 336,* 1355–1358.

the most valuable treatment for a herniated disk: Siegel, R. (2005). In C. Germer, R. Siegel, & P. Fulton (Eds.), *Mindfulness and psychotherapy* (pp. 173–196). New York: Guilford Press. Siegel, R. D., Urdang, M., & Johnson, D. (2001). *Back sense: A revolutionary approach to halting the cycle of back pain.* New York: Broadway Books.

prevalence of chronic back pain is lowest in developing countries: Volinn, E. (1997). The epidemiology of low back pain in the rest of the world: A review of surveys in low middle income countries. *Spine, 22*(15), 1747–1754.

Job Dissatisfaction Predicts Chronic Low Back Pain: Williams, R., Pruitt, S., Doctor, J., Epping-Jordan, J., Wahlgren, D., Grant, I., et al. (1998). The contribution of job satisfaction to the transition from acute to chronic low back pain. *Archives of Physical Medicine and Rehabilitation, 79*(4), 366–374.

reports having insomnia in any given year: Becker, P. (2006). Insomnia: Prevalence, impact, pathogenesis, differential diagnosis, and evaluation. *Psychiatric Clinics of North America, 29*(4), 855–870.

trying too hard to fall asleep: Lundh, L. (2005). Role of acceptance and mindfulness in the treatment of insomnia. *Journal of Cognitive Psychotherapy: An International Quarterly, 19*(1), 29–39.

you're better off in the casket than doing the eulogy: Seinfeld, J. (2008, September 19). Thinkexist: Jerry Seinfeld quotes. *thinkexist.com/quotes/Jerry_Seinfeld.*

at least a third of us feel that our anxiety is "excessive": Stein, M., Walker, J., & Forde, D. (1996). Public-speaking fears in a community sample: Prevalence, impact on functioning, and diagnostic classification. *Archives of General Psychiatry, 53*(2), 169–174.

Suppress It!: Wegner, D., Schneider, D., Carter, S., & White, T. (1987). Paradoxical effects of thought suppression. *Journal of Personality and Social Psychology, 53*(1), 5–13.

on *emotional* suppression: Gailliot, M., Baumeister, R., DeWall, C., Maner, J., Plant, E., Tice, D., et al. (2007). Self-control relies on glucose as a limited energy source: Willpower is more than a metaphor. *Journal of Personality and Social Psychology, 92*(2), 325–336.

Suzanne and Michael were going through "cold hell": Germer, C. (2006, Spring). Getting along: Loving the other without losing yourself. *Tricycle: The Buddhist Review,* pp. 25–27.

able to reduce their medication: Kuyken, W., Byford, S., Taylor, R., Watkins, E., Holden, E., White, K., et al. (2008). Mindfulness-based cognitive therapy to prevent relapse in recurrent depression. *Journal of Consulting and Clinical Psychology,* 76(6), 966–978.

if you can't be fully present with the difficult moments: Moffitt, P. (2008). *Dancing with life: Buddhist insights for finding meaning and joy in the face of suffering* (p. 41). New York: Rodale Press.

it's the process of establishing a new *relationship* with our thoughts: Longmore, R., & Worrell, M. (2007). Do we need to challenge thoughts in cognitive behavior therapy? *Clinical Psychology Review, 27*(2), 173–187. Hayes, S., Follette, V., & Linehan, M. (Eds.). (2004). *Mindfulness and acceptance: Expanding the cognitive–behavioral tradition.* New York: Guilford Press. Roemer, L., & Orsillo, S. (2009). *Mindfulness- and acceptance-based behavioral therapies in practice.* New York: Guilford Press.

the Latin roots *com* (with) *pati* (suffer): Online Etymology Dictionary. Retrieved September 20, 2008, from *www.etymonline.com/index.php?term=compassion.*

第 2 章　身体に耳を澄ます

It is just simple attention: Feldman, C., & Kornfield, J. (1991). *Stories of the spirit, stories of the heart* (p. 83). New York: HarperCollins.

Big Dipper: Goldstein, J. (1993). *Insight meditation: The practice of freedom* (p. 112). Boston: Shambhala.

Mary Oliver reminds us in this poem: Oliver, M. (2005). "Mindful." In *Why I wake early: New poems* (pp. 58–59). Boston: Beacon Press.

"Knowing what you are experiencing *while* you're experiencing it": Armstrong, G. (2008, January 9). From a talk at the Mind and Life Institute Scientist's Retreat, Insight Meditation Society, Barre, MA.

Suddenly the city: Bamber, L. (2008). "Suddenly the city." In *Metropolitan Tang* (p. 27). Jaffrey, NH: Black Sparrow.

The "Default Network": Gusnard, D., & Raichle, M. (2001). Searching for a baseline: Functional imaging and the resting human brain. *Nature Reviews/Neuroscience, 2,* 685–694.

Default network during meditation using fMRI: Pagnoni, G., Cekic, M., & Guo, Y. (2008). "Thinking about not-thinking": Neural correlates of conceptual processing during Zen meditation. *PLoS ONE, 3*(9). *www.plosone.org/article/*

info%3Adoi%2F10.1371%2Fjournal.pone.0003083.

There are two categories of mindfulness meditation: Kabat-Zinn, J. (1990). *Full catastrophe living: Using the wisdom of your body and mind to face stress, pain, and illness.* New York: Dell.

the freedom to "respond" rather than "react": Kabat-Zinn, J. (1990). *Full catastrophe living: Using the wisdom of your body and mind to face stress, pain, and illness* (pp. 264–273). New York: Dell.

Training Your Brain: Davidson, R. J., Kabat-Zinn, J., Schumacher, J., Rosenkranz, M., Muller, D., Santorelli, S., et al. (2003). Alterations in brain and immune function produced by mindfulness meditation. *Psychosomatic Medicine, 65*(4), 564–570.

impact of the MBSR program on immune functioning: Myers, H., & Creswell, D. (2008). Mindfulness meditation slows progression of HIV, study suggests. *ScienceDaily.* Retrieved July 28, 2008, from *www.sciencedaily.com/releases/2008/07/080724215644.htm.*

interleukin-6: Pace, T., Negi, L., Adame, D., Cole, S., Sivilli, T., Brown, T. L, Issa, M., & Raison, C. (2008). Effect of compassion meditation on neuroendocrine, innate immune and behavioral responses to psychosocial stress. *Psychoneuroimmunology,* doi:10.1016/j.psyneuen.2008.08.011.

parts of the brain even grow thicker: Lazar, S., Kerr, C., Wasserman, R., Gray, J., Greve, D., Treadway, M., et al. (2005). Meditation experience is associated with increased cortical thickness. *NeuroReport, 16*(17), 1893–1897.

What Mindfulness Is Not: Bhikkhu, T. (2008, Summer). Mindfulness defined: Street smarts for the path. *Insight Journal* (Barre Center for Buddhist Studies; pp. 11–15). Olendzki, A. (2008, Fall). The real practice of mindfulness. *Buddhadharma: The Practitioner's Quarterly* (pp. 50–57). Siegel, R., Germer, C., & Olendzki, A. (2008). Mindfulness: What is it? Where did it come from? In F. Didonna (Ed.), *Clinical handbook of mindfulness* (pp. 17–35). New York: Springer.

the power of brief mindfulness exercises: Singh, N., Wahler, R., Adkins, A., & Myers, R. (2003). Soles of the feet: A mindfulness-based self-control intervention for aggression by an individual with mild mental retardation and mental illness. *Research in Developmental Disabilities, 24*(3), 158–169.

第 3 章　困難な感情に取り組む

How can emotions not be part of that singing life: Hirshfield, J. (1997). In J. Smith (Ed.), *Everyday mind* (p. 46). New York: Riverhead Books.

How We Create Suffering: Mindfulness is bottom-up processing, starting with simple sensation. See Siegel, R., Germer, C., & Olendzki, A. (2009). Mindfulness: What is it? Where did it come from? In F. Didonna (Ed.), *Clinical handbook of mindful-*

ness (p. 32) New York: Springer. Hart, W. (1987). *The art of living: Vipassana medita-tion: As taught by S. N. Goenka.* San Francisco: HarperCollins. Full quote (p. 97): "A sensation appears, and liking or disliking begins. This fleeting moment, if we are unaware of it, is repeated and intensified into craving and aversion, becoming a strong emotion that eventually overpowers the conscious mind. We become caught up in the emotion, and all our better judgment is swept aside. The result is that we find our-selves engaged in unwholesome speech and action, harming ourselves and others. We create misery for ourselves, suffering now and in the future, because of one moment of blind reaction."

Do We Have Free Will?: Libet, B. (1999). Do we have free will? In B. Libet, A. Freeman, & K. Sutherland (Eds.), *The volitional brain: Towards a neuroscience of free will* (pp. 47–57). Thorverton, UK: Imprint Academic.

"Noting" is an umbrella term: See Young, S. (2006, October 16). *How to note and label.* Retrieved September 24, 2008, from *www.shinzen.org/Retreat%20Reading/How%20to%20Note%20and%20Label.pdf.*

How does mindfulness meditation actually help balance our emotions?: Creswell, D., Way, B., Eisenberger, N., & Lieberman, M. (2007). Neural correlates of dispositional mindfulness during affect labeling. *Psychosomatic Medicine, 69*(6), 560–565.

one set of basic emotions over any other: Ortony, A., & Turner, T. J. (1990). What's basic about basic emotions? *Psychological Review, 97,* 315–331.

comprehensive list of emotion words: DeRose, S. (2005, July 6). *The compass DeRose guide to emotion words.* Retrieved September 24, 2008, from *www.derose.net/steve/resources/emotionwords/ewords.html.*

Over 50% of people in the United States have experienced trauma: Kessler, R., Sonnega, A., Bromet, E., Hughes, M., & Nelson, C. (1995). Posttraumatic stress disorder in the National Comorbidity Survey. *Archives of General Psychiatry, 52*(12), 1048–1060.

sexually abused as children: Dube, S., Anda, R., Whitfield, C., Brown, D., Felitti, V., Dong, M., et al. (2005). Long-term consequences of childhood sexual abuse by gender of victim. *American Journal of Preventive Medicine, 28*(5), 430–438. Finkelhor, D. (1994). Current information on the scope and nature of child sexual abuse. *The Future of Children, 4*(2), 31–53. Gorey, K., & Leslie, D. (1997). The prevalence of child sexual abuse: Integrative review adjustment for potential response and measurement biases. *Child Abuse and Neglect, 21*(4), 391–398.

第 4 章　セルフ・コンパッションとは何だろうか？

Before you know kindness as the deepest thing inside: Nye, N. (1995). Kind-ness. In *Words under the words* (pp. 42–43). Portland, OR: Eighth Mountain Press.

Loving-kindness is wishing *happiness* for another person: Dalai Lama & Vreeland, N. (2001). *An open heart: Practicing compassion in everyday life* (p. 96). New York: Little, Brown.

"the heart quivers in response": Silberman, S. (2008, January). Because life is difficult, the only choice is kindness (an interview with Sylvia Boorstein). *Shambhala Sun,* p. 69.

Self-Compassion Scale: Neff, K. D. (2003). Development and validation of a scale to measure self-compassion. *Self and Identity, 2,* 223–250. Neff, K. D. (2004). Self-compassion and psychological well-being. *Constructivism in the Human Sciences, 9,* 27–37.

the wish to be happy and free from suffering: Dalai Lama. (2001). *An open heart: Practicing compassion in everyday life* (p. 30). New York: Little, Brown. H. H. Dalai Lama wrote: "The purpose of spiritual practice is to fulfill our desire for happiness. We are all equal in wishing to be happy and to overcome our suffering, and I believe we all share the right to fulfill this aspiration."

"tend and befriend": Taylor, S. (2006). Tend and befriend: Biobehavioral bases of affiliation under stress. *Current Directions in Psychological Science, 15*(6), 273–277. Taylor, S. (2002). *The tending instinct: How nurturing is essential to who we are and how we live.* New York: Times Books.

the area of the brain called the *insula*: Blakeslee, S. (2007, February 6). A small part of the brain, and its profound effects. *New York Times/Mental Health and Behavior.* Retrieved September 24, 2008, from *www.nytimes.com/2007/02/06/health/psychology/06brain.html?_r=1&scp=1&sq=Blakeslee%20A%20small%20part%20of%20the%20obrain&st.*

people high in empathy had more gray matter: Blakeslee, S., & Blakeslee, M. (2007, August–September). Where body and mind meet. *Scientific American Mind,* pp. 44–51. Critchley, H. (2005). Neural mechanisms of autonomic, affective, and cognitive integration. *Journal of Comparative Neurology, 493,* 154–166. Critchley, H., Wiens, S., Rotshstein, P., Öhman, A., & Dolan, R. (2004). Neural systems supporting interoceptive awareness. *Nature Neuroscience, 7,* 189–195.

mindfulness-based stress reduction: Kabat-Zinn, J. (1990). *Full catastrophe living: Using the wisdom of your body and mind to face stress, pain, and illness.* New York: Dell.

sensations enter the rear part of the insula: Craig, A. (2003). Interoception: The sense of the physiological condition of the body. *Current Opinion in Neurobiology, 13,* 500–505.

increases in self-compassion were found after training: Shapiro, S., Brown, K., & Biegel, G. (2007). Teaching self-care to caregivers: Effects of mindfulness-based stress reduction on the mental health of therapists in training. *Training and Education in Professional Psychology, 1*(2), 105–115.

This being human is a guest house: Barks, C., & Moyne, J. (1997). The guest house. In *The Essential Rumi* (p. 109). San Francisco: Harper.

319

18 personal "schemas": Young, J., Klosko, J., & Weishaar, M. (2003). *Schema therapy: A practitioner's guide* (pp. 14–17). New York: Guilford Press.

working mindfully and compassionately with our schemas: Bennett-Goleman, T. (2001). *Emotional alchemy.* New York: Harmony Books.

"orchestra without a conductor": Singer, W. (2005, November 10). Lecture presented at the Mind and Life Institute Conference, The Science and Clinical Applications of Meditation, Washington, DC.

a careful look at our mental activity: Fulton, P. R. (2008). *Anatta:* Self, non-self, and the therapist. In S. F. Hick & T. Bien (Eds.), *Mindfulness and the therapeutic relationship* (pp. 55-71). New York: Guilford Press.

"compassion directed toward oneself is humility": Weil, S. (1998). In E. Springsted (Ed.), *Selected writings* (p. 143). Maryknoll, NY: Orbis Books.

What Does the Research Show?: Neff, K. D. (2008). Self-compassion: Moving beyond the pitfalls of a separate self-concept. In J. Bauer & H. A. Wayment (Eds.), *Transcending self-interest: Psychological explorations of the quiet ego.* Washington DC: APA Books.

softens the impact of negative events in our lives: Leary, M. R., Tate, E. B., Adams, C. E., Allen, A. B., & Hancock, J. (2007). Self-compassion and reactions to unpleasant self-relevant events: The implications of treating oneself kindly. *Journal of Personality and Social Psychology, 92,* 887–904.

when a self-compassionate person experiences academic failure: Neff, K. D., Hseih, Y., & Dejitthirat, K. (2005). Self-compassion, achievement goals, and coping with academic failure. *Self and Identity, 4,* 263–287.

self-esteem is not particularly related to how others evaluate them: Neff, K. D., Kirkpatrick, K., & Rude, S. S. (2007). Self-compassion and its link to adaptive psychological functioning. *Journal of Research in Personality, 41,* 139–154. Neff, K. D., & Vonk, R. (in press). Self-compassion versus global self-esteem: Two different ways of relating to oneself. *Journal of Personality.*

self-compassion isn't related to narcissism: Webster, D., & Kruglanski, A. (1994). Individual differences in need for cognitive closure. *Journal of Personality and Social Psychology, 67,* 1049–1062.

Dieting through Self-Compassion: Adams, C., & Leary, M. (2007). Promoting self-compassionate attitudes toward eating among restrictive and guilty eaters. *Journal of Social and Clinical Psychology, 26*(10), 1120–1144.

more strongly than scores on a mindfulness scale: Neff, K. (2008, April 16). *Self-compassion, mindfulness, and psychological health.* Paper presented at the 6th Annual International Scientific Conference for Clinicians, Researchers, and Educators, Worcester, MA.

self-compassion predicts psychological well-being: Neff, K., Rude, S., &

Kirkpatrick, K. (2007). An examination of self-compassion in relation to positive psychological functioning and personality traits. *Journal of Research in Personality, 41,* 908–916.

compassionate mind training: Gilbert, P., & Procter, S. (2006). Compassionate mind training for people with high shame and self-criticism: Overview and pilot study of a group therapy approach. *Clinical Psychology and Psychotherapy, 13,* 353–379.

the future of self-compassion research is promising and bright: Preliminary investigations into a wide range of clinical conditions include: Thompson, B. & Waltz, J. (2008). Self-compassion and PTSD symptom severity. *Journal of Traumatic Stress, 21*(6), 556–558. Johnson, D., Penn, D., Fredrickson, B., Meyer, P., Kring, A., & Brantley, M. (2009). Loving-kindness meditation to enhance recovery from negative symptoms of schizophrenia. *Journal of Clinical Psychology.* Published online March 6, 2009, in session 65, 1–11.

第 5 章　セルフ・コンパッションへの道筋

The time will come: Walcott, D. (1987). Love after love. In *Derek Walcott: Collected poems, 1948–1984* (p. 328). New York: Farrar, Straus and Giroux.

Warm Hands, Warm Heart: Williams, L., & Bargh, J. (2008). Experiencing physical warmth promotes interpersonal warmth. *Science, 322*(5901), 606–607.

The brain comprises only 2% of our body weight: Russell, P. (1979). *The brain book: Know your own mind and how to use it* (p. 67). New York: Routledge.

"creative hopelessness": Hayes, S. (2004). Acceptance and Commitment Therapy and the new behavior therapies: Mindfulness, acceptance and relationship. In S. Hayes, V. Follette, & M. Linehan (Eds.), *Mindfulness and acceptance: Expanding the cognitive-behavioral tradition* (p. 18). New York: Guilford Press.

enjoyable activities can help: For a list of adult pleasant events, see pages 157–159 of: Linehan, M. (1993). *Skills training manual for treating borderline personality disorder.* New York: Guilford Press.

"wisely selfish": Dalai Lama & Hopkins, J. (2002). *How to practice: The way to a meaningful life* (pp. 80–81). New York: Atria Books.

Spending Money on Others: Dunn, E., Aknin, L., & Norton, M. (2008). Spending money on others promotes happiness. *Science, 319*(5870), 1687–1688.

The merciful man does himself good: *New American Standard Bible.* (1997). Proverbs 11:17. La Habra, CA: Foundation Publications.

On traversing all directions with the mind: Ireland, J. (1997). *"Udana" and the "Itivattaka": Two classics from the Pali Canon* (p. 62). Kandy, Sri Lanka: Buddhist Publication Society.

as they love their own bodies: *International Standard Version, New Testament.* (1998).

Ephesians 5:28. Fullerton, CA: Davidson Press.

Savoring refers to: Bryant, R., & Veroff, J. (2007). *Savoring: A new model of positive experience* (p. xi). Mahwah, NJ: Erlbaum.

I can wade Grief—: Dickinson, E. (1995). I can wade grief. In J. Parini (Ed.), *The Columbia University anthology of American poetry* (p. 250). New York: Columbia University Press.

Research has shown that the savoring of pleasant experiences: Bryant, R., & Veroff, J. (2007). *Savoring: A new model of positive experience* (pp. 198–215). Mahwah, NJ: Erlbaum.

Interventions for Happiness: Seligman, M., Rashid, T., & Parks, A. (2006). Positive psychotherapy. *American Psychologist, 61*(8), 774–788.

What Are Positive Emotions?: Lewis, M., Haviland-Jones, J., & Barrett, L. (2008). *Handbook of emotions* (3rd ed.). New York: Guilford Press.

A review of over 225 published papers: Lyubomirsky, S., King, L., & Diener, E. (2005). The benefits of frequent positive affect: Does happiness lead to success? *Psychological Bulletin, 131*(6), 803–855. Mobini, S., & Grant, A. (2007). Clinical implications of attentional bias in anxiety disorders: An integrative literature review. *Psychotherapy: Theory, Research, Practice, Training, 44*, 450–462.

The Emotional Brain: Miller, C. (2008, September 22). Sad brain, happy brain. *Time*, pp. 51, 52, 56. Harrison, N., & Critchley, H. (2007). Affective neuroscience and psychiatry. *British Journal of Psychiatry, 191*, 192–194. Davidson, R. (2003). Affective neuroscience and psychophysiology: Toward a synthesis. *Psychophysiology, 40*, 655–665. Phan, K., Wagner, T., Taylor, S., & Liberzon, I. (2002). Functional neuroanatomy of emotion: A meta-analysis of emotion activation studies in PET and fMRI. *Neuroimage, 16*(2), 331–348.

Reptiles have rudimentary elements of the limbic system: Konner, M. (2003). *The tangled wing: Biological constraints on the human spirit.* New York: Macmillan.

college yearbook photographs: Harker, L., & Keltner, D. (2001). Expression of positive emotion in women's college yearbook pictures and their relationship to personality and life outcomes across adulthood. *Journal of Personality and Social Psychology, 80*(1), 112–124.

Catholic nuns: Danner, D., Snowdon, D., & Friesen, W. (2001). Positive emotions in early life and longevity: Findings from the Nun Study. *Journal of Personality and Social Psychology, 80*(5), 804–813.

positive emotions allow us to see the big picture: Fredrickson, B. (2004). The broaden-and-build theory of positive emotions. *Philosophical Transactions of the Royal Society, 359*, 1367–1377. Wadlinger, H., & Isaacowitz, D. (2006). Positive mood broadens visual attention to positive stimuli. *Motivation and Emotion, 30*(1), 87–99.

"The one you feed": This parable has over 200 online entries and it's origin is unclear. Retrieved September 25, 2008, from *blog.beliefnet.com/jwalking/2007/03/cherokee-wisdom.html*.

Research shows that expressing anger: Bushman, B. (2002). Does venting anger feed or extinguish the flame?: Catharsis, rumination, distraction, anger and aggressive responding. *Personality and Social Psychology Bulletin, 28*(6), 724–731. Lewis, W., & Bucher, A. (1992). Anger, catharsis, the reformulated frustration–aggression hypothesis, and health consequences. *Psychotherapy: Theory, Research, Practice, Training, 29*(3), 385–392.

Between these two my life flows: Nisargadatta Maharaj, Dikshit, S., & Frydman, M. (2000). *I am that: Talks with Sri Nisargadatta* (p. 269). Durham, NC: Acorn Press.

Selfing and the Brain: Farb, N., Segal, Z., Mayberg, H., Beau, J., McKeon, D., Fatima, Z., & Anderson, A. (2007). Attending to the present: Mindfulness meditation reveals distinct neural modes of self-reference. *Social Cognitive and Affective Neuroscience, 2*(4), 313–322.

overall happiness level: Lyubomirsky, S., Sheldon, K., & Schkade, D. (2005). Pursuing happiness: The architecture of sustainable change. *Review of General Psychology, 9*(2), 111–131.

"attachment theory": Wallin, D. (2007). *Attachment in psychotherapy.* New York: Guilford Press.

We also *internalize* images of caregivers: Summers, F. (1994). *Object relations theories and psychopathology: A comprehensive text.* New York: Analytic Press/Taylor & Francis Group.

第 6 章　自分をケアする

I have great faith in a seed: Thoreau, H. (1993). *Faith in a seed* (quote in front matter). Washington, DC: Island Press.

translation of the Pali word *metta*: Buddharakkhita, A. (1989/1995). Metta: The philosophy and practice of universal love. *Buddhist Publication Society/Access to Insight edition.* Accessed September 27, 2008, from *www.accesstoinsight.org/lib/authors/buddharakkhita/wheel365.html*. Rhys Davids, T., & Stede, W. (1921/2001). *Pali-English Dictionary* (p. 540). New Delhi: Munishiram Manoharlal.

instructions for cultivating loving-kindness: Buddhaghosa, B., & Nanamoli, B. (1975). The divine abidings. In *The path of purification: Visuddhimagga* (pp. 321–353). Kandy, Sri Lanka: Buddhist Publication Society.

May all beings be happy and secure: From the *Metta Sutta, Sutta Nipata* 145–151, translated October 2, 2008, by Andrew Olendzki, Executive Director of the Barre Center for Buddhist Studies, Barre, MA.

the first person to introduce metta meditation: Salzberg, S. (1995). *Lovingkind-*

ness: The revolutionary art of happiness. Boston: Shambhala.

against the repressive government of Myanmar: Senauke, H. (2008, Summer). Grace under pressure. *Buddhadharma: The Practitioner's Quarterly,* pp. 56–63.

Compassion Meditation and the Brain: Lutz, A., Greischar, L., Rawlings, N., Richard, M., & Davidson, R. (2004). Long-term meditators self-induce high-amplitude gamma synchrony during mental practice. *Proceedings of the National Academy of Science, 101*(46), 16369–16373. Lutz, A., Brefczynski-Lewis, J., Johnstone, T., & Davidson, R. (2008). Regulation of the neural circuitry of emotion by compassion meditation: Effects of meditative expertise. *PLoS ONE, 3*(3): e1897. Accessed December 18, 2008, from *www.plosone.org/article/info:doi/10.1371/journal.pone.0001897.*

lack of self-compassion is not a unique quality of Western life: Neff, K., Pisit-sungkagarn, K., & Hseih, Y. (2008). Self-compassion and self-construal in the United States, Thailand, and Taiwan. *Journal of Cross-Cultural Psychology, 39,* 267–285.

disciple asks the rebbe: Moyers, W., & Ketcham, K. (2006). In *Broken: My story of addiction and redemption* (front matter, from *The politics of the brokenhearted* by Parker J. Palmer). New York: Viking Press.

Loving-Kindness Builds Positive Resources: Fredrickson, B., Cohn, M., Coffey, K., Pek, J., & Finkel, S. (2008). Open hearts build lives: Positive emotions, induced through loving-kindness meditation, build consequential personal resources. *Journal of Personality and Social Psychology, 95*(5), 1045–1062. McCorkle, B. (2008, August). *The relationship between compassion and wisdom: Experimental observations and reflections.* Paper presented at the annual convention of the American Psychological Association, Boston, MA. A pilot study of loving-kindness meditation (15 min. 4×/week for 5 weeks) shifted views of oneself and "difficult persons" from fault-finding to broader understanding of the complexities of behavior.

stay close to the *wishing* side: Retrieved December 17, 2007, from *groups.yahoo. com/group/giftoflovingkindness.*

Attend to your sensitivity: Mead, D. (2008). If you would grow to your best self. Poem retrieved September 20, 2008, from *www.balancedweightmanagement.com/IfYou-WouldGrow.htm.*

When Prayer Is Avoidance: Zettle, R., Hocker, T., Mick, K., Scofield, B., Petersen, C., Song, H., et al. (2005). Differential strategies in coping with pain as a function of the level of experiential avoidance. *Psychological Record, 55*(4), 511–524.

The bud stands for all things: Kinnell, G. (1980). Saint Francis and the sow. In W. H. Roetzheim (Ed.). (2006). *The giant book of poetry* (p. 484). Jamul, CA: Level4-Press.

Before you know kindness as the deepest thing inside: Nye, N. (1995). Kindness. In *Words under the words* (pp. 42–43). Portland, OR: Eighth Mountain Press.

Loving-Kindness Meditation Reduces Back Pain: Carson, J., Keefe, F., Lynch, T., Carson, K., Goli, V., Fras, A., & Thorp, S. (2005). Loving-kindness meditation for chronic low back pain. *Journal of Holistic Nursing, 23*(3), 287–304.

So, when the shoe fits: Merton, T. (1965). *The way of Chuang Tzu* (p. 112). New York: New Directions.

第 7 章　他者をケアする

High levels of compassion: Davidson, R., & Harrington, A. (2002). *Visions of compassion: Western scientists and Tibetan Buddhists examine human nature.* Oxford, UK: Oxford University Press, p. 98.

"People are a problem": Adams, D. (2002). In *The ultimate hitchhiker's guide to the galaxy* (p. 278). New York: Del Rey.

"Hatred corrodes the vessel in which it's stored": Chinese proverb. Retrieved October 1, 2008, from *www.worldofquotes.com/author/Proverb/94/index.html*.

Looking after oneself, one looks after others: Olendzki, A. (2005). Sedaka sutta: The bamboo acrobat. Translated from the Pali by A. Olendzki, *Access to Insight.* Retrieved December 14, 2008, from *www.accesstoinsight.org/tipitaka/sn/sn47/sn47.019. olen.html*.

connection has an ebb and a flow: Surrey, J. (2005). Relational psychotherapy, relational mindfulness. In C. Germer, R. Siegel, & P. Fulton (Eds.), *Mindfulness and psychotherapy* (pp. 91–112). New York: Guilford Press.

"the things you cannot see": Carter, J. (1998). *The things you cannot see.* Commencement address at the University of Pennsylvania. Retrieved October 1, 2008, from *www.upenn.edu/almanac/v44/n34/98gradspeeches.html*. The entire quote is: "Two thousand years ago, the people of Corinth asked St. Paul this question: 'What is the most important thing of all?' The way they expressed it was, 'What are the things in human life that never change?' And Paul gave a strange answer. He said, 'They're the things you cannot see.' You can see money, you can see a house, you can see your name in the paper. What are the things you cannot see that should be paramount in our lives? You can't see justice, peace, service, humility. You can't see forgiveness, compassion and, if you will excuse the expression, love."

there is a cloud floating in this sheet of paper: Nhat Hanh, T. (1991). In *Peace is every step* (p. 95). New York: Bantam Books.

60 million Americans suffer from loneliness: Cacioppo, J., & Patrick, W. (2008). *Loneliness: Human nature and the need for social connection.* New York: Norton.

lonelier than their counterparts in Spain: Rokach, A., Moya, M., Orzeck, T., & Exposito, F. (2001). Loneliness in North America and Spain. *Social Behavior and Personality, 29*(5), 477–489.

the trustworthiness of others: Rahm, W., & Transue, J. (1998). Social trust and value change: The decline of social capital in American youth, 1976–1995. *Political Psychology, 19*(3), 545–565.

"nomadic society on this treadmill": DeAngelis, T. (2007, April). America: Toxic lifestyle? *Monitor on Psychology,* pp. 50–52.

If you wish to make an apple pie from scratch: Sagan, C. (2002). In *New ideas about new ideas: Insights on creativity from the world's leading innovators* (p. 268), by S. White & G. Wright. Cambridge, MA: DaCapo Press.

The building blocks for empathizing with other people: Rizzolatti, G., Sinigaglia, C., & Anderson, F. (2008). *Mirrors in the brain: How our minds share actions, emotions, and experience.* London: Oxford University Press. Goleman, D. (2006). *Social intelligence: The new science of human relationships.* New York: Bantam Books. Siegel, D. (2007). *The mindful brain: Reflections and attunement in the cultivation of well-being.* New York: Norton. Dobbs, D. (2006, April–May). A revealing connection. *Scientific American Mind,* pp. 22–27.

A human being is part of the whole called by us "universe": Einstein, A. (1972, March 29). *New York Times.* In J. Austin (1999), *Zen and the brain* (p. 652). Cambridge, MA: MIT Press.

"He's just not that into you!": Behrendt, G., Tuccillo, L., & Monchik, L. (2006). *He's just not that into you: The no-excuses truth to understanding guys.* New York: Simon Spotlight Entertainment.

Metta Changes the Brain, Making Us More Compassionate: Davidson, R. (2007, October 20). *Changing the brain by transforming the mind: The impact of compassion training on the neural systems of emotion.* Paper presented at the Mind and Life Institute Conference, Investigating the Mind: Mindfulness, Compassion, and the Treatment of Depression, with His Holiness the Dalai Lama, Emory University, Atlanta, GA.

Loving-Kindness toward Strangers: Hutcherson, C., Seppala, E., & Gross, J. (2008). Loving-kindness meditation increases social connectedness. *Emotion, 8*(5), 720–724.

Compassion Fatigue: Rothschild, B., & Rand, M. (2006). *Help for the helper: The psychophysiology of compassion fatigue and vicarious trauma.* New York: Norton.

People seek happiness in three different ways: Seligman, M. (2002). *Authentic happiness: Using the new positive psychology to realize your potential for lasting fulfillment.* New York: Free Press. Sirgy, M., & Wu, J. (2007, September). The pleasant life, the engaged life, and the meaningful life: What about the balanced life? *Journal of Happiness Studies,* DOI 10.1007/s10902-9074-1. Retrieved October 1, 2008, from *www.springerlink.com/content/j0572642qk126014/.*

acute lymphoblastic leukemia: Henderson, J. (2008, March/April). Blindsided. *Psychotherapy Networker, 32*(2), 50–56.

第 8 章　自分のバランスを見つける

Man always travels along precipices: Gonzales, P. (2007). In *Ortega's "The revolt of the masses" and the triumph of the new man* (p. 67). New York: Algora. From Ortega, J. (1956). In *The dehumanization of art and other writings on art and culture* (p. 189). New York: Doubleday.

a method of overcoming suffering: Ribush, N. (Ed.). (2005). In *Teachings from Tibet: Guidance from great lamas* (pp. 173–174). Weston, MA: Lama Yeshe Wisdom Archive. This quote is the Dalai Lama's paraphrase of a verse of the 8th-century sage, Shantideva:

> If something can be remedied
> Why be unhappy about it?
> And if there is not remedy for it,
> There is still no point in being unhappy.

Kelsang Gyatso, G., & Elliott, N. (2002). In *Guide to the bodhisattva's way of life: A Buddhist poem for today* (p. 70, chapter 6, verse 10). Glen Spey, NY: Tharpa.

"The intellect is a good servant but a poor master": Surya Das, L. (2008). In *Words of wisdom* (p. 133). Kihei, HI: Koa Books.

Perfectionism begins in childhood: Flett, G., & Hewett, P. (2002). *Perfectionism: Theory, research, and treatment.* Washington, DC: American Psychological Association. Blatt, S. (1995). The destructiveness of perfectionism: Implications for the treatment of depression. *American Psychologist, 50*(12); 1003–1020. Pacht, A. (1984). Reflections on perfection. *American Psychologist, 39*(4), 386–390.

"trance of unworthiness": Brach, T. (2003). *Radical acceptance: Embracing your life with the heart of a Buddha.* New York: Bantam Dell.

work more than 50 hours a week: International Labor Organization statistics, reported by Alan Hedge, professor of design and environmental analysis at Cornell University, in DeAngelis, T. (2007, April). America: Toxic lifestyle? In *Monitor on Psychology.* Washington, DC: American Psychological Association.

the self-improvement industry is worth over $9.6 billion annually: Marketdata Enterprises, Inc. (2006, September 1). The US market for self-improvement products and services. Retrieved September 20, 2008, from *www.marketresearch.com/ product/display.asp?productid=1338280&g=1.*

cost to their health and relationships: Banks, J., Marmot, M., Oldfield, Z., & Smith, J. (2006). Disease and disadvantage in the United States and in England. *Journal of the American Medical Association, 295*(17), 2037–2045.

the creative dedicated minority has made the world better: King, M. (1981). In *Strength to love* (p. 61). Minneapolis, MN: Fortress Press.

nothing harder than the softness of indifference: Robertson, C. (Ed.). (1998). In *Dictionary of quotations* (p. 293). Hertfordshire, UK: Wordsworth Editions.

"Half the world knows not how the other half lives": Smith, W., & Heseltine, J. (Eds.). (1936). In *The Oxford dictionary of English proverbs* (p. 128). Oxford, UK: Clarendon Press.

"Extraverts" are gregarious, generally happy people/"introverts" enjoy the inner life: Laney, M. (2002). *The introvert advantage: How to thrive in an extrovert world.* New York: Workman. Wikipedia, the free encyclopedia. (2008, September 22). *Extraversion and introversion.* Retrieved September 22, 2008, from *en.wikipedia. org/wiki/Extroversion.*

genetic and brain differences may partially account for the differences: Tellegen, A., Lykken, D., Bouchard, T., Wilcox, K., Segal, N., & Rich, S. (1988). Personality similarity in twins reared apart and together. *Journal of Personality and Social Psychology, 54*(6), 1031–1039. Depue, R., & Collins, P. (1999). Neurobiology of the structure of personality: Dopamine, facilitation of incentive motivation, and extraversion. *Behavioral and Brain Sciences, 22,* 491–517. Johnson, D., Wiebe, J., Gold, S., & Andreasen, N. (1999). Cerebral blood flow and personality: A positron emission tomography study. *American Journal of Psychiatry, 156,* 252–257.

the five mental "hindrances": Brahmavamso, A. (1999, April). The five hindrances (*Nivarana*). *Buddhist Society of Western Australia Newsletter.* Retrieved October 1, 2008, from *mail.saigon.com/~anson/ebud/ebmed051.htm.*

The fastest progress ... is achieved by those who are content: Brahmavamso, A. (1999, April). The five hindrances (*Nivarana*)/Restlessness. *Buddhist Society of Western Australia Newsletter.* Retrieved October 1, 2008, from *mail.saigon.com/~anson/ebud/ebmed051.htm.*

mindfulness-based relapse prevention: Witkiewitz, K., Marlatt, G., & Walker, D. (2005). Mindfulness-based relapse prevention for alcohol and substance use disorders. *Journal of Cognitive Psychotherapy: An International Quarterly, 19*(3), 211–228.

spiritual self-schema therapy: Margolin, A., Schuman-Olivier, Z., Beitel, M., Arnold, R., Fulwiler, C., & Avants, S. (2007). A preliminary study of spiritual self-schema (3-S$^+$) therapy for reducing impulsivity in HIV-positive drug users. *Journal of Clinical Psychology, 63*(10), 979–989. Beitel, M., Genove, M., Schuman-Olivier, Z., Arnold, R., Avants, S., & Margolin, A. (2007). Reflections by inner-city drug users on a Buddhist-based spirituality-focused therapy: A qualitative study. *American Journal of Orthopsychiatry, 77*(1), 1–9. Avants, S., & Margolin, A. (2004). Development of spiritual self-schema (3-S) therapy for the treatment of addictive and HIV risk behavior: A convergence of cognitive and Buddhist psychology. *Journal of Psychotherapy Integration, 14*(3), 253–289. Margolin, A., Beitel, M., Schuman-Olivier, Z., & Avants, S. (2006). A controlled study of a spiritually-focused intervention for increasing motivation for HIV prevention among drug users. *AIDS Education and Prevention, 18*(4), 311–322.

第 9 章　進み続けよう

Suffering doesn't disappear from our life: Magid, B. (2008). In *Ending the pursuit of happiness: A Zen guide* (p. 70). Somerville, MA: Wisdom Publications.

leave the doctors and nurses to talk to the sickness: Brahm, A. (2005). In J. Bartok (Ed.), *More daily wisdom* (p. 139). Somerville, MA: Wisdom. Originally in Brahm, A. (2003). *Who ordered this truckload of dung?: Inspiring stories for welcoming life's difficulties.* Somerville, MA: Wisdom.

Stages of Self-Compassion: Morgan, W. (1991). Change in meditation: A phenomenological study of Vipassana meditator's views of progress. *Dissertation Abstracts International, 51*(7-B), 3575–3576. This doctoral thesis identified four stages of meditation practice: striving, disappointment, reevaluation, and acceptance. For similar stages, see pp. 11–14 in Magid, B. (2008). *Ending the pursuit of happiness: A Zen guide.* Somerville, MA: Wisdom.

"All techniques are destined to fail!": Smith, R. (2006, January 12). From a talk at the Mind and Life Institute Scientist's Retreat at the Insight Meditation Society, Barre, MA.

a model of psychotherapy based on core values and commitments: Hayes, S., & Smith, S. (2005). *Get out of your mind and into your life: The new acceptance and commitment therapy.* Oakland, CA: New Harbinger. Hayes, S., Strosahl, K., & Wilson, K. (1999). *Acceptance and commitment therapy: An experimental approach to behavior change.* New York: Guilford Press.

"Neurons that fire together, wire together": Hebb, D. (1949). *The organization of behavior: A neuropsychological theory.* New York: Bantam Books.

"What would your best friend say to you right now?": Roth, B. (2008). Family dharma: Befriending yourself. *Tricycle: The Buddhist Review.* Retrieved October 1, 2008, from *www.tricycle.com/web_exclusive/3698-1.html.*

engage your children: Goodman, T., & Greenland, S. (2008). Mindfulness with children: Working with difficult emotions (pp. 415–429). In F. Didonna (Ed.), *Clinical handbook of mindfulness.* New York: Springer. The authors suggest an acronym for children, S-C-R-A-M, as an antidote to running away from difficult emotions: Stop or slow down, Calm your body, Remember to look at what's happening, take Action with Metta (act with kindness).

"gleam of the particulars": Nye, N. (1995). *Words under the words: Selected poems* (back cover). Portland, OR: Eighth Mountain Press.

tough attitude toward our emotions: A study of experienced paramedics in Austria found that well-being was correlated with having "contempt" and "tough control" over one's feelings ("ignoring one's own emotions to serve others … as long as helping doesn't overly tax the helper"). Future research will probably explore the conditions (social norms, survival, need for control) and long-term outcomes of "successful nonacceptance" of emotion. Mitmansgruber, H., Beck, T., & Schussler, G. (2008). "Mindful helpers": Experiential avoidance, meta-emotions, and emotion regulation in paramedics. *Journal of Research in Personality, 42,* 1358–1363.

"We can still be crazy after all these years": Chödrön, P. (1991/2001): *The wisdom of no escape and the path of loving-kindness* (p. 4). Boston: Shambhala.

付録 A　さらなるセルフ・コンパッション・エクササイズ

Giving and taking meditation is attributed to: Tharchin, S. (1999). *Achieving bodhichitta: Instructions of two great lineages combined into a unique system of eleven categories* (pp. 63–98). Howell, NJ: Mahayana Sutra and Tantra Press.

When the Dalai Lama was asked how he meditates: Dalai Lama & Chan, V. (2004). *The wisdom of forgiveness: Intimate conversations and journeys* (pp. 73–74). New York: Riverhead Books.

Centering became popular: Pennington, B. (1982). *Centering Prayer: Renewing an ancient Christian prayer form.* Garden City, NY: Image Books.

Light a candle and place it before you: This meditation is adapted from the light (*jyoti*) meditation taught by Satya Sai Baba of Puttaparthi, India. Retrieved September 15, 2008, from *www.saibaba.ws/teachings/jyotimeditation.htm.*

"A flower touches everyone's heart": Drohojowska-Philp, H. (2004). In *Full bloom: The art and life of Georgia O'Keefe* (p. 380). New York: Norton.

"my senses put in tune once more": In R. Finch & J. Elder (Eds.). (1990). *The Norton book of nature writing* (p. 274). New York: Norton. The entire quote is: "When I go to town, my ear suffers as well as my nose: the impact of the city upon my senses is hard and dissonant; the ear is stunned, the nose is outraged, and the eye is confused. When I come back, I go to Nature to be soothed and healed, and to have my senses put in tune once more."

compassionate guide to nature meditation: Coleman, M. (2006). *Awake in the wild: Mindfulness in nature as a path of self-discovery.* Novato, CA: New World Library.

one of the Dalai Lama's favorite vows: Dalai Lama, with Piburn, S. (Ed.). (1990). The Nobel Peace Prize Lecture. In *The Dalai Lama: A Policy of Kindness* (p. 27). Ithaca, NY: Snow Lion.

訳者あとがき

　本書はクリストファー・K・ガーマー著 *The Mindful Path to Self-Compassion: Feeling Yourself from Destructive Thoughts and Emotions* (2009) の全訳です。今から約15年前に出版され、世界中で愛されている本を、縁あって私が日本語に翻訳させていただくことになったことの幸せを、今、初校の校正作業をしながら、しみじみと感じております。というのも、本書は、本書のテーマであるマインドフルネスとセルフ・コンパッションについて、さまざまな角度から学び、実践するうえで、うってつけの本であり、15年近く前に出版されたとはいえ、その内容はちっとも古びていないことが明確だからです。それだけマインドフルネスにもセルフ・コンパッションにも普遍性があるということなのでしょう。

　マインドフルネスについてもセルフ・コンパッションについても詳細については本書を読んでいただくとして、ここでは本書に取り組むための全体像（見取り図）を示したいと思います。マインドフルネスとは一言で言えば「気づき」です。セルフ・コンパッションとは一言で言えば「自分への優しさ」です。つまり本書のタイトル『マインドフルネスそしてセルフ・コンパッションへ』を紐解くと、「まずは気づきのスキルを身につけましょう（マインドフルネス）、そのうえでさらに、自分に優しくするスキル（セルフ・コンパッション）を身につけましょう」ということになります。

　ところで私は今、「スキル」という言葉を使いました。本書でも繰り返し述べられていますが、マインドフルネスもセルフ・コンパッションも、そして本書の後半で出てくる慈悲もすべて「心構え」「態度」といった漠然としたものではなく、スキル（技術）です。スキルであれば、車の運転や楽器の演奏と同じように練習によって身につきます。読者の皆様には、本書を読んでマインドフルネスやセルフ・コンパッションや慈悲について頭で理解するだけでなく、ぜひ本書で紹介されているエクササイズを実践していただき、スキルとして習得し、ご自身の生活や人生に役立てていただきたいと思います。

本書の「はじめに」には、「本書で紹介するエクササイズを30日間試して
みましょう。その結果、気持ちが軽くなり、より幸せを感じている自分に気
がつくかもしれません」と書いてあります。30日間、すなわち1カ月試し
てみましょうと書いてあるわけですが、私自身は1カ月どころか、できれば
半年から1年、それどころか数年にわたって試していただきたいと考えてい
ます。実際、本書にもこれらの実践を何年も続けて人生を変えていった人た
ちのエピソードがたくさん紹介されています。私自身もマインドフルネスに
出会って20年ほどたちますが、マインドフルネスがスキルとして習慣化さ
れたことを実感できるまでには2年の月日を要しました。それぐらい長く続
けていただきたいのです。そしてその効果をじんわりと体感していただきた
いと思います。

　本書の実践では、マインドフルネスの練習をしばらく続けたら、セルフ・
コンパッションに進むことになっています。セルフ・コンパッションの3本
柱は「自分への優しさ」「共通の人間性」「マインドフルネス」です。つまり
マインドフルネスはセルフ・コンパッションに含まれているので、予め練習
しておくとよいということになります。そういう意味でも、「マインドフル
ネス→セルフ・コンパッション」という本書の流れは理にかなっています。

　私は本書で紹介されている、他者にコンパッションを与え続けてきた著者
の母親が83歳になってセルフ・コンパッションの実践を始め、「自分で自分
を慈しめるなんて、知らなかったわ！」というエピソード（96ページ）が
とても好きです。マインドフルネスもセルフ・コンパッションも何歳からで
も始めることができるのです！　お母さん曰く「セルフ・コンパッションを
実践すると老齢に伴う困難を動じずに受け止めやすくなる」のだそうです。
これから老いていく一方の私には、著者のお母さんの言葉にとても希望を持
ちました。

　ところで、セルフ・コンパッションの実践にあたっては、自らが抱える感
情的な痛みの背景にある問題を認識することが役立ちます。その認識の一助
として、ガーマーはスキーマ療法で提唱されている18のスキーマを紹介し
ています。長らくスキーマ療法を専門とする私にとっては、スキーマ療法の
考え方とセルフ・コンパッションが統合されうる可能性を学ぶことができ

て、とても嬉しかったです。自分の苦しみにスキーマの名前が付くことで、苦しみに距離を置くことができますし、その苦しみから自分を救おうという動機づけ（これがセルフ・コンパッションそのものです）が醸成されます。本書を読んでスキーマ療法に興味を持たれた方は、スキーマ療法の提唱者であるジェフリー・ヤングの『スキーマ療法：パーソナリティの問題に対する統合的認知行動療法アプローチ』（伊藤絵美監訳，金剛出版，2008）をぜひご参照ください。

　本書では、マインドフルネスとセルフ・コンパッションを紹介したうえで、後半の実践編では慈悲の瞑想をじっくりと紹介しています。慈悲の瞑想では、まずは自分自身に慈しみを向けます。鍵となるフレーズは、「私が安全でありますように。私が幸せでありますように。私が健やかでありますように。私が楽でありますように」です。私自身は、マインドフルネスについては上記のとおり長らく実践を続けておりますし、セルフ・コンパッションについてもかれこれ２年ほど実践を続けておりますが、慈悲の瞑想については、本書で初めて学び、初学者として少しずつ実践を始めたところです。まだ使いこなしているとは言えない、よちよち歩きの状態です。

　本書によれば、自分に対する慈悲の瞑想の次は、他者のための慈悲に実践を広げるのだそうです。最初はポジティブな感情を抱いている相手に対する慈悲。これは私にも簡単にできます。次に中立な対象（好きでも嫌いでもない人）に対する慈悲。これもまあまあできます。しかし、その次の「困難」な対象（自分に痛みを与えてくる人、自分がネガティブな気持ちを感じる人）への慈悲。これが今の私にはまだまだ難しいです。自分を攻撃したり傷つけてきたりした人を対象に慈悲の瞑想をすること自体に抵抗を感じますし、それをやろうとすると自分が苦しくなります。そういう苦しさを感じる自分に対してあらためて慈悲の瞑想をすることはできますが、それ以上その先に進めないのです。ダライ・ラマとはえらい違いです（ダライ・ラマが誰に慈悲を向けるのかは、本書をお読みください）。だからこそ私は本書のアドバイスに従って実践を続けたいと思いますし、１年後か、３年後か、10年後かわかりませんが、困難な対象にも慈悲の瞑想ができるようになることを楽しみにしたいとも思います。

2023 年 10 月現在、世界は戦争や紛争や気候変動やさまざまな差別など多くの問題で溢れています。つまり世界は決して平和でもありませんし、安全な場所でもありません。そんななかで、私たちはどう絶望することなく、心の平和を保ち、世界を平和にしていくために行動していけばよいのでしょうか。その一つの答えが、本書のテーマであるマインドフルネス、セルフ・コンパッション、そして慈悲なのだと思います。多くの方々にこれらを実践していただき、まずは自分が幸せを感じられるようになり、それを世界に広げていただけたらと願っていますし、私もその一員でありたいと思います。最後に、本書の 212 ページの文章を皆さんにお贈りして、このあとがきを締めくくりたいと思います。「他者のために慈悲を実践するのに最も自然な時間は、自分自身が心から幸せなとき（分けられるだけのエネルギーがあるとき）です。自分が幸せなときであれば、他者の幸せも願いやすいものです」。

　最後に、本書の翻訳を私に勧めてくださり、そして丁寧に編集作業をしてくださった星和書店の近藤達哉さん、桜岡さおりさんに御礼を述べたいと思います。私を本書に出会わせてくださり、本当にありがとうございました。

　　　　2023 年 10 月吉日

　　　　　　　　　　　　　　　　　　　　　　伊藤 絵美

索　引

■著者

クリストファー・K・ガーマー（Christopher K. Germer, PhD）

個人開業の臨床心理士で、マインドフルネスとアクセプタンスを基盤とする治療を専門とする。1978年以来、心理療法に瞑想の原理と実践を統合してきた。多様な瞑想を探るためにインドへ何度も旅している。ハーバード・メディカルスクールで心理学のインストラクターを務める。また、「The Institute for Meditation and Psychotherapy（瞑想と心理療法のためのインスティテュート）」の創設メンバー。この組織は、古の仏教心理学を現代の心理療法に効果的に統合する方法をメンタルヘルスの専門家に教える組織として設立された。マインドフルネスとセルフ・コンパッションについてアメリカ国内で講演する。また専門家の間で高く評価される書籍 *Mindfulness and Psychotherapy* の編者の一人でもある。

■訳者

伊藤 絵美（いとう　えみ）

博士（社会学）、公認心理師、臨床心理士、精神保健福祉士。慶應義塾大学文学部人間関係学科心理学専攻卒業。慶應義塾大学大学院社会学研究科博士課程修了。現在、洗足ストレスコーピング・サポートオフィス所長。主な著書・訳書：『認知療法・認知行動療法カウンセリング 初級ワークショップ』（星和書店，2005）、『自分でできるスキーマ療法ワークブック（Book1／Book2）』（星和書店，2015）、『認知行動療法カウンセリング実践ワークショップ』（星和書店，2015）、『認知行動療法実践ガイド：基礎から応用まで 第3版』（ジュディス・S・ベック著，共訳，星和書店，2023）、など多数。

マインドフルネスそしてセルフ・コンパッションへ

2024年4月11日　初版第1刷発行

著　　者　クリストファー・K・ガーマー
訳　　者　伊藤絵美
発行者　石澤雄司
発行所　株式会社　星和書店
　　　　〒168-0074　東京都杉並区上高井戸1-2-5
　　　　電話　03（3329）0031（営業部）／03（3329）0033（編集部）
　　　　FAX　03（5374）7186（営業部）／03（5374）7185（編集部）
　　　　URL　http://www.seiwa-pb.co.jp

印刷・製本　中央精版印刷株式会社

Printed in Japan　　　　　　　　　　　　　　ISBN978-4-7911-1130-5

マインドフル・
セルフ・コンパッション
ワークブック

自分を受け入れ、しなやかに生きるためのガイド

クリスティン・ネフ, クリストファー・ガーマー 著

富田拓郎 監訳

大宮宗一郎, 菊地創, 高橋りや, 井口萌娜 訳

B5判 224p 定価：本体 2,200円＋税

「自分を思いやる」ことで心身の健康や回復力を向上させる，実証的根拠のある心理プログラム。豊富なエクササイズや瞑想実践を通じて，自分と自分の人生を大切にし，より充実した毎日を送る方法を身につける。

マインドフル・
セルフ・コンパッション
プラクティスガイド

セルフ・コンパッションを教えたい専門家のために

クリストファー・ガーマー, クリスティン・ネフ 著

富田拓郎 監訳

山藤奈穂子 訳

A5判 728p 定価：本体 5,400円＋税

マインドフル・セルフ・コンパッションは、他者に向けるような優しさと思いやりを自分自身にも向けることで「心身の健康」や「困難からのレジリエンス」を向上させる実証的根拠のある心理プログラムである。

発行：星和書店　http://www.seiwa-pb.co.jp

ラディカル・
セルフ・コンパッション

つらい人生を心癒やされる幸せな人生に変化させるために

タラ・ブラック 著
石村郁夫 訳

四六判　416p　定価：本体 2,300円＋税

世界的に著名なマインドフルネスの指導者タラ・ブラックが，苦しみやつらさを解消するための対処法を手引きする。簡単な4つのステップで，困難やストレスに対処する勇気と気づきを得る。

セルフ・コンパッションの
やさしい実践ワークブック

2週間で、つらい気持ちを穏やかで
喜びに満ちたものに変化させる心のトレーニング

ティム・デズモンド 著　中島美鈴 訳

A5判　176p　定価：本体 1,700円＋税

たった2週間でつらい気持ちを解消する心のトレーニング方法「セルフ・コンパッション」の実践ワークブック。アメリカで注目を集めている "幸せを身につける方法" をフローチャートや実践例を交えてわかりやすく解説。

発行：星和書店　http://www.seiwa-pb.co.jp

自分でできる
スキーマ療法ワークブック
生きづらさを理解し、こころの回復力を取り戻そう

Book 1
B5判　240p　定価：本体 2,600円＋税

Book 2
B5判　272p　定価：本体 2,800円＋税

伊藤絵美 著

スキーマ療法は、ずっと抱えてきた生きづらさなど認知行動療法では効果の出ない心の深い部分の認知に働きかけ、大きな効果をもたらす。生きづらさから回復し生きやすさをつかむために。

スキーマ療法入門
理論と事例で学ぶスキーマ療法の基礎と応用

伊藤絵美 編著
津髙京子，大泉久子，森本雅理 著

A5判　400p　定価：本体 2,800円＋税

スキーマ療法は、スキーマ（認知構造）に焦点を当て、心理療法を組み合わせて構築された認知行動療法の発展型である。日本でスキーマ療法を習得し、治療や援助に使いたい方々の心強いテキスト。

発行：星和書店　http://www.seiwa-pb.co.jp